Im Sommer 1807 stolperte Clemens Brentano in die extremste Liebesgeschichte seines Lebens hinein. Die Frau, die sich ihm, knapp siebzehn Jahre alt, »mit erschrecklicher Gewalt« an den Hals warf, hieß Auguste Bußmann. Aus dem skandalösen Abenteuer wurde die zweite Ehe des Dichters, aus der Ehe ein Kampf bis aufs Messer.

Auguste Bußmann war entschlossen, im täglichen Leben zu verwirklichen, was die Romantiker in Gedichten und Romanen, Briefen und Blütenstaubfragmenten verkündet hatten; sie wollte nicht wahrhaben, daß zwischen Liebe und Literatur, Kunst und Leben, Utopie und bürgerlichem Alltag nach wie vor ein Abgrund lag. War sie am Ende im Kreis der Arnims und der Savignys, der Grimms und Brentanos die einzige wirkliche Romantikerin?

Die traurige Geschichte von Auguste Bußmann und Clemens Brentano läßt sich nur in einer Gestalt erzählen, die paradox anmutet: Sie ist ein romantischer Dokumentarroman.

Für die insel taschenbuch-Ausgabe wurde diese Edition aus neuen Funden ergänzt. Außerdem haben Konrad Feilchenfeldt und Hans Magnus Enzensberger sie mit einem Capriccio als Zugabe versehen.

insel taschenbuch 1778
Requiem für
eine romantische Frau

Requiem für eine romantische Frau

Die Geschichte von
Auguste Bußmann und
Clemens Brentano

Nach gedruckten und
ungedruckten Quellen
überliefert von
Hans Magnus Enzensberger

Aus neuen Funden ergänzt
und mit einem Capriccio
als Zugabe

Insel Verlag

insel taschenbuch 1778
Erste Auflage 1996
Insel Verlag Frankfurt am Main und Leipzig
© 1996 Hans Magnus Enzensberger, München
Lizenzausgabe mit freundlicher Genehmigung
der Friedenauer Presse Katharina Wagenbach
Carmerstraße 10, Berlin
Alle Rechte vorbehalten
Vertrieb durch den Suhrkamp Taschenbuch Verlag
Umschlag nach Entwürfen von Willy Fleckhaus
Satz: Hümmer GmbH, Waldbüttelbrunn
Druck: Nomos Verlagsgesellschaft, Baden-Baden
Printed in Germany

1 2 3 4 5 6 – 01 00 99 98 97 96

Inhalt

Requiem für eine romantische Frau
9

Nachrede
249

Ein Capriccio als Zugabe
Von Hans Magnus Enzensberger und
Konrad Feilchenfeldt
257

Editorische Notiz
273

Quellen
277

Nachweise
280

Personenregister
282

*Requiem für
eine romantische Frau*

1. Clemens Brentano an Achim von Arnim
Kassel, 22. Oktober 1807

Es ist um des Teufels zu werden; ohne es selbst zu wollen, wider den Willen der ganzen Bethmännischen Familie, die mich noch verflucht, ohne das ich es verdiene, nach dem ich das Mädchen 5 mahl gesehen, die mit einem Adjutant des Königs von Holland sich ein Jahr vorher ebenso gewaltsam versprochen, daß sie die Bewilligung der Eltern durch einen Fußfall vor der Königinn auf dem Riedhof bewürckt, in der ganzen Stadt bekannt, als dessen Braut, äußerlich ganz still, sanft und sinnig ja tiefsinnig erscheinend, entsetzlich verständig sprechend, entschloßen wie ein Mann, jungfräulich schüchtern wie eine Nonne, wirft sich mir *Auguste* (Brede herr Bruder) Bussmann, Moriz [Bethmann] seine Nichte, deren Mutter die jezzige Frau von Flavigny ist, mit erschrecklicher Gewalt, nach einigen poetischen Galanterien, die ich ihr von allen ihren Umständen ununterrichtet, gemacht, an den Hals. Geängstet von ihren so öffentlichen Schritten zur Erlangung ihres vorigen Bräutigams ist sie wie eine Person die in den Tod geht, ich stehe neben ihr im Taxischen Hof auf der Treppe da Napoleon und die andern Fürsten auf und ablaufen, in einer Nische mit Claudine [Piautaz, Hausdame bei der Familie Brentano] und Betine, wie eine Bildsäulengruppe, vor den Augen aller Fr[ank]f[ur]ter ihr Betragen ist so toll zärtlich und Aufsehen erregend daß alles auf uns sieht, ich stehe wie am Pranger, mit unaussprechlicher Angst und trauriger Empfindung, war mir es nur eine dunkle Empfindung, das die Arme die mich öffentlich umschlangen mir wirklich ein Halseisen werden könnten, hier kömmt sie endlich ganz außer sich, sie sagt mir, daß sie versprochen sei, daß die Königinn darein verwickelt sei, mit Mühe halte ich Sie zurück, daß sie nicht dem Bonaparte gar zu Füßen fällt und meine arme Person in die Weltgeschichte hineinflicht, alles rings um flieht mich mit schrecklicher Trauer, ich bin meiner nicht mehr mächtig, die ganze Stadt redet von mir, und ich liebe eigentlich nicht, sondern ehre nur den Muth und entsezlichen Karakter des Mädchens, der sich mit solcher Gewalt liebend zeigt.

2. Meline Brentano an Friedrich Karl von Savigny
Frankfurt am Main, 29. Juni und 14. Juli 1807

Clemens scheint großen Lusten zu haben sich abermals zu verheurathen, vielleicht gar in Coblenz, weil er so lange dableibt. Gott lasse ihn nur eine vernünftige Wahl treffen! [. . .]
   Mit der Auguste Bußmann unterhält er sich gerne, findet sie die gescheuteste Frau, die er je gesehen hat.

3. Meline Brentano an Friedrich Karl von Savigny
Frankfurt am Main, 24. Juli 1807

Clemens ist wütend in die Auguste Bußmann verliebt und sie auch in ihn, vergißt ihren Offizier. Dies gibt auch eine Geschichte.

4. Bettine Brentano an Achim von Arnim
Frankfurt am Main, August 1807

Ich glaube wohl, daß auch Sie gerne über seine Frau sowohl als über die Entstehung des ganzen manches wüßten, jedoch kann ich meinen Widerwillen dieser so oft wiederkäuten Geschichte nicht überwinden. So viel kann ich Ihnen sagen, daß sie nur sechzehn Jahr alt ist, mir kein angenehmes Antlitz hat, denn es hat keine straffe, reine Züge, sondern vielmehr etwas angeschwollen. Sie war versprochen mit einem Mann, der wunderschön sein soll; auch dieses Bündniß war gegen den Willen ihrer Eltern und auf eine eclatante Weise geschehen, indem sie der Königin von Holland, in deren Diensten er steht, hier auf einem Masquenball einen Fußfall that; Sie können sich also vorstellen, daß sie viel Energie hat. Sie war auch noch in vertrautem Briefwechsel und nannte ihren Geliebten *mon cher époux*, als sie sich in Clemens verliebte. Den Tag, da Bonaparte hier durch verschiedne Triumphbögen zog [22. Juli], ging sie mit Claudine, Clemens und mir in den Palast, um ihn bei seiner Abreise in Augenschein zu nehmen; wir standen in einer Nische an der Stiege, hier wurde in Erwartung Bonapartes die erste Liebeserklärung gemacht; Clemens versicherte mich nachher, daß er alle mögliche Mühe gehabt, sie zurückzuhalten, ihm einen Fußfall zu thun. Ich war nur mitgegangen dem Clemens zulieb, der ohne mich nicht gehen wollte. Als aber der Kaiser kam die Treppe herunter, die Facklen leuchteten ihm ins Gesicht, ich hatte mich übergebogen aus der Nische und hing wie ein brauner Eichenast dicht über seinem Kopf – er blieb stehen, blickte in die Höhe und sah mich starr an, es stürzten mir die Thränen aus den Augen, ich zitterte und konnte mich nicht erhalten; er fuhr durch die beleuchteten Straßen, die Trommlen wurden geschlagen, und als er aus den Thoren war, wurden die Kanonen gelöst. Bei jedem Schuß fuhr es mir durch die Seele, ich hätte die Hände ringen mögen auf offner Straße.

5. Meline Brentano an Friedrich Karl von Savigny
Frankfurt am Main, 28. Juli 1807

Clemens hat die Bußmann entführt. Diesen Morgen haben wir es entdeckt.

6. Clemens Brentano an Achim von Arnim
Kassel, 22. Oktober 1807

Wie ich immer nur das Herrlichste glaube, scheint mir blos Liebe und herrlicher Enthusiasmus in einem durchaus scheuen züchtigen Mädchen, waß Fanatismus in einer eigensinnigen von Jugend auf intriguanten heimlichen romanhaften Dame war, ohne zu lieben falle ich in eine Art von Fieber, daß mich wie eine Feurige Wolke umgiebt, tief traurend besuche ich alle Winkelchen, wo sie mich bei der höchsten Wachsamkeit der ihrigen, mit der künstlichsten Hehlerei zu sehen weiß, während sie aus Liebe zu vergehen droht, erfüllt mich Verachtung gegen solche Lausereien, ich gehe ruhig Nachts ein Uhr zu Moriz auf den Riedhof erzähle ihm im Bett, die ganze Sache, und begehre seinen Rath, er ist freundlich, versichert mich nichts gegen uns in der Sache zu thun, spricht weitläufig über die Intriguen und den Karakter dieses seltsamen Geschöpfs, ich verspreche ihm zu dir zu reisen und der Zeit die Bewährung dieses Verhältnißes zu überlassen, ich bin von seiner Freundlichkeit recht gerührt, er erzählt mir seinen ganzen Lebenslauf, und wir scheiden uns augenscheinlich viel näher. Nun dachte ich zu dir zu reißen, ach Gott, immer auf dem Weg zu dir, packt mich das Schicksal! Aber Moriz war nur freundlich mich auszulocken, Auguste dringt nun trotz aller Hinderniße mit Gewalt auf mich ein, sie macht mir Vorwürfe sie spricht, man sei auf dem Punckt sie ins Kloster zu sperren, man stößt ihr die grösten Schändlichkeiten gegen mich ins Gesicht, und nach dem ich mich stets gewehrt und immer den Weg der Ausdauer vorgeschlagen, läßt sie mich plötzlich durch eine Magd bescheiden (Abends um 10 Uhr bei Tisch) auf den Paradeplatz an ihr Hauß zu kommen, sie wolle mich nochmals sehen, ich gehe hin, wie ich stehe und gehe, und siehe, das 17 jährige Mädchen, mit dem Bündelchen unter dem Arm, läuft mit mir, dem es ganz ordinair dabei zu Muthe dem Thor hinaus [Brentanos Bruder] Christian der bei mir war, bestellt eine

Postschaise die uns an der Wahrte einholt, so fliehen wir nach Kassel, zu Jordis [einem Schwager Brentanos], den ich mit Lulu zu Frankfurt am Tische hatte sitzen lassen. Nach Vielen Drohungen und leeren Impertinenzen, nachdem die ganze dummstolze Familie mich, der sie so oft durch seine Verachtung geneckt, nun alle ihre Gemeinheit hatte empfinden lassen, geschimpft und gehudelt, ein Lump ein Vagabund genannt, durch die Aengstlichkeit meiner Brüder, mit denen Bethmanns brechen wollen, auch von den Meinigen verschmäht, zugleich täglich mehr und mit bitterm Kummer entdeckend, daß ich ein ganz anders Geschöpf entführt hatte, oder viel mehr von ihm war entführt worden, als welches mich einigermaßen interessirte, und alle die starken Handlungen die ich dem Heldenmuth und der liebenden Gewalt zuschrieb aus ungewöhnlichem gewöhnlichem Starrsinn entsprungen sehend, ein Wesen ohne alle ideale Natur, verwöhnt, plump, und heftig mit einer an Blödsinn gränzenden Entschloßenheit, ohne Reiz des Leibes und der Seele neben mir, so war ich als Firnhaber abreißte noch unkopulirt, doch honoris causa dafür erklärt, innerlich aber schon getrennt, endlich ward ich unter der grösten Verfluchung der Familie, mit ihren Consenzen versehen und förmlich in F[rank]f[ur]t aufgerufen und in Frizlar 7 Stunde von hier im Beisein von Jordis und Lulu, wie die Familie begehrte, von einem katholischen Priester, nachdem ich ihm gebeichtet und comunizirt getraut, die ganze Handlung war so läppisch, so elend, die Kirche schien über mir einzustürzen, und eine innre Trauer vernichtete mich, daß ich ohne Würde ohne Rührung, drei Sakramente empfieng, Gott verzeihe mir meine Schuld. Nun bin ich verheurathet, die Familie Bethmann dringt in mich einen Stand zu ergreifen, sie will mich rekomandiren, aber ich *kann* nicht, und will nicht, das wäre noch die lezte Höhe, so halte ich es doch in meiner Bibliotheck aus, und denke an Sophie [Mereau, Brentanos erste Frau] und dich und weine, liebe und lese.

7. Christian von Stramberg, Rheinischer Antiquarius *(1845)*
[Romanhafte Darstellung, im einzelnen ganz unzuverlässig.]

Von Heidelberg aus verkehrte Brentano viel mit der nähern und fernern Umgebung. Mehrmalen fand er in Coblenz sich ein, häufiger fuhr er nach Frankfurt hinüber. Da war ein neues Liebesgestirn ihm aufgegangen, um so anziehender durch der Auserkornen Sprödigkeit oder Abneigung. Was abschreckend manchem andern, wirkt als das stärkste Reizmittel auf Brentanos Eitelkeit, und nicht ab läßt er, alle Kunst eines Lovelace in sich findend, bis vor ihm beugt die Dame den stolzen Nacken. Aber sie, geborne Busmann und einer Bethmann Tochter, hatte Verwandte, die guten Rath zu spenden wohl befähigt, und sattsam die Unbequemlichkeiten, die Gefahren von zweier Genialitäten Verbindung begreifend, mahnen die ab von allzu frevelhafter Wagniß. Den wohlmeinenden Freunden offen zuwider zu handeln, dieses will schwer der Schönen fallen, und in dem Forschen um einen Ausweg, ergiebt Entführung sich als der einzige. Schwieriger aber, wie irgend in der Welt, ist dergleichen in Frankfurt dem liebenden Jüngling gemacht. Denn nicht nur der Bürgerinen Eigenthum, sondern auch, ich muß das höchlich beloben, ihre Leiber bewacht mit eifersüchtiger Sorgfalt die Gesetzgebung, und wehe dem Vermessenen, der, was Bothwell gegen seine Königin sich erlaubte, eines Bürgers Frauen oder Tochter anthun, und darüber sich ergreifen lassen sollte.

Der Gedanke einer Entführung, kaum aufgetaucht, wurde sogleich wieder beseitigt, und Brentanos Gemüth erlag schier dem Kummer um die Vernichtung seiner schönsten Hoffnungen. In dumpfem Hinbrüten folgt er einstens seinem Bruder Georg zu einem Spaziergang in die reizende Umgebung der Stadt. Da brauset vorüber, hält an wenige Schritte weiter ein Wagen. Niedergelassen wird der Schlag, und durch eine weibliche Stimme zu der offnen Portiere das Brüderpaar gefordert. Dem Rufe zu gehorsamen, beeilt sich Clemens, im Augenblicke wird von zwei schönen Händen er erfaßt und gewaltsam, vergeblich ist sein Sträuben, hineingezogen in den Wagen. Nicht um ihn zu befreien, um ihm eine Rolle mit Louisd'or zuzustecken, springt Georg hinzu, der Last hat kaum dieser sich entledigt, so fliegt davon das leichte Fuhrwerk, entführt ist Brentano, von der Geliebten, versteht sich. Daß er nicht die fernste Ahnung von der List gehabt, versichert er hoch und theuer, zugebend höchstens, doch nicht behauptend des Bruders Mitschuld, und bekennend, wie die Genialität des Unternehmens das wahre Liebesfeuer erst in seinem Herzen entzündet habe.

8. Clemens Brentano an Karl Jordis
Marburg, 29. Juli 1807

Lieber Jordis!
daß ich mit Augusten geflohen bin, kann Ihnen nicht mehr unbekannt sein, diese Flucht selbst war von so unendlicher Raschheit, und so unvermuthet, als die heftige Liebe, die uns zwang, sie vor Umständen zu ergreifen, von welchen wir uns sehr wenig, ja kaum Hofnung machen konnten, je glücklich vereinigt zu werden. So hinaus getrieben von einer Leidenschaft, die mir und jedem Trefflichen stets achtungswehrt sein soll, wenn sie hier gleich unbesonnen erscheint, schreibe ich ihnen hier von Marburg, daß mir in der Besorgniß, wo wir weiter hin sollten, besonders um die äußere Schicklichkeit gegen die Familie Augustens, und gegen meine Geliebte selbst nicht zu sehr zu verletzen, Ihre gütige brüderliche Gesinnung wie ein großer Trost erschienen, ich habe mich daher entschloßen, mit Augusten Schutz und Trost in ihrem Hauße zu Caßel zu suchen, ich fordere Sie bei Ihrer Ehre und Liebe auf, zwei Menschen, die trotz einiger Unbesonnenheit sich dennoch selbst achten können, die ihr[e] Zuflucht bei Ihnen suchen, nicht zu verstoßen, sein Sie versichert, lieber Jordis, sie gewin-

nen sich ein paar Freunde auf ewig, und die gekränkte Familie wird es Ihnen gewiß danken, wenn Sie eine drückende Flucht in Ihrem Hauße auf eine schickliche Weiße beschloßen sehen, o möge auch Luise, meine gute Schwester [Lulu Jordis, geb. Brentano], ihre Bitten mit meinen vereinen, und ihre Skrupel beruhigen, mögen Sie und alle die meinigen, und möge die Familie meiner lieben Auguste einst fühlen, wie glücklich wir geworden, Jordis ich fahre jezt fort, und laße den Brief hier bei dem Postmeister, daß er Ihnen denselben bei ihrer Durchreise gebe, Gott ich wollte, wir wären wieder ruhig von außen, von Innen, in der Seele selbst sind wir es gewißermaßen, denn wir lieben uns von Herzen, und nur diese Liebe konnte uns so schnell treiben, wir wißen beide nicht, wie uns geschehen, und haben nur den Schmerz, andere gekränkt zu haben, mit denen wir, als mit guten und edlen Menschen, nicht zerfallen sein sollten, um ganz glücklich sein zu können, aber die Gewalt, die uns hinausgetrieben, die Liebe, sie wird nicht todt sein in ihnen und Luise, und wird uns schützen, sie wird auch einst vielleicht wieder selbst in jenen uns begegnen, die wir so sehr beleidigen mußten um uns so sehr geliebt zu haben. adieu, und sei menschlich

dein Clemens Brentano

9. Georg Brentano an Karl Jordis
Frankfurt am Main, 31. Juli 1807

Lieber Jordis!

Ich hoffe dich glücklich in Cassel.

Ich habe heute mit Moritz gesprochen, er sagte mir daß ein Reisender, der hier angekommen Clemens und Christian mit einem Frauenzimmer, zwischen Marburg und Caßel gesehen habe, folglich wirst du solche antreffen, er sagte mir ausdrücklich, ich sollte dich ersuchen, daß solche gehörig copulirt würden, du solst für die Bescheinigungen so dazu nöthig sind stehen, und solche sollen dir verschafft werden. – Du kannst dir nicht dencken in welches Unglück unsere Familie durch diese unseelige Geschichte gerathen, du kannst dir unsern Schmerz nicht dencken, nicht dencken den von der Familie Bethmann; – Franz [ein älterer Bruder] ist krank und ich leide fürchterlich; Gott wollte eine geschehene Sache zum Besten wenden. Clemens soll mit seiner Frau einen Plan zu einem stillen eingeschränkten Leben machen, denn sie müßen von Clemens kleinem Vermögen leben, die Familie Bethmann will und kann nichts thun, wohl Ihnen wenn sie durch eine Reihe, von rechtlicher guter Aufführung den Schmerz stillen, den sie uns allen die in dieser Sache interesirt sind, sowohl von Augustens Familie als auch von Clemens seiner, verursacht haben. –

Augustens Mutter wird wahrscheinlich nie wieder hierher kommen, Gott erhalte ihr Leben, denn diese Geschichte kann es untergraben. – Clemens soll nun mit Ernst an einen Stand der ernährt dencken, er soll die Talenten so ihm Gott gab suchen in eine nützliche und ehrenvolle Würckung zu bringen, soll seine Frau treu lieben, sie glücklich machen und sie soll beides auch thun. – Hier können sie nicht, vielleich[t] nie mehr erscheinen, ich habe eine solche bestimmte Indignation, als inne der Familie Bethmann [nie] gesehen, blos durch dauernde rechtliche Aufführung kann ich mir dencken, leider aber nicht versprechen, daß Verzeihung einstens erfolgen werde.

Sobald du mir schreibst daß, und wie solche fixirt sind, werde ich Clemens Efecten senden, und Augustens Sachen zu erhalten suchen und auch senden. Sollten sie sich durch evancelische Priester haben trauen laßen, so muß für Catolische noch gesorgt werden, es ist der ausdrückliche Wunsch der Bethmännischen Familie und der Unserigen. Sie sollen an Moritz an ihren Vater und Mutter schreiben und durch ihren Inhalt den Schmerz stillen der tödten kann, Jordis theurer Freund thue und sorge in dieser traurigen Geschichte, und mache sie zu deiner eignen, ich will gerne thun was ich kann, aber warlich lieber hätte ich von einer Stunde zur andern meinen Tod vor Augen, als die Scenen die ich täglich sehen und fühlen muß.

Tausend schönes an deine liebe Frau rechne auf meine unwandelbare Freundschaft. George.

10. Karl Jordis an Georg Brentano
Kassel, 3. August 1807

Ich erhalte, mein lieber Georg, deinen Brief vom 31ten July und ist solcher bereits grosentheils durch den meinigen vom 1ten dieses beantwortet, daß und wie ich die Flüchtlinge angetroffen, hast du daraus ersehen, nicht minder daß ich gerne alles was in meinen Kräften stehet für solche thun will, nur eins ist mir nicht zuzumuthen, solche nehmlich, wie du schreibst, copuliren zu lassen ehe ich eine schriftliche Genehmigung der Bethmännschen Familie erhalten habe, unmöglich kann ich diese Verantwortung auf mich laden und du selbst wie auch Moritz werdet fühlen daß mir solches nicht zuzumuten ist, daher suche mir solche baldmöglichst zu verschaffen. Da es einmahl doch der Wunsch der Bethmännschen Familie ist, und vernünftiger Weise sein muß, daß solche getraut werden, so wüßte ich gar nicht warum sie Anstand nehmen könte das nöthige auszufertigen, fürchtet sie vileicht solches mögte, wie sie es nicht will, als ein verzeihungs Act angesehen werden, so kann sie ja diese Einwilligung abfaßen wie sie will und selbst darin anführen daß solche nur, durch die obwaltenden Gründe, gedrungen veranlaßt worden ist: Sobald ich diese nöthige Piecen [Schriftstücke] erhalten habe will ich gleich alles was ihr wünscht vornehmen die Trauung durch catolischen Priester vollziehen laßen und überhaupt beweisen wie sehr mir das Ende dieser Sache selbst am Herzen liegt, täglich versetzt mich solche in neue Verlegenheiten, bis jezt hatte ich Clemens und Auguste verborgen gehalten. Heute war leztere zufällig einen Augenblick bei meiner Frau als Mad.me Reizet unvermutet ins Zimmer kam, – solche erkante Auguste sogleich und Lulu konte nicht anders als ihr solche als ihre Schwägerin zu présentiren, sie sagt ihr dann sie seien erst seit ganz kurzem verheiratet und auf einige Zeit zum Besuch bei uns, ihr müst also dorten die nehmliche Sprache führen und mich nicht in Verlegenheit bringen, jezt kann ich solche schon nicht mehr verheimlichen und sie doch auch ehe sie getraut sind honneter Weise nicht produciren [vorzeigen], suche daher die Sache möglichst zu beschleunigen, die Trauung will ich dann schon in hiesiger Gegend und im Stillen veranstalten damit man nicht erfahre daß sie erstlich hier copulirt worden sind. Nur schickt mir die nöthigen Documente sonst thue ich nichts, das erklähre ich bestimt: Clemens und Auguste wollen heute an deren Verwante schreiben, bis jezt kann ich nicht über deren Aufführung klagen, doch was läst sich in 3 Tagen urtheilen; was die Zukunft dieser Menschen betrift, so erwarte ich von dir und Moritz Nachrichten über eure desfalsige Gesinnungen, was ich dabei thun kann thue ich gewiß – Heute wird mir die Zeit allzuknapp, nächstens will ich suchen mehr zu schreiben grüse indessen das ganze Haus von mir und lebe vergnügt.

Jordis

Besorge doch sogleich die Einlage an Moritz

11. Moritz Bethmann an Auguste Bußmann
Frankfurt am Main, 3. August 1807

An mein durch Ausartung abgestorbenes Mündel, genannt Auguste Bußmann in Caßel.

Kaum war Auguste wenige Wochen alt, so entriß der unerbittliche Tod ihr ihren leiblichen Vater, ihre liebevolle Mutter in tiefen Schmerz versenkt, theilte mit mir, als Vormund die älterliche Sorge für Ihre Erziehung.

Rasch und mächtig wuchs Auguste zum Mädgen heran, mit mehr Geistesfähigkeiten, als vergänglichen körperlichen Reitzen begabt, wurde nichts vernachläßiget, was ihre intellektuellen Eigenschaften bilden und entwickeln konte.

Sanftmuth, Liebe und Rechtlichkeit umschatteten sie in ihren Familien Verhältnißen, und es war besonders mir eine entzückende Freude, den Wünschen meiner Pflegebefohlnen zuvorzukommen; Mein Sinnen und Trachten war stets dahin gerichtet Ihr Glük zu gründen und zu befestigen.

Mit zärtlicher Besorgniß, ja oft mit Schrecken bemerkte ich, daß die Heftigkeit Ihrer Triebe, die Härte ihres Karakters sie wenig theilnehmend am Schmerze wie an der Freude anderer machte, ein aufbrausender, sich selbst verzehrender Egoismuß, verschloß ihr Herz für sanfte, wahrhaft vertrauliche Mittheilung, empöret durch den mindesten Wiederstand, wähnte sie sich geschaffen die despotische gefühlloseste Herrschsucht auszuüben über alle die sie umgaben.

Auguste dünkte sich der Mittelpunkt, um den die ganze Welt sich drehen müste.

Wie oft scheuchte ich nicht dieses gehäßige Bild zurük, und wieder meinen Willen erneuerte es sich unwillkührlich in meiner Seele, denn Augustes Handlungen zwangen es mir auf.

Vor ohngefähr einem Jahr, machte sie mir das Geständniß sie sei von einer heftigen Leidenschaft für einen wackern Krieger ergriffen, ohne ihn wohl tadlen zu können, rieth ich ihr Prüfung ihrer selbst und des Gegenstandes ihrer Liebe an. Ihre Mutter, ihr Stiefvater [Flavigny] geben dem edlen Manne, der gerade und offen um ihre Hand wirbt, zu erkennen, daß sie die Seine werden soll, sobald er dem Weib und den Kindern eine Existenz zusichern kann. Die Pflicht militarischer Ehre ruft ihn zu seiner Fahne, und im Schlachtgetümmel, seiner Liebe für Auguste treu eingedenk, kämpft er mit Muth und Talent, in der Hofnung sein künftiges häusliches Glük beim Frieden durch Augustens Besitz begründet zu sehen.

Der Thor, er hatte das Sprüchwort vergeßen *Les absents ont tort.* In dem Augenblick wo die Rükkehr Napoleons nach Frankreich, dem festen Lande Europens den Frieden verkündet, in demselben Augenblick umflattert Auguste ein bunter Schmetterling. Scheu wie dieses Ephemerische Wesen ist er geblendet von dem Licht ihres blitzenden Geistes, wie bald wird er mit verbranten Flügel unter ihren Füßen zertreten werden, und dieses Loos hatte er doch nicht verdient, denn er war nicht treulos, wie Auguste.

Gesetzt nun auch sie wolte inconsequent genug sein, statt auf dem Schild der Minerva zu ruhen, sich mit den Fittigen des Schmetterlings zu zieren, weder ich noch ihre Familie würden ihrem bestimten Willen kein Hinderniß in Weg gelegt haben, das so ungleiche Paar ehelich zu verbinden.

Allein mit diesem schlichten, offenen Gang schien Auguste nicht gedient zu sein, sie bedurfte eines albernen, sehr gemeinen Romans in ihrer Lebensgeschichte, die so stolze Auguste würdigte sich zur Buhldirne herab, die mit dem ersten besten Mann das Land durchstreicht, denn fliehen kann ich es nicht nennen. Niemand verfolgte sie, es sei denn sie habe ihrem Glük auf immer entfliehen wollen.

Zutrauensvoll streckten Freunde und Verwandte die Arme nach ihr aus, um die verwirte zu unterstützen, sie aufrecht zu erhalten. Wie lohnte sie Vertrauen, Herzlichkeit, Anhänglichkeit, Sorgfalt, durch *Lug* und *Trug*. Wehe der Bethörten, sie muste wenig Kraft in sich fühlen, um zur Falschheit ihre Zuflucht zu nehmen.

Auguste zerriß also gewaltsam die Bande, welche die Natur zu ihrem Wohl und Zufriedenheit geschaffen hatte.

Ihre tief gekränkte Mutter sieht sich tollkühn das Kind entrißen, das sie unter ihrem Herzen getragen hat, Auguste wird auch Mutter werden, und alsdann erst die Strafe ihres Vergehens schwer büßen müßen. Die Rache bleibt nicht aus.

Nicht weniger erschüttert ist ihre liebevolle Grosmutter, die so mit ganzer Seele an Auguste hing, ihre Gesundheit leidet sichtbar, und ewigen Haß und Verderben müste ich über Auguste aussprechen, wenn sie die Ursache des zu frühen Todes meiner einzig geliebten und verehrten Mutter würde.

Verirrungen fodern zum Mitleid, zur Zurechtweisung auf. Lügen und Falschheit können nur die tiefste Verachtung erregen. Auguste ist tod für mich, und ich traure um das was sie sein könte, und hätte sein sollen.

Moriz

12. Bettine Brentano an Friedrich Karl von Savigny
Frankfurt am Main, 4. August 1807

Seit 3 Wochen bin ich nun wieder hier; während dieser Zeit hat sich manches Sonderbare in unserer Familie zugetragen, welches sich wohl der Mühe lohnte, es zu erzählen, wenn es nicht zugleich einen Ekel gegeben hätte, der nicht gut zuläßt, sich viel damit zu beschäftigen. Meline sagte mir auch, daß sie in ihrem Briefe Dir davon gesprochen hat. Ich darf nicht sagen, welchen Eindruck Clemens bei dieser Geschichte auf mich gemacht hat; so viel ist gewiß, besser ist es mir nicht dadurch geworden und Frankfurt ist mir verhaßter als je und ich kann mir eine Zeit denken, wo ich mich mit Gewalt aus allen Verhältnissen reiße, wenn mir Gott nicht auf andre Weise Hülfe leistet.

13. Meline Brentano an Friedrich Karl von Savigny
Frankfurt am Main, 4. August 1807

Hier bei uns ist wieder ein bißchen Ruhe, das heißt mehr als es diese letzte Zeit über war. Clemens mit Augusten und Christian haben sich nach Cassel zu Jordis geflüchtet, der sie auch gutmütig aufgenommen. [...] Bis übermorgen wird der Clemens im hiesigen Wochenblatte unter den Proklamierten stehen. [...] Bei der ganzen Heirat schätze ich die Bettine am glücklichsten; denn wäre Clemens hier geblieben, er hätte sie arg gequält, hat er mir doch durch seine Phantasie manche trübe Stunde bereitet.

14. Jacob an Wilhelm Grimm
Kassel, 7. August 1807

Bettina ist in Frankfurt geblieben, dafür aber ist Clemens mitgekommen, und zwar mit einer jungen schönen Frau, die er eben geheirathet hat und welche sehr sanft und gut scheint und wie ich glaube beßer zu ihm gehören wird, wie seine vorige.

15. Moritz Bethmann an Clemens Brentano
Frankfurt, 7. August 1807

Ihr Brief vom 3. dieses, Clemens, beweist mir zwar, daß Sie fühlen, unrecht gehandelt zu haben, dadurch allein aber ist Ihr Unrecht nicht gut gemacht.

Gesetze und Blutsverwandtschaft haben mir auf Auguste Vaterrechte ertheilt, Sie haben mir mein unmündiges Kind geraubt, während Sie kein Hindemiß fanden, ihren Besiz als Gattin rechtmäsig zu begehren und zu verlangen. Diese Handlung ist nach bürgerlichen, und moralischen Gesetzen strafbar und inkonsequent.

Suchen Sie keine Entschuldigung im Drang eines von phisischer Leidenschaft entflamten, bethörten Mädchens; durch Ihre Entschuldigung würden Sie erproben [beweisen], daß Sie ihm schon im Entstehen ihrer Verbindung nicht gewachsen seien, welche traurige Aussicht müste diß Geständniß nicht auf die Zukunft werfen.

Das Bewustsein Augusten während 16. Jahren nichts als gutes gethan und gewolt zu haben, ohne mir ihr Vertrauen zu erwerben, kann mich zwar nicht glüklich machen, allein ich bin wenigstens vorwurfsfrei meine Pflichten treu und redlich erfüllt zu haben. Ich hatte meine Pflichten so lieb gewonnen, daß ich kein gröseres Glük kante, als sie glüklich zu machen.

Itzo fühle ich nichts als Mitleiden für das alberne Mädchen, daß mich durch List und Lügen zu betrügen wähnte.

Die Thörin, nur sich selbst hat sie betrogen, nicht mich, Falschheit und Schwachheit sind gleichsinnig für mich, sie stand ehedem als ein edles, kraftvolles Wesen vor mir, diese Täuschung hat sie zernichtet, sie stellte sich selbst als eine verächtliche Närrin an Pranger.

Sie Clemens haben nun einmal Ihr Schiksal mit dem von Augusten unzertrennlich verwebt, es wird mit aller nur erdenklichen Schonung von Ihrer und meiner Familie alles aufgeboten, um durch die gesetzlichen Formen Ihre Ehe zu beschleunigen und zu befestigen, und das alberne Ihres Romans in den Mantel der Vergeßenheit zu hüllen.

Nicht so leicht wird es Ihnen werden Ihre nunmehr übernommenen heiligen Pflichten zu erfüllen. Sie sind Gott, Ihrem Gewißen und mir für Augustens Glük nicht allein verantwortlich, sondern Sie müßen auch Muth, Kraft und Beharrlichkeit genug besitzen, dieses stürmische, unbiegsame Mädchen für neuen Thorheiten und Ungebührlichkeiten zu hüten.

Weil Sie sich erkühnen Sophiens [von La Roche, Brentanos Großmutter] mir stets heiliges Andenken zurükzurufen, so beschwöre ich Sie bei demselben, den Muth zu haben Ihre Laage nach ihrem ganzen Umpfang zu überschauen, nur Sie allein sind der Schöpfer Ihres Glüks und Ihres Unglüks, nur Sie allein vermögen zu bestimmen, ob ich Sie achten, oder verachten muß.

Die Fähigkeit ein nützliches, achtungswerthes Glied, in der menschlichen Gesellschaft zu werden, ist Ihnen von der Natur nicht versagt, Ihre Kraft zwekmäßig anzuwenden muß Ihr Bestreben sein, und nur durch Beharrlichkeit können Sie dazu gelangen.

Ergreifen Sie einen Stand, worin Sie sich durch Neigung, und Vorkentniß auszuzeichnen wißen, ich verwerfe keinesweges Eigenschaften, weil ich sie nicht in hohem Grade besitze, auch die poetischte Phantasie erscheint mir als ein Mittel, welches zu einem edlen Zwek führen kann.

Nur muß ich Sie noch aufmerksam machen, Sie haben statt zu spielen, das Schachbret umgeworfen, dies beweist noch kein Talent, durch Worte und Buchstaben werden Sie auch bei mir die Parthie nicht gewinnen, nur durch Handlungen unterscheidet sich in meinen Augen der vernünftige vom unvernünftigen Menschen, der achtungswerthe, vom verächtlichen.

Diese Linie ist klar und einfach, wählen Sie, Sie können den Eindruk, und die Folgen in Bezug auf meine Verhältnisse gegen Sie leicht zum voraus berechnen.

Moriz

16. Karl Jordis an Georg Brentano
Kassel, 8. August 1807

Ich bestätige dir, mein lieber George, den Inhalt meines gestrichen und eile nun, wo wir uns ein wenig von unserer Unruhe erholt haben zur umständlicheren Beantwortung deines Briefes vom 4ten an dem ich, so wie aus einem Schreiben von Moritz, gerne erfahren habe daß alle Schritte zu Erlangung der für mich nöthige Documente gethan sind und Ihr mir solche wahrscheinlich mit heutiger Post zusenden werdet, so bald solche eintreffen kann und soll dann die Trauung sogleich durch Catholischen Priester geschehen und zwar ganz im Geheim und nur in Gegenwart der nöthigen Zeugen damit man nicht erfahren wird daß solche erst hier geschehen ist: Ich glaube es, lieber Schwager, daß Euch diese Sache viel Kummer und Sorge macht... mir wahrlich aber nicht weniger, denn Moritz hat nicht unrecht wenn er mir sagt daß ich bei diesen Menschen auf keine Dankbarkeit Rechnung machen muß, denn leider komme ich zu der Erkentnis daß eben jezt wo ich alles für solche zu thun bemüht binn, mein heilsamst und wahrlich bestgemeinter Rath platerdings nicht geachtet und höchstwahrscheinlich hinter meinem Rücken mit dem Predicat von Spiesbürgerei belegt wird. Über deren Auführung kann ich zwar grade nicht klagen, solche ist seit meinem Hiersein ganz gesezt und vernünftig, desto trübere Ahndungen ziehe ich aber aus deren Caracters und Grundsätzen. Ganz Egoisten, glauben sie die übrige, weit schlegtere Welt, sei einzig wegen ihnen da und wird es mir dadurch, fürchte ich, wo nicht unmöglich, doch unendlich schwer werden irgend einen Einflus auf solche zu erlangen; So verächtlich feig und kleinmütig Clemens in Wiederwärtigkeiten ist, so aufgeblasen wird er sobald solche vorüber sind, und hänget bei ihm – der vor 14 Tagen um sein Mädchen zu bekommen gleich jeden Stand ergriffen haben würde – jezt, wo er es hat, der Himmel schon wieder voller Baßgeigen, so daß weder Vernunft noch Freundschaft irgend einen Eindruck auf ihn machen. Ich bin wahrlich höchst betrübt darüber; die ganze Woche habe ich mich bemüht, ihm durch Vernu[n]ft Gründe jeder Art zu überzeigen wie sehr nöthig es sei ein stetes Leben zu führen und sich irgend einem bestimten Stand zu widmen um künftig eine angenehme und réele Existenz zu haben.. allein umsonst! er hat mich stets durch bizare Sophismen überschrien, und muß ich ihn zu meinem grösten Kummer schon bald eine Reise nach Königsberg, bald eine nach Italien und dergleichen Thorheiten mehr projectiren hören, so daß ich fürchte diese Leutchen werden nur durch eine beständige Abhängigkeit von anderen zur Vernu[n]ft zu bringen sein und geht mein Rath bestimt dahin solche, wenigstens eine geraume Zeit, genau und streng mit selbigen zu beobachten; So sehr ich daher wünsche und es gewißermasen, ihrem Auftrit ungeachtet, doch auch billig ist daß die Bethmännsche Familie ihrem Kind einen Fort machen [beträchtliche Mittel zuwenden] und ihm ein gewißes Vermögen zusiche[r]n, so glaube ich daß es nicht gut sein würde wenn Clemens solches in die Hände bekäme, selbst die Intereßen [Zinsen] müsten ihm erst dann werden, wenn die Familie Ursache hätte mit seinem Benehmen zufrieden zu sein, denn so wie ich ihn kenne, so hat der Wohlstand doch grosen Reitz für ihn, wird ihn die Unmöchlichkeit seine Capricen zu befriedigen von manchen Thorheiten abhalten, und er auf diese Art vileicht ein wenig soupler [geneigter] werden seinem wahren Wohl nachzustreben; diß ist meine Ansicht von dieser Sache, überlege solche nun einmahl mit Franz und beredet Euch dann mit Moritz wie alles wohl am besten anzufangen ist; waß ich dabei thun kann versäume ich gewis nicht sondern werde gern nach allen meinen Kräften an deren Wohl fortarbeiten, obgleich ich bekennen muß daß ich durch die fatale Wendung so sie meinen wohlmeinenden Bitten geben schon mehrmahls muthlos geworden binn und voraussehe daß es noch manchen harten Stand geben wird bis Clemens einen Stand ergreift – im übrigens scheinen sich die Leutchens recht lieb zu haben und hoffe ich daß die Ehe nicht ganz schlecht werden soll. –

Diß muß nun die Zeit ausweisen von der ich überhaupt viel hoffe, da es Augusten, die im Wohlleben erzogen ist, doch auch empfindlich sein wird vielem entsagen zu müßen was sie sonst vollauf hätte, und sie sich dadurch bereiter finden wird ihrer Familie nach Willen zu leben, besonders wenn sie Kinder bekömt: Theile mir doch deine Gedanken über alles mit und sage mir waß ich gutes in der Sache leisten kann!

Grüse deine gute Frau und das ganze Haus herzlichst von mir und glaube an meine unveränderte Freundschaft.

Jordis

An Moritz kann ich, wegen der Unruhe und denen Nachforschungen der Spitzbuben Geschichte [wegen eines im Hause Jordis vorgefallenen Diebstahls] heute nicht, sondern erst nächste Post schreiben, sage ihm solches doch. Es thut mir leid daß er so aufgebracht auf Christian ist, zu deßen Entschuldigung sich doch unendlich vieles anführen läßt, um so mehr da er übrigens ein solider und herzensguter Junge ist, dem ich recht sehr gut bin, besonders seitdem er sich bei unserer vorgestrichen Affaire (wo Clemens den Hüter des Serails machte) wieder sehr tapfer und entschloßen bewiesen hat: Suche den Bethmännschen Zorn von ihm abzuwenden, er verdient ihn wahrlich nicht und hätte bei diesem Mädchen, das immer das Wort umbringen im Munde fürte, also für keine Vernunftgründe empfänglich war, wohl ein jeder diesen Schrit für einen Bruder gethan.

17. Karl Jordis an Georg Brentano
Kassel, 10. August 1807

Als, mein lieber George, mein Brief schon geschloßen war wurde ich noch auf eine Formalität der mir zu sendenden Imißion [Eingabe] aufmerksam gemacht und bemerke dir sonach daß die Vergünstigung zu auswärtiger Trauung, wenn nehmlich solche auf einen *benanten* Auswärtigen Ort und Geistlichen lauten muß, nicht auf Cassel sondern in diesem Fall auf den Hn. *Stadtpfarrer Ferrare in Fritzlar* zu stellen ist; Auf jeden Fall würde es aber weit beßer sein wenn dieser Punkt in Blanco gefertigt werden könne damit das Fr[ank]furter Consistorium selbst nicht wiße ob die Copulation in Godesberg oder hier geschehe.

Jordis

18. Karl Jordis an Georg Brentano
Hannoversch-Münden, 11. August 1807

Erst heute um 11 Uhr erhielt ich, mein lieber George, in Cassel deinen Brief vom 7ten so die Vollmacht für Clemens enthält, ich weis nicht wo solcher herumgelaufen sein mag? ohne Zweifel wurde er auf die unrichtige Post gegeben denn hier ist er mit der Nürnberger angekommen; Dein erster Brief von dem ich dir schrieb ist indeßen noch immer nicht angekommen und ohnezweifel ganz verlohren. Ich setzte mich gleich mit Clemens in Wagen und sende dir nun anbei die hier vidimirte [beglaubigte] Vollmacht, da Clemens kein Siegel bei sich hatte, so müst Ihr dorten das Familien Petschaft bei seine Unterschrift drücken und wird somit alles richtig gehen. –

Da die Post im abgehn ist so kann ich den Inhalt deines Briefes heute nicht umständlicher beantworten, auch nicht an Moritz schreiben, indem sein Brief, der in deinem obigen lag, auch zu spath eingetroffen ist, sage es ihm doch und daß ich ihm kommende Post antworten werde. –

Recht sehr wünsche ich indeßen die nöthige Documente zur Trauung *baldmöglichst* zu erhalten, indem es mir aus manchen Gründen unendlich am Herzen liegt daß solche baldigst vollzogen werde; eilet daher so sehr als möglich mit der Expedition, doch braucht ihr solche nicht pr. Estafette zu senden, denn ein Tag früher ist die Kosten nicht werth. –

Wenn Ihr und Moritz an Clemens und Auguste schreibt so müst ihr noch böser thun die lezte Briefe waren zu gelinde und haben einen üblen Effect gemacht, diese leichtsinnigen Menschen sind jezt schon ganz oben hinaus und ist nichts mit ihnen zu machen. – *Nur durch Furcht* kann man Clemens in Respect setzen und anders legt er sich *nie zum Ziele, merkt Euch dieses*, ich mache leider täglich traurige Erfahrungen davon

     ganz der deine
     Jordis

19. Karl Jordis an Georg Brentano
Kassel, 15. August 1807

Der Ton in deinem lezten Brief vom 12ten ist gut und rathe ich recht sehr darin fortzufahren, auch Moritz muß Clemens nicht mehr so gelinde schreiben als er es lezthin gethan hat; Er der durchaus nicht von einem Stand hören wollte und gewütet und getobt hat, uns selbst einmahl zum Wagen hinaus gesprungen ist als wir ihn vernünftig darum baten, hat auf deinen Brief wieder ganz andere Seiten aufgespant und uns um Rath gebeten was er thun soll, wenn Ihr so continuirt legt er sich doch wohl zum Ziehl auch soll ihm Franz, wenn er ihm schreibt, sagen sein Einkommen sei durch die starken Simpli [Steuern, Kontributionen, fälschlich für Simpla] u.s.w. sehr vermindert, damit er auch von dieser Seite ins Gedränge komme und ihm wenigstens vorerst der Reiselusten – den er immer noch hat – vergehe, die Bethmännsche Familie muß (wie schon gesagt) wenn sie was für Augusten thut, es auch nur bedingungsweise thun.

Das schlimste bei dem ganzen Handel ist, das Auguste (ohnezweifel der Neuheit wegen) einen ebenso grosen Hang als er zum Poetischen Leben hat und ihn – da sie sich nicht so leicht wie er schreken läst – immer darin befestiget und so oft was wir in einem ganzen Tag mit vieler Mühe aufbauten in einem Moment wieder niederreist; ich versichere Dich es ist eine verdamt saure Commission diese Leute zur Vernunft zu bringen, Christian und ich arbeiten unaufhörlich daran, werden aber oft so ungeduldig daß wir wünschten mit dem ganzen Handel nichts mehr zu schaffen zu haben: Ihr müst uns eben so gut unterstützen als ihr es könt und suchen einen guten Stand für ihn auszugrübeln, was freilich schwer aber eben doch nöthig ist, damit wir ihn einmahl über den Wunsch der Familie fixiren können; Moritz sprach mir von einer Bibliothekar Stelle, allein deren sind wenige im Lande und wird man um ihn zu placiren auch nicht andere bereits angestellte und verdienstvolle Männer entlaßen wollen, ohne daher diese Idée ganz aufzugeben wäre es sonach gut auch auf etwas anderes und ehr ausfürbahreres zu denken, wenn der König [Jerôme von Westfalen] komt und ich hier etwas für ihn thun kann so geschieht es sicher nach meinen Kräften, nur sage mir was Eure und die Bethmännsche Familie vorziehen würdet.

Ich wünschte Clemens ergäbe sich auch mit Ernst der französischen Sprache, ohne sie – die iezt universel ist – kann er sich an keinem Hof poußiren [in Gunst setzen], wir haben ihn schon oft darum gebeten und es wäre wohl gut wenn ihm auch Franz darüber schriebe und alle Gründe dazu vorlegte! Wäre er jezt der franz. Sprache ganz mächtig so wäre die Stelle eines Grand-Lecteurs [Vorlesers] am hiesigen Hof ohne alle Frage die passenste für ihn: Nach Haus wird ihn die Bethmännsche Familie nicht haben wollen, sonst könte man auch suchen ihm dieses Amt nebst einem feinen Titel beim Fürst Primas [Dalberg] auszuwürken denn er liest recht artig! [. . .]

Sobald ich in kommender Woche Alle verlangte Documente erhalte, laße ich Clemens und Auguste in Fritzlar – wo schon alles veranstaltet ist – zusammengeben.

20. Meline Brentano an Friedrich Karl von Savigny
Frankfurt am Main, 17. August 1807

Morgen werden den Flüchtigen die nötige Papiere zur Trauung geschickt. Die arme Lulu hat recht ihre Last mit ihnen, denn sie machen trotz ihres Unglücks doch noch Pretensionen.

21. Heinz Rölleke, Zu Brentanos Eheschließung
mit Auguste Bußmann

Brentano und Auguste wurden im berühmten Fritzlarer Dom ›St. Peter‹ getraut, wie die Eintragung im dort befindlichen Kirchenbuch beweist:

Contin. Inthronizatorum 1807

Dies Mensis	Inthronizati	Parentes	Testes.
21. Augusti	D^{ns} Clemens Brentano viduus [*nachträglich*] civis Francofurtensis et literatus fil. lgtms	pronoblis Dni Petri Antonii Brentano Sr'mi Principis Elect. Trevirensis quondam consiliarii et Residentis Francofurti accrediti p. m.	D. [*nachträglich*] Christianus Brentano frater Sponsi
	cum virgine Magdalena Margaretha Augusta Bussmann fil. lg. rlcta	pronoblis Dni Joannis Jacobi Bussmann civis Francofurtensis et Negotiatoris p. m. celebrrimi	et Carolus Jordis consiliarius legationis Cassellis degens

Obtenis dimissarialibus literis, a P. R. D. parocho
Kauth in Frkfurt et a Magistratus aliisque
documentis necessariis. Assist. par. Ferrare

Der Nachtrag (»Obtentis... «), der bei einheimischen Brautleuten im Fritzlarer Kirchenbuch nicht begegnet, erweist, daß durch den Pfarrer Kauth und den Magistrat der Stadt Frankfurt inzwischen alle notwendigen Dokumente überstellt worden waren.

Im Gegensatz zu den umgebenden Traueintragungen werden Brentano, die verstorbenen Eltern des Ehepaars und – nachträglich! – Christian Brentano mit dem Titel »Dominus« eingetragen, auf den die Brentanos also bei offiziellen Anlässen Wert legten.

Die Tatsache, daß er seit neun Monaten Witwer bzw. daß er überhaupt schon einmal verheiratet war, scheint Brentano bei der Aufregung dieser Kopulation zunächst entfallen zu sein, anders ist der späte Nachtrag des Attributs »viduus« kaum erklärlich. Besonders aufschlußreich ist Brentanos Berufsbezeichnung »literatus«, gemäß der er sich wohl seinerzeit schon endgültig als Berufsdichter fühlte.

Unter der Rubrik »Eltern« sind den Gepflogenheiten bei ehelichen Kindern entsprechend (vgl. den Hinweis »fil[ius] l[e]g[i]t[i]m[u]s« bzw. »fil[ia] l[e]g[itima]«) nur die Väter angeführt, beide »p[iae] m[emoriae]«, frommen Andenkens, als verstorben. Auch hier scheinen die Brentanos besonderen Wert auf Peter Anton Brentanos Titel eines kurtrierschen Residenten gelegt zu haben, den dieser seit 1774 führen durfte; ein Hinweis auf seinen Kaufmannsstand fehlt, während der Brautvater ausdrücklich als Bankier bezeichnet ist.

Trauzeugen waren – wohl auch wegen der feindseligen Haltung der Bethmannschen Familie – nur Verwandte Brentanos, und zwar sein älterer Bruder Christian, was bislang unbekannt war, sowie sein Schwager Karl Jordis, nicht aber seine Schwester Lulu, wie Brentanos Brief an Arnim glauben machen könnte, obwohl sie andererseits offenbar bei der Trauung anwesend war.

22. Auguste Bußmann an Claudine Piautaz
Kassel, 23. August 1807

Sie sind krank liebe Claudine, und ich muß fürchten, theil daran zu haben. Moriz hat sich gegen Sie vergessen, gegen Sie die sich so einfach zeigten, so natürlich! O können Sie mir verzeihen Sie solchen Unannehmlichkeiten ausgesetzt zu haben! Selbst der einzige Ersatz den ich Ihnen dafür geben kann – gründet sich nur auf Ihr liebes Herz das unser Glück wünschte und dieser Wunsch wird in Erfüllung gehen hoffe ich. –

In einigen Tagen werde ich das Haus der Lulu verlassen worin ich so freundschaftlich aufgenommen wurde. Die Unruhe worein sie die Diebe versetzten haben den Jordis bewogen mir Wohnung in der Stadt zu miethen – auch Clemens hat eine genommen. Wir haben einige Bekannte hier, und werden ein recht angenehmes *unabhängiges* Leben führen. Eine große Bewunderin des Clemens ist die Gräfin Polen[?]. Er hat ihr schon einigemal vorlesen müssen. Sie spricht sehr viel von der Bettine die sie außerordentlich liebt. Sehr oft sagt sie dem

Clemens ganz freudig: auch Sie sind doch die leibhaftige Bettine.

Ich danke der Bettine für ihren schönen Brief, ich will ihn lesen wenn ich so bin wie sie es wünscht – in einer traurigen Stimmung schlägt er mich nur mehr nieder – aber so bin ich nicht oft, und ich würde bedauren ihr in einer solchen geschrieben zu haben, wenn mir nicht dafür der herrliche Brief geworden. – Einige Bitten hat sie mir nicht beantwortet, ich wende mich nun an Sie, denn es liegt mir sehr viel daran es recht bald besorgt zu wissen. Bey der Küppern müssen noch Briefe von N. liegen – seien Sie so gut und schicken Sie mir sie liebe Claudine wie auch das Packet das ich am letzten Tag Bettinen gab, und die Briefe welche mir Clemens schrieb. Sie lagen nicht in den Koffern welche man ihm geschickt hat, und ich könnte ihren Verlust nie vergessen.

Der Gräfin Pappenheim scheue ich mich auch zu schreiben – ich wünschte einen Brief von ihr vorher zu empfangen. Wollen Sie auch das wohl für mich thun liebe Claudine?

Werden Sie gesund, kommen Sie hierher, und sehen Sie dann wie ich Ihnen dankbar bin, herzensgute liebe Claudine. Clemens ist nicht zu Hause, er würde auch schreiben was er für Sie fühlt – Adieu – ich grüße Marie und George. Seine Sorgen thun mir sehr weh. Ich habe dem Moriz geschrieben und hoffe *gewiß* daß er vernünftig seyn wird. – Auch Meline grüßen Sie und die übrigen deren Bekanntschaft ich noch zu machen habe. Bettine! – Es vergeht keine Stunde, wo ich nicht an sie und Sophie Mereau [Brentanos erste Frau] denke. Clemens spricht mir meistens von diesen beiden.

Schreiben Sie mir recht bald, und auch *aufrichtig* von meiner Familie. Nocheinmal Adieu Liebe.

Ihre Auguste.

23. Meline Brentano an Friedrich Karl von Savigny
Frankfurt am Main, 26. August 1807

Von Cassel haben wir die Nachricht, daß Clemenz endlich getraut ist. Er hat sich dort ein Quartier gemietet und wird fürs erste dort bleiben.

24. Bettine Brentano an Achim von Arnim
Frankfurt am Main, August 1807

Ihren Brief, lieber Arnim, erhielt ich in einem Anfall von Krankheit, der mich beinah acht Tage im Bett hielt; so ungeduldig ich dabei war, nicht gleich mit allem Vertrauen, das durch Ihre freundliche Worte erweckt ward, antworten zu können, so schwer wird es mir nun, da ich bedenke, was ich Ihnen alles erzählen *muß* von Clemens, dessen Schicksal sich gedreht hat wie ein Wetterhahn. Sie haben den Brief von ihm, worin er Ihnen über seine [erste] Frau [Sophie Mereau] schreibt, vielleicht noch nicht in Händen gehabt, da er durch eine andre schon wieder seinen Verlust ersetzt hatte, Gott weiß eine Liebesgeschichte von acht Tagen, die sich mit einer Entführung nach Hessen-Cassel endigte. Seit dem 20. August ist er verheirathet mit einer Nichte von Moriz Bethmann, Sie kennen Sie vielleicht, Auguste Bußmann, und ist weiter nichts merkwürdiges dabei vorgefallen.

25. Meline Brentano an Friedrich Karl von Savigny
Frankfurt am Main, 31. August 1807

Bettine hat über die Sache wenig gedacht und findet es daher auch unmöglich, Dir darüber zu schreiben, sie liebt die Auguste nicht, so wie Clemens nicht mehr obenan bei ihr ist.

26. Catharina Elisabeth an Johann Wolfgang Goethe
Frankfurt am Main, 8. September 1807

Demoiselle Busmann Enckelin von Frau Bethmann Schaff [Moritz Bethmanns Mutter] hat einen Bräutigam – soll nur noch etwas warten läßt sich aber von Clements Brentano entführen – die Hitze ist gantz einlein Schuld – denn wenn es schlechte Menschen wären ja da wäre es ein anders – aber es sind allezusammen edle Seelen die schwatzen von Grundsätzen – Pflichten – Moralischen Ausübungen der Pflichten gegen Eltern Verwanden u. s. w.

27. Karl Jordis an Georg Brentano
Kassel, 11. September 1807

Ich habe Auguste gefragt ob sie ihre Bücher und Effecte, von denen du sagst, haben will? und bittet sie dich ihr solche baldmöglichst hierher zu senden: Richte solche aber doch gleich an Clemens direct (bei Général Weber auf dem Königs Plaz wohnend) ab, weil solche sonst bei mir abgeladen und wieder hin transportirt werden müsten, was doppelte Mühe und Kosten gäbe. [...] Du wirst nun wohl wissen daß Flavigni an Auguste geschrieben hat und solcher, ohne allen Vorbehalt, eine jährl. Pension von f. 1200. gibt, seit dem will nun Clemens gar nichts mehr von einem Stand hören und hat sich wieder ganz in seine ehmalige Lebens Art geworfen; mir ist es einerlei und kann es einerlei sein, also suche ich es auch nun nicht mehr zu ändern; daß ich aber – wenn ich die Bethmännsche Familie gewesen wäre und Clemens zu einem Stand hätte bringen wollen – es anders angefangen hätte weis ich gewiß. Nun aber muß solche auch nicht mehr erwarten daß ich noch was für die Sache thun kann, denn nun habe ich durchaus keinen Einflus mehr auf Clemens, für den mich übrigens diese Wendung der Sache (was doch die Hauptsache ist) recht herzlich freut.

28. Bettine Brentano an Achim von Arnim
Frankfurt am Main, Mitte September 1807

Von Clemens hab ich Ihnen in einem Brief, den ich nach Giebichenstein addressirte, geschrieben, aber, ich gestehe es, mit Unmuth sprach ich von seiner Heirath, dies sollte nicht sein. Ist es nicht besser, ich sehe diese dumme Streiche für Schicksal an und bekümmre mich weiter nichts darum? Indessen gehört doch viel Selbstverläugnung dazu, besonders wenn man wie Clemens einen ewig plagt mit Wiederholungen von Schmerzen und Trauer, die eigentlich nur aus langer Weile existiren, und die doch eine wichtige Rolle spielen sollen; ich erscheine Ihnen vielleicht hart in solchen Aeußerungen. Mangel an Freundschaft, an sorgfältiger schwesterlicher Liebe ist es dennoch nicht. Aber mein eigen Gemüth kommt immer so mit ins Spiel; wenn ich tröste und wenn ich denn sehe, daß es eben so gut gewesen wäre, wenn ich gar keinen Theil daran genommen hätte, da wird mein Herz erzürnt und will keinen Theil mehr daran haben.

29. Auguste Bußmann an Achim von Arnim
Kassel, 11. September 1807

Als mich Clemens den Brief hatte lesen lassen den er heute von Ihnen empfing, trieb es mich dunkel Ihnen zu schreiben. Es ging nicht gleich an, und so hatte ich Zeit mir es deutlicher zu machen was ich von Ihnen wünsche – warum ich Ihnen schreibe. Recht weis ich es aber noch nicht. Finden Sie es immerhin sonderbar – mich ängstigt dabey nur daß Clemens es nicht wissen soll, daß ich zum erstenmal etwas heimlich vor ihm thue. Das muthwillige Ende Ihres Briefes hat mich tief geschmerzt. Sie glauben ich hätte ihn in eine sogenannte glänzende Lage gebracht – und haben nun nur noch Scherz für Ihren Freund. Wie werden Sie ihn bedauren wenn Sie mich besser kennen. Er glaubte mich lieben zu können – er liebte mich – und fühlt sich nun in allen seinen Erwartungen getäuscht, an ein Geschöpf gekettet das ihn nicht versteht. Fühlen Sie wie schwer solch ein Verhältniß ihn dünkt? Was mir begreiflich an ihm ist, wird mir es durch die Liebe – und so begreife ich daß er schnell mich verlassen muß um sich vor Unmuth, Ekel zu bewaren. Ich habe ihn schon oft darum gebeten zu Ihnen und Reicherdts [Johann Friedrich Reichardt und seine Frau Johanna, Arnims Freunde in Giebichenstein] nach Halle zu gehen – doch Sie kennen ja seine Unbestimmtheit in solchen Sachen. Aber ich beschwöre Sie, reißen Sie ihn von hier weg – gehorcht er nicht Ihren Briefen, so kommen Sie selbst hieher, nehmen Sie ihn mit sich fort – nach Rom etwa, wohin er sich sosehr sehnt.

Sie sehen er darf von diesem Brief nicht wissen – er würde ihn sehr lächerlich und abentheuerlich finden. Weil ich Ihnen gesagt habe daß ich ihn liebe, müßen Sie nicht denken daß ich Ihnen in einem Momente gereizter Empfindung schreibe. Ich bin im Gegentheil sehr ruhig, und führe aus, was mir in ruhigen Augenblicken ganz klar als gut und nothwendig scheint. Wenn dieser Brief fertig ist, und ich denke daß er dazu beitragen kann mich von meinem Geliebten zu trennen werde ich mir Gewalt anthun müßen ihn nicht zu zerreißen. Clemens schläft, ich höre nicht seine Stimme – spräche er mit mir, wie könnte ich Sie bitten mir diese Töne, zu rauben – auch wenn sie mir die bittersten Schmerzen verursachen? – Kennen Sie mich nicht? Hier ist mein ganzes Wesen: ich *will nur Clemens Glück, aber meine unglückliche Liebe zu ihm quält ihn oft und so muß ich ihn mit eben der Gewalt von mir entfernen mit der ich ihn an mich zog.* – Sie helfen mir! es ist schändlich wie seine Ruhe durch meine Thorheiten leidet. – Helfen Sie eine große Unbesonnenheit verbessern, und Sie erwerben sich meinen innigsten Dank.

Auguste Brentano

30. Achim von Arnim an Bettine Brentano
Giebichenstein, 7. Oktober 1807

Ihre Nachrichten von Clemens haben mich betrübt, ich fürchte, die beiden Leute kennen einander noch gar nicht und werden sich sehr verwundern, wobei er aber wieder viel mehr leiden wird wie sie, und das wird schon mit dem widrigen Aufsehen der ersten Ereignisse anfangen. Und wozu diese Entführung? bedurfte es dieser Würze, um sich in einer Verwirrung zu betäuben? Ich hoffte so sicher, daß ihn der mannichfaltige Schmerz endlich davon geheilt haben würde, im Gewöhnlichen ungewöhnlich zu erscheinen. Oder waren Hindernisse vorhanden, die Sie vergessen mir zu schreiben? Von Clemens habe ich noch kein Wort seit der Zeit, sein Casseler Aufenthalt ängstet mich, denn es ist kein Ort für ihn diese Raritätenkammer. Vielleicht führt mich mein Weg dahin, ich erwarte hier Nachrichten aus Berlin, um meine Reise möglich zu machen.

31. Clemens Brentano an Achim von Arnim
Kassel, 22. Oktober 1807

Auguste hat mich mit ihrem Wesen bereits mehrmal zur Verzweiflung gebracht, zweimahl hat sie mich geschlagen, und mich endlich dahin gebracht, daß ich Sie auch einmahl gewalkt, daß würckte auf einige Tage wunderbar, sie ward, wie ein Engel, dann hat sie mir den Trauring liebreich abgeschwäzt und dann zum Fenster hin aus geschmissen, am nähmlichen Tag an *dich* heimlich nach Giebichenstein geschrieben, mich von Ihr zu trennen, ich habe den Brief ohne ihr Wissen gelesen, jezt bin ich es gewohnt, wir reden oft sechs, sieben Tage kein Wort zusammen und ich bin ganz lustig alle ihre Verkehrtheiten machen mir den Eindruck, als sei sie simpel oder Wahnsinnig, ich lasse sie gehen, und bekümmere mich auch um ihre

Familie nichts, oft ist ein paar Stunden recht gut Wetter, aber dann ist mirs nicht wohl, denn gleich ist der Teufel wieder los, welches mir am allerliebsten ist, ich lasse ihn tanzen und dencke der meinigen, das bist du, ach Arnim, daß ich dir nicht schrieb, daß ich keinem aller meiner Freunde schrieb, daran ist tiefe innere Schaam über meine unwürdige unglückliche Lage schuld, wie ich hineingekommen weiß ich nicht, und wenn ich dich sehe, so sollst du hören, wie man mich auf die fatalste Art in diese Geschichte hineingehezt, waß ich nur mündlich sagen kann, Christian war 6 Wochen mit hier bei uns, und ich habe ihn sehr, sehr liebgewonnen, vor wenigen Tagen ist er nach Strasburg, wo er jezt studieren will, er hat mein ganz Unglück mit mir getragen, er hat mir viel genüzt. Hier bin ich also blos aus Noth, und jezt ganz gern, wohin konnte ich wollen, jezt weiß ich wohl wohin, zu dir nach Halle. [...] Ich habe bei alle meinem Kreuz doch noch die gegründete Hofnung diese Wiederbellerinn zu zähmen und es scheint hier zu nur die rechte Art, jene welche Schäkespear auch gegen das böse Katrinchen angewendet, es ist schon auf gutem Weg, aber du Gott, wenn es auch ganz gut wird, so ist das doch ein schlechter Trost, aber ich will das beste hoffen.

31 a. Luise Reichardt an Wilhelm Grimm
Kassel, Herbst 1807

Lieber Grimm, ich habe gestern Abend an Brentano schreiben wollen, aber ich gestehe Ihnen daß sein Zustand mich zusehr beunruhigt als daß ich darüber Schweigen könnte, u doch weiß ich immer weniger den Ton zufinden ihm davon zusprechen. Ich bitte Sie daher dringend ihm noch einmahl die Nothwendigkeit der Trennung von seiner Frau, wozu Arnim uns so viel Hoffnung gab, vorzustellen. Es kann vergeblich sein, aber es wäre doch auch möglich daß endlich ein Wort zu seinem Herzen spräche das ausser dieser unseeligen Beharrlichkeit ja Biegsam u so äusserst empfänglich u gut ist. Wäre von einem Unglück die Rede dem er Ergebung u Gleichmuth entgegen zusetzen wüste, ich würde gewiß die letzte sein in ein solches Schicksal eingreiffen zu wollen; aber dieser beständige Kampf muß seine schöne Seele entstellen u es ist nicht einmahl von Gott Hülfe zuhoffen so lange er im Unrecht lebt. Grüßen Sie ihn herzlich den Theuren sagen Sie ich sey sehr gerührt von seinem Briefe u würde recht bald schreiben – Schreiben Sie ihm doch den Spruch aus dem Jesus Sirach den ich Ihnen neulich sagte »Wie man dem Wasser nicht Raum lassen soll, also soll man dem Weibe seinen Willen nicht lassen. Will sie dir nicht zur Hand gehn so scheide dich von ihr«.

32. Auguste Bußmann an Achim von Arnim
Ohne Ort und Datum [Kassel, Herbst 1807]

Arnim lassen Sie mich nicht in der fürchterlichen Ungewißheit – bleibt mir eine Hoffnung? Wenn Clemens Herz ihm sagt daß ich nicht schlecht bin – daß ich ihn liebe, daß es gut mit uns werden kann, o so hat er mich genug gefoltert! Er ist gut, er soll sich nicht zu einer unmenschlichen Härte zwingen. – Ich soll einige Tage ruhig vor ihm erscheinen sagt Bettine – dann würde er Mitleid für mich empfinden – o macht mich nicht so irr – ich soll glauben er sey so grausam. Lieber Arnim es ist entsetzlich daß ich vor ihm heucheln soll um ihn zu versöhnen – aber ich will es, – ich will mir alle Mühe geben, aber nicht umsonst – sagen Sie mir, schwören Sie mir ich werde ihn erweichen. Rathen Sie mir wahr – rathen Sie mir wie ein Freund – was soll ich thun? Mein Leid ist schrecklich, Clemens, Clemens verlaß mich nicht – ich will ewig verdammt seyn wenn du es bereuest – O Mitleid, Mitleid ich muß schreyen vor Schmerz; ende meine Qual. Clemens ich knie vor dir – kannst du mich wegstoßen – ich liebe dich und du hast mich geliebt.

33. Georg an Clemens Brentano
Frankfurt am Main, 30. Oktober 1807

Lieber Clemens –
Du bist von Caßel abgereist, und hast dadurch einen Schritt gethan, der dir von den nachtheiligsten Folgen seyn kann; M[oritz] ist gestern express zu mir gekommen, und so sehr ungestümm gewesen, daß ich ihn nicht befriedigen konte, als durch die Versicherung du würdest ohne allen Verzug zurük kommen, er trug mir bestimt auf, dir sogleich darüber zu schreiben, und ich thue es mit den grösten Nachdruk. –

Kehre ja gleich zurük, und zögere auch keinen Tag, denn auf meine Ehre, es könnten die schlimsten Folgen für dich entstehen. –

Du hast warrlich das Heft in Handen, dir durch consequentes die Familie rührendes edles Betragen eine äuserst glükliche Existenz zu schaffen, und kanst im Gegentheil Urheber seyn daß du in gefährliche Verwicklungen zu kommen, aus denen dich kein Mensch retten kann. Folge mir, und seye überzeigt daß ich immer alles gute dir rathe, und thun werde. –

Verzögere deine Abreiße keinen Augenblik. –

Dein treuer Bruder
George

Moriz komt nicht nach Cassel.

Wie kannst du nur deine so junge, so christliche Frau, für die du sorgen, wachen must, so allein auf einmahl unter fremden Menschen lassen, welche inconsequenz, wie muß diß alles in den Augen derer erscheinen, die ohne hin gegen dich aufgebracht sind, ich kann warrlich dieses Benehmen von dir mir nicht erklären, und sage dir noch meinige [unvollständiger Satz] Komm so gleich zurük.

34. Auguste Bußmann an einen unbekannten Empfänger
Ohne Ort und Datum [Kassel, Herbst 1807]

Schicken Sie mir Clemens – Es ist mir als ob dieser Tag uns auf immer trennen könnte – Ich habe nur den einzigen Wunsch ihn zu sehen, und eben darum kann ich ihn nicht länger bitten. *Sie* können ihn bereden, und ich darf es von Ihnen fordern.

35. Clemens Brentano an Achim von Arnim
Kassel, Oktober 1807

Ich fange an, recht innerliches Zutrauen zu ihr zu fühlen; es ist ein rechter verhärteter Fond von Güte in ihr wie ein Gesundbrunnen aufgebrochen, und ich will ihn sobald nicht einfassen; ich will sie eine Zeitlang unter Wasser stehen lassen.

36. Auguste Bußmann an Friedrich Karl von Savigny
Kassel, 18. Dezember 1807

Savigny, retten Sie mich vor Verzweiflung! Clemens will sich von mir scheiden lassen. Meine Unvernunft, von ihm geliebt zu werden, hat mich schlecht gemacht. Ich war eigensinnig, launisch, leichtsinnig, aber dies ist nun vorbei ... ohne ihn kann ich nicht leben, er ist mir alles. O gebt mir ihn wieder!

37. Clemens Brentano an Friedrich Karl von Savigny
Kassel, 18. Dezember 1807

Lieber Savigny!
 Ich habe Dir gestern schon geschrieben, aber Auguste hat die Unverschämtheit gehabt den Brief zu unterschlagen. Da ich nichts mehr mit ihr zu tun haben will, so werde ich ihn ihr

auch nicht abbegehren. Die Sache hat ihren Gipfel erreicht, ich kann nicht mit ihr bleiben. An dem *Abend Deiner Abreise* schon ging die Misere wieder los und bis auf den heutigen Tag war ein steter Wechsel zwischen Versöhnung und Rückfall. Ihre Seele ist lahm und krampfhaft zwischen der ordinairen Pflicht und der Schlechtigkeit. Ich habe alles getan, was ein Mensch und ein Christ tun kann. Ich habe *erwartet* und *entsagt*, dann *belehrt* und nicht *erhört*, dann *gebeten*, geweint und verzweifelt, ja ich habe bürgerlicher Tugend wegen mich beinahe dem Teufel ergeben, denn ich habe mir beinahe den Schädel eingerennt an diesem Fels und dann ein Tor an ihn gemalt und einen Gott und diesen habe ich angefleht, er solle das Tor öffnen, das war aber ein geschnitztes Bild und das war Sünde. Nachdem sie es durch nächtliches Aufbleiben bis gegen Morgen, durch lautes Heulen und Stampfen in ihrem Bette dahin gebracht hat, daß ich mein Nachtlager in meiner Stube nehmen mußte um doch nur wenige Stunden zu ruhen und nicht dem aufgepeinigten Fluch und Grimm zu erliegen, ward sie endlich einige Tage wieder leidlich, unterließ dennoch aber nicht, was einer unglücklichen Frau nicht gebührt, in mancherlei Gesellschaften, die ich nicht kenne, herumzurutschen. Bei allem dem glaubte ich, es sei ein Funke Honnêteté in ihr, und wie wunderbar überraschte mich nicht gar ein Brief von ihr an Moritz [Bethmann], den sie mir zu lesen brachte, in welchem sie mich bis an die Sterne erhob und sich ganz vernichtete*, und mein schwaches Gemüt, das immer glaubt und hofft und endlich zerbricht, hat auch da wieder gehofft, aber sieh da, meine Dame wird von neuem brutal und mürrisch, sie schleppt sich allerlei Bücher zusammen, endlich kömmt sie mit Thümmels Reisen *[Reise in die mittäglichen Provinzen von Frankreich]* an, ich sage ihr höflich, und Arnim und Bettine sagen ihr, es sei ein obscönes Buch, sie möge es nicht lesen, sie liest aber ruhig alle acht

---

* den Tag nachher bedauert sie gegen Bettinen, den Brief mir gezeigt und ihn überhaupt geschrieben zu haben, er habe mich hoffärtig gemacht.

Bände durch, erklärt zugleich mehrmal, sie müsse und werde sich von mir scheiden lassen. Ich ward stumm, sie schäkerte und scherzte mit Arnim bei Tisch über Hof- und Stadtgeschichten und zerschnitt mir die Seele mit frechem Gelächter. Acht Tage vorher hatte sie mir auf den Knien geschworen, nicht mehr gegen alle Sitte und zum Skandal der Leute Franzosenbälle in Häusern zu besuchen, wo ich nie hinkomme oder hinkommen werde. Nun plötzlich wieder geht das elende Geschöpf, dem es gebührte um das Elend seines Mannes zu trauren, in dieser letzten Zeit der Trauer ohne mich und meinen Willen heimlich auf den Picotschen Ball und rast und koquettiert die Nacht hindurch, die ich durchweine. Den folgenden Tag gestern fand ich sie *en grande parade* ohne Halstuch, was ich ihr auch verboten, mir zum Trotz am Tische gegenüber lächelnd und frech mit dem armen verlegnen Arnim plaudern. Zanken, zürnen konnte ich da nicht mehr, denn auch der Zorn ist bessern Ursprungs. Da ging es auseinander, ich will nicht mehr mit ihr sein, und wenn ich auch alles verlieren soll, so will ich doch die Seele nicht verlieren. Ich habe ihr daher heute ruhig einen Brief geschrieben, worin ich ihr angezeigt, daß ich mich von ihr trennen werde. Sie hat nicht gesäumt sogleich von ihrem Throne sich in den Dreck zu werfen und mich mit abgedroschenem Geheule und Fußküssen zu versudeln, es ist mir noch zum Speien. Die Sache muß auseinander, ich fordre Sie auf, wenn im mindesten ein Funke Freundschaft für mich in Ihnen ist, mir in dieser Affaire ein Freund zu sein. Vor allem begehre ich von Ihnen zu wissen, vor welchem Gerichte muß ich klagen, und soll ich es erst vorher der Bethmännischen Familie insinuieren. Ich bitte Sie selbst, wenn Sie es für nötig halten, dem Moritz diesen Brief mitzuteilen. Gott gebe, daß ich Ihnen nicht eine Liebe zu mir zutraue, welche Sie vielleicht nicht haben.

Ihr Clemens

38. Friedrich Karl von Savigny an Clemens Brentano
Frankfurt am Main, 22. Dezember 1807

Gestern habe ich Ihren verzweiflungsvollen Brief erhalten, heute höre ich von Bettine, daß Ihr Leben in diesem Augenblick wieder leidlicher ist. Ich brauche Ihnen also nicht mehr zu sagen, was Sie gestern wissen wollten, und im übrigen ist Ihnen auch nichts zu wünschen als die fernere Kraft, so ruhig und brav und rechtlich zu sein als bisher. Besonders freut es mich, daß Sie selbst in Momenten, worin Sie alles verloren glaubten, dennoch nichts übereilen und überhaupt nichts thun wollten, wodurch Sitte und Meinung verletzt werden könnte.

39. Auguste Bußmann an Bettine Brentano
Kassel, 25. Dezember 1807

Wie geht es Christian?

Ich hätte sehr gewünscht liebe Bettine dich noch den letzten Morgen zu sehen – und daß du so spät abreisest erfuhr ich erst nachher von Clemens. Du könntest jetzt erst eigentlich in mich vertrauen – dies Wort von dir ist mir so werth: du hast es wohl vergessen und denkst nicht mehr an mich. Es ist auch nicht anders möglich. Ich begreife jetzt gar nicht mehr wie ich dich sonst intereßiren konnte – oder war es bloß weil man dich von mir entfernte? Du hast jetzt gesehn was an mir zu finden ist – nichts. Clemens hat mir an dem Morgen nach dem schrecklichen Tage viel Wahrheiten gesagt; er meynte es herzlich gut, sprach ruhig besonnen, und ich fühlte es selbst in dem schmerzlichen Augenblicke *wahr* von mir: er glaubte ich wolle mich bessern, aber wenn ich auch ein Engel der Güte würde, könnte ich doch nie sein Leben erheitern – Geist, Phantasie, Anmuth, Lieblichkeit seyen mir versagt. (Seine Güte ließ ihn dies nicht einmal so bestimmt sagen.) Das fühlte ich nun all[es] wohl und konnte ihn unmöglich länger bitten mich nicht zu verstoßen – es war mir zu niederträchtig ihm eine drückende Last zu bleiben. Ich glaube daß ich es einsah hat ihn gerührt ohne weitere Erklärung scherzte er mit mir, und seitdem leben wir – wie soll ich sagen? Er seufzt oft – und sagt dann er sey für alles erstorben – aber so sah ich ihn von Anfang an, und es kömmt mir wahrscheinlich vor daß er immer so war. Übrigens ist er außerordentlich freundlich und zart mit mir. Einigemal wann ich ihn unschuldig ärgerte und er heftig ausbrach hat ihn Arnim durch ein Wort schweigen machen. Für diesen ist meine Dankbarkeit ohne Grenzen. Ich glaube nicht Bettine daß ich es ihm werde sagen können – wir sind auch in einem so ruhigen unbefangenen Verhältniß daß es mir albern vorkäme wenn ich ihn an jenen Tag erinnerte – es geht gar nicht – es schaudert mich wenn ich daran denke. Sag du ihm daß ich seine menschliche Güte tief fühle – er war gegen mich eingenommen und doch – ich will erhalten was Gott und er mir wiedergegeben haben. Von Savigny habe ich heute einen Brief erhalten, er sagt mir Clemens werde mich mit der Zeit lieben und ehren können – er schmeichelt nicht – und so will ich diesen Glauben fassen. Ich wünsche wohl ich möchte es bald erleben – denn irrt er sich, so darf ich bey Clemens nicht bleiben. Spreche mir offen Bettine – Berühre nicht meine Wünsche – sage mir nur, die du Clemens am besten kennst – ob ich ihm je mehr als leidlich oder gleichgültig seyn kann? Ich sage dir so gering du meinen Werth schätzen wirst, er wird immer höher seyn als ich ihn selbst achte. –

Clemens weiß es nun daß Marie [Brentano, Georgs Frau] seine Briefe an mich zurückhält; er findet es niederträchtig, und will sie bestimmt fordern – aber für sich. In diesem fühlst du richtiger wie er. Du weißt es Bettine ob mich diese erloschene Liebe *stolz* machen kann – die Worte schon sind Unsinn. Gieb mir die Briefe – einzelne Ausdrücke weiß ich noch auswendig und beschäftige mich die Nächte mehr zu ersinnen – da schwebt mir manches dunkel vor, und ich gäbe alles drum, wenn ich manches Wort nur genau wüßte. Mein ehemaliges Selbstgefühl hat mich verlassen – ich habe nur was andre mir geben – und wenn ich nun recht arm bin, so weine ich um die kurzen Tage wo ich so schöne Liebe erhielt. Clemens tadelt es oft an mir daß ich keine Kraft in mir fühle und deswegen mir nicht genügen könne. Hätte ich seine Briefe so könnte er mir den Vorwurf nicht mehr machen.

Christian ist gestern eben noch zur Bescheerung angekommen. Er reist in wenig Tagen mit Arnim zu euch. Moriz hat mir sehr schöne Geschenke geschickt – so schön daß sie mich in der vorigen Zeit überrascht haben würden. Auch die Anhänglichkeit die er für mich hat erhält mich oft –

Bettine bist du glücklich in deinem Glauben daß man auf keinen Menschen nur auf Gott bauen muß? – Was ich dir schrieb könnte ich auch Savigny gesagt haben – du magst es ihm zu lesen geben, – wie du willst. Ich danke ihm herzlich für seine Theilnahme. Grüße alle Brüder und Schwestern und schreibe mir was du von meiner Mutter weißt – ob sie wirklich *hart* ist? –

Auguste.

40. Achim von Arnim an Clemens Brentano
Frankfurt am Main, 12. Januar 1808

Mein Geld ist noch nicht angekommen, zwar schreibt mein Bruder von naher Ankunft dieses Regenten, ich habe ja zweimal bei Bethmann gesessen, da braucht man nicht zu verhungern, und schlug es zum drittenmal ab, weil es mich zu sehr langweilte und ich doch in Deinen Angelegenheiten nichts zu bessern vermochte, ich sprach vergebens mit Moritz und mit der Frau von Flavigny [Maria Elisabeth geb. Bethmann, verw. Bußmann, Augustes Mutter].

41. Bettine Brentano an Achim von Arnim
Frankfurt am Main, Ende Januar 1808

Wir haben Briefe von Claudine über Clemens, es ist nichts Tröstliches darin, sie meint, es würde nie etwas gutes oder vielmehr nur erträgliches werden, es fing' alle Tag von vorne an, immer die alte Leier.

42. Bettine Brentano an Achim von Arnim
Frankfurt am Main, Februar 1808

Clemens schreibt nicht, Claudine schreibt, daß Auguste recht ordentlich alle Tage mit einem Halstuch erscheine und ziemlich demüthig aussehe, daß sie einen musikalischen Thee gegeben habe, wo sie sehr schön gespielt, Clemens sei dabei gewesen und habe sich sehr darüber gefreut. Das bedeutet, wo nicht ganz gut Wetter, doch zum wenigsten, daß es nicht mehr ins Haus hinein regnet.

43. Bettine Brentano an Achim von Arnim
Frankfurt am Main, Anfang Februar 1808

Clemens hat mir einen traurigen Brief geschrieben. Er sagt mir, daß es seit jener Hauptscene schon wieder einigemal auf demselben Fleck war, daß *sie* nun mit großer Erfindung neue Unmöglichkeiten anfängt. Die Tante, welche einige Zeit in Cassel war, erzählt auch allerlei, selbst öffentliche Scenen von Schlägereien; ich bin wahrhaftig betrübt darum.

44. Clemens Brentano an Achim von Arnim
Kassel, Mitte Februar 1808

Sende mir fortlaufend immer die Bogen [der *Zeitung für Einsiedler*], das ist mir eine Erquickung in dem Elend, das mich erwürgt. Recht betrübt hat mich deine lustige Beschreibung von [des Heidelberger Verlegers Johann Georg] Zimmers Tischgesellschaft und Eurem Leben gemacht – und mir, mir geht es so hundsföttisch!

45. Achim von Arnim an Bettine Brentano
Heidelberg, 27. Februar 1808

Von Clemens hab ich einen sehr traurigen Brief, er fühlt sich in einem unnatürlichen, widersinnigen Elende, in einem ekelhaften Leben; erkundige Dich doch genauer bei Deiner Schwester Jordis, was die alte sumpfige Grundmasse in diesem ehelichen Teiche umgerührt hat, ob ein alter oder ein neuer Karpfen gewirbelt hat. Ob sie nicht reif ist in sich zur Scheidung? Ich sehe jetzt nach so tausendfachen Streitigkeiten, Versöhnungen keine andre Rettung. Böse ist es, daß Clemens immer das Aergste und Verzweifeltste mit dem Munde zuerst ausspielt; wenn es zum Schluß kommen soll, fehlt es ihm am Trumpf.

46. Bettine Brentano an Achim von Arnim
Frankfurt am Main, Februar 1808

Mit Clemens ist es sehr traurig; ich meine, es sei ganz in der Ordnung, wenn man ihm endlich den Strick vom Hals los machte, aber wie? Ich sag Dir, ich wollte gern alles Elend einst verantworten, das aus dieser Scheidung entstehen könnte; aber wie und was kann man thun? Da fühl ich nun wahrlich eine totale Ohnmacht, bei ungebundnen Händen.

47. Achim von Arnim an Bettine Brentano
Heidelberg, 2. März 1808

Von Clemens erwarte ich sehnlich Briefe. Du sprichst von Scheidung, er sagt davon kein Wort; wenn er entschlossen ist, diene ich ihm mit Freuden, die Sache zu besorgen; anregen dazu kann ich ihn nicht, das ist gegen alles göttliche Recht, ich kann dadurch wohl den Fluch mit auf mein Haupt ziehen, aber nie das Elend ihm abnehmen, was daraus entstehen könnte. Du willst es verantworten, liebe Bettine, das Elend; freilich, wenn es sich in Briefen beantworten ließe, um einen lieben Brief von Dir gäbe das Schicksal schon etwas von seinen Rechten auf, aber da ist keine Adresse und keine Post zu finden. [...]

Ohne Christians und Jordis Stärkung hätte Clemens nie entführt, wir lebten in diesem Augenblicke wahrscheinlich sehr vergnügt hier und er wäre mannigfaltig thätig, während ihm diese verfluchte Ehestandzankschaft alle Gedanken und Beschäftigung zu Küssen und Prügeln wegzehrt. Aber ebenso wenig und eben darum soll er durch meine Stärkung sich nicht scheiden; wer kann vorauswissen, wie er sich nach der Scheidung die Frau denkt, ob er nicht tausend Vortrefflichkeit in ihr entdeckt und eine dreifach Schlechtere nimmt, um die Lücke zu füllen. Ehe er nicht die geistige Größe alles Wirklichen fühlen und achten lernt, von dem er sich doch nicht losreißen kann, mit dem er aber noch immer wie ein Kind spielen möchte, während es der Zweck unsres Lebens ist, älter zu werden – was hätten wir sonst davon: ehe er nicht dieses Wirkliche vielleicht durch dieses muthwillig sich bereitete Elend achten lernt, wird er auch im Schönsten und Größten endlich nur Ueberdruß finden. Darum verhehle ihm nicht Dein Gefühl über seinen Zustand, nur rathe ihm nicht, wenn Du Dich nicht in allem mit ihm und zu jeder Zeit übereinstimmend gefunden, sonst übersiehst Du leicht Folgen. Hat er an Savigny nicht geschrieben?

48. Bettine Brentano an Achim von Arnim
Frankfurt am Main, 3. März 1808

Clemens dauert mich, und kann ich doch nichts dabei thun, so möcht ich denn bei ihm sein und ihm die Zeit vertreiben, Du aber hast wieder recht darin, daß man ihm nicht vorgreifen soll, mein theurer lieber Freund, der so gut ist!

49. Friedrich Karl von Savigny an Clemens Brentano
Frankfurt am Main, 5. März 1808

Moriz hat mir Ihre Briefe gezeigt. Er urtheilt sehr unbefangen über Ihr Verhältnis und läßt Ihnen auf alle Weise Gerechtigkeit widerfahren. Er glaubt, daß Auguste einen Herrn brauche, der ihr kalt und fest befehlen und sie unter seinen Willen beugen könne. Ich glaube, daß er recht hat. Ob Sie dieser seyn können, ob es Ihnen möglich ist Ihre eigene Empfindung so zu beherrschen, daß sie Ihnen nicht selbst das Spiel verderbe, ist eine andere Frage. Das ist wohl wenigen gegeben, und wenn es in Ihrer Natur läge, so wären Sie beide jetzt weniger unglücklich. Ich weiß wohl, daß Sie redlich alles versucht haben, was Ihnen Augustens Liebe und Folgsamkeit hätte erwerben können, wenn sie durch Güte und Freundlichkeit zu gewinnen wäre: wohl mögen Sie nun an allem guten Erfolg verzweifeln, aber dennoch sollen Sie nicht müde werden zu thun was recht ist. Sie sind sich das selbst schuldig. Moriz schreibt heute an Auguste. Ihre Frau hierher zu bringen, wird nicht angehen: ihre Mutter will sie durchaus nicht sehen, zudem ist niemand hier, der Gewalt über sie hat; dagegen würde der sehr schlechte Einfluß von manchen Seiten nicht zu vermeiden seyn. Ich halte es nicht für möglich, daß die Sache lange so bleibe, wie sie jetzt ist: Auguste selbst wird es so nicht ertragen können, und vielleicht wird sie dadurch zur Vernunft gebracht werden. Daß Sie in Ihren Briefen so ruhig, mild und billig von Augusten reden, hat mich am meisten gefreut. Ihr Verhältnis zu ihr ist rein und verdient es, daß Sie es auch so erhalten.

50. *Achim von Arnim an Bettine Brentano*
Heidelberg, 7. März 1808

Dem armen Clemens singt ein Canarienvogel und ein Blutfinke was vor, er schreibt mir, daß er an Moritz Bethmann über sein Verhältniß ausführlich geschrieben, er scheint, einem Entschlusse nahe, sich wenig mehr um seine Frau zu kümmern; ich habe zuweilen eine Ahndung, als käme er urplötzlich hieher, um meine Kupferstiche zu besehen, die sich täglich vermehren.

51. *Moritz Bethmann an Clemens Brentano*
Frankfurt am Main, 8. März 1808

Ich habe nun drei Briefe von Ihnen erhalten, Clemens, Sie dürfen glauben, daß die Absicht in welcher Sie solche schrieben, ich keineswegs verkenne. *Gerecht* zu sein ist nur Pflicht, und nicht einmal ein Beweis von Wohlwollen, mithin wenn Sie mich auch genötigt haben, Sie mit mehr Strenge zu beurtheilen, als es mir die Neigung meines Herzens eingegeben hätte, so kann ich dennoch nicht das Benehmen von Augusten gegen Sie billigen, allein wie soll ich dem Übel abhelfen?

Diß ist rücksichtl. Augusten's empirischem Karakters mir bis izt ein unauflösbares Räthsel, und ich würde Sie wahrhaft bedauern müßen, sich in dieser Höllen Qual auf Erden zu finden, hätte ich Sie nicht, als ob Sie mein Bruder wären, treu und redlich in jener stürmischen Nacht auf meinem Jagd Haus gewarnt. Sie haben demohnerachtet das gefährliche Wagestük unternommen, und nunmehr müßen Sie alle Ihre Kraft als Mann und Gatte aufbieten, um den begonnenen Kampf ehrenvoll zu bestehen. Ich will Sie gerne mit allem was von mir abhängt, unterstützen, weil ich Augusten, ohnerachtet ihrer Verkehrtheit und mannigfaltigen Verirrungen väterlich liebe. Ich schrieb ihr zu dem Ende gestern sehr ernstlich, und theilte den Inhalt dem Flavigni mit, welcher die Darstellung meiner Empfindungen, Grundsätze und Entschlüße vollkommen zwekmäßig fand. Ob meine väterlichen Ermahnungen etwas fruchten, wünsche ich mehr, als ich es zu hoffen wage.

Ich kann in meiner ganzen Handelsweise nur eine Absicht haben, diese ist, *Augusten glüklich zu sehen*, und da mein Mündel nun einmal aus eigner Wahl ihr Schiksal mit dem Ihrigen, Clemens, unzertrennlich verkettet hat, so erscheint mir das Glük des Gatten und der Gattin nur wie ein[e] Einheit. Ich muß Sie aber auch ernstlich aufrufen, dazu mit Thätigkeit, Beharrlichkeit, und Eifer mitzuwürken. Passives Leiden ist nicht hinlänglich, es verräth vielmehr eine Zaghaftigkeit, und das Bewustsein, daß Sie Augustens impetuosen Geist sich nicht gewachsen fühlen, Sie werden dadurch auf immer Augustens Achtung und allen Einflus auf Sie verliehren, und keine Macht in der Welt ist alsdann im Stande Ihnen solche wieder zu verschaffen. Sie werden nebst Ihrem eignen Unglük, noch den verdienten Vorwurf auf sich laden, daß Sie Augusten unglüklich gemacht haben.

Laßen Sie sich durch dieses Bild nicht schrecken, es soll Ihnen vielmehr zum Sporn dienen izt, wo es noch Zeit ist, Ihren Muth zu erwecken, um Augusten von neuen Thorheiten und Ausschweifungen zu bewahren. Sie haben einmal gewaltsam Auguste ihrer Familie, und *zwar ohne Noth*, nur aus Leichtsin, entrißen, Sie sind mir nunmehr auch für Augustens Aufführung als Hausfrau verantwortlich. Mit dem Einkeren in ihre Studierstube ist es nicht gethan, und Sie müßen sich beeifern Augusten Ersatz der Opfer zu liefern die sie Ihnen gebracht hat.

Ich verstehe darunter nicht den Glanz der Welt, und sonstigen eitlen Tant. Ich weis wohl, daß wenn Liebe in Augustens

Herz für Sie erloschen ist, sie diese Leidenschaft nicht wieder zu entflammen vermögen, allein *Achtung* läst sich in allen Verhältnißen erzwingen. Sie müßen Ihr durch Ihre Handlungen beweisen, daß Ihnen *Pflichten* heilig sind, und Sie werden nunmehro, vielleicht leider zu späth, empfinden, wie gefährlich und verwerflich es ist, nichts in der Welt *heilig* genug zu achten, um es nicht schalem Witz, Wortspiel und spötischer Laune preis zu geben. Man mus oft hart den lachenden Beifall der Zuhörer büsen.

Schreiben Sie mir, welchen Eindruk mein Brief auf Auguste erzeugt hat, und wenn Sie sich als Ehren Mann betragen, so rechnen Sie in allen Fällen auf meine kräftigste Unterstützung.

MB

52. Clemens Brentano an Friedrich Karl von Savigny
Kassel, März 1808

Daß Auguste nicht zu ändern ist, wie daß ich sie auch nur ganz verkehren kann, werden Sie nun bald selbst hoffentlich einsehen, wie auch, daß ich sie bestimmt für *unklug* halte. Können Sie etwas dazu beitragen, daß wir ohne Öffentlichkeit auseinanderkommen, so können Sie groß Unglück verhüten; ich erwarte hierüber Ihre hinlängliche Erklärung. Wollen Sie Ihre Hand und Vermittlung in dieser traurigen Sache, in welche ich durch meinen zu poetischen Glauben an Vortrefflichkeit gekommen bin, von mir abziehen, so mag dies eine Demüthigung mehr sein, welche das schlechte Leben schwer erträgt und ich muß die wunde Seele der Öffentlichkeit hinbieten. Ich mag, ich will keine Kinder mit einem thörichten Weibe, das ich nicht liebe, erzeugen. Moritz hat der Auguste so geschrieben, wie es nur dienen kann, sie noch unklüger zu machen, denn sie ist nur etwas verrückt, weiter nichts, ich aber bin weder Arzt noch Zuchtmeister. Sie ist seit drei oder vier Tagen abermals sehr demütig und still, aber das alles gilt mir bereits eben so wenig als das Gegentheil; ich will nichts mit ihr zu thun haben und wasche meine Hände. Ich kann nur auf eine Art ihr dienen, das ist, sie von mir zu entfernen, da ich sie weder lieben noch achten und nur vor der Welt ein böses Beispiel, ja ein schändliches durch diese verruchte Verbindung gebe. Machen Sie dem Bethmann meine Ansicht nur Etwas klar. Wenn man es begehrt, will ich ihr Alles geben, was ich habe, um sie los zu werden, das heißt, ich will gern mein Geld hingeben, um mein Leben und ihres zu retten.

53. *Friedrich Karl von Savigny an Clemens Brentano*
Frankfurt am Main, 11. März 1808

Wie können Sie glauben, so viele Bewegungsgründe zusammensuchen zu müssen, um mich zu Rat und Hülfe aufzurufen? Was ich kann und für recht und gut erkenne, will ich recht mit Freuden tun.

Die zwei Dinge, die Sie zunächst vorschlagen, sind unmöglich. Zu Br[entano] nach Wien kann A[uguste] jetzt nicht, denn dort absorbiert schon seit Monaten eine tödliche Krankheit des Vaters [von Antonia, der Frau Franz Brentanos, Clemens' Schwägerin] alle Tätigkeit des Hauses. Eine Aufseherin der Auguste beizugeben, von welcher sie abhienge, ist ebenso unmöglich, denn um von Ihnen allein abzuhangen, hat A[uguste] alle andern Abhängigkeiten aufgehoben und wer könnte sich anmaßen, dieses Wesen sich von neuem zu unterwerfen, dessen Gesetzlosigkeit grade sein und Ihr Unglück macht?

Die Scheidung endlich denken Sie sich doch ja nicht so leicht, selbst wenn alles dazu einwilligen wollte, wozu doch noch sehr viel fehlt. Lassen Sie sich nur von [Jacob] Grimm sagen, wie viel Schwierigkeiten sie nach französischem Recht hat.

Was aber auch geschehen soll, l[ieber] Cl[emens], die erste

Notwendigkeit ist ruhige Fassung von Ihrer Seite. Sie sagen mehrmals, Sie seien ruhig, und Sie sind in der Tat so sehr außer Fassung, daß Sie dem M[oritz] einen Brief mit allen Zeichen der entsetzlichsten Schwäche schrieben – dem M[oritz], dem ich seine Gerechtigkeit und Unbefangenheit gegen Sie wahrhaft zum Verdienst anrechne, da er bei dem Gegenteil mehr Entschuldigung als mancher andere verdienen würde. Sie sind so sehr außer Fassung, daß Sie der Aug[uste] in manchen Dingen (gewiß ohne es zu wollen) offenbar unrecht tun, so z. B. dem Brief lit. A., der vielleicht das Wahrste ist, was A[uguste] je gesagt hat, und von dem ich aufrichtig sagen muß, daß er das ganze Verhältnis (von A[uguste]s beschränkterem Standpunkt aus) klarer und ruhiger übersieht als alle Ihre Briefe.

Ich bin weit entfernt, A[uguste] Ihnen gegenüber höher zu stellen als recht ist, ja ich sage das überhaupt nicht um Sie zu tadeln, sondern um Sie gegen das Augenblickliche in Ihren Empfindungen und Urteilen mißtrauisch zu machen. Die Grundempfindung aller Ihrer Briefe ist diese: A[uguste] schwebt zwischen Schlechtigkeit und Verrücktheit; Sie stehen ihr gegenüber fromm und rein mit dem besten Willen sie zu heilen, zu leiten, zu bessern, aber fruchtlos. L[ieber] Cl[emens], wer zweifelt daran, daß Sie es gut und rein mit A[uguste] gemeint haben? aber eben so gewiß bin ich, daß A[uguste] von Herzen gerne glücklich mit Ihnen gelebt und Sie glücklich gemacht hätte. Sie war ungeschickt dazu. Nun also, von Ungeschicklichkeit ist die Rede, und ungeschickt waren Sie gegen A[uguste] nicht minder. Daß Ihr Gemüt von Natur reicher und fruchtbarer ist, macht hierin keinen Unterschied, am wenigsten zu Ihrem Vorteil.

Nichts ist verderblicher, als jene Übertreibung im eigenen Gefühl, und so lange Sie darüber nicht Herr werden, werden Sie alles schief und schlecht angreifen, sei es Scheidung oder eheliches Leben.

54. Bettine Brentano an Achim von Arnim
Frankfurt am Main, 11. März 1808

Ich glaube immer, daß sein [Clemens] Elend wie ein Gift ihn heruntergebracht hat, und so wie der Körper bei widriger Nahrung zu Grunde geht, so auch die Seele. Ich glaube, das Beste wäre, wenn sie eine Zeit lang von einander kämen, doch nicht gewaltsam, sondern wie unwillkürlich: Clemens zu Dir nach Heidelberg oder sonst wo es ihm wohl würde, und Auguste zu Menschen, die ihr nicht den ganzen Tag vorpredigen.

55. Bettine Brentano an Achim von Arnim
Frankfurt am Main, 14. März 1808

Heute morgen ist der älteste Grimm [Jacob] von Cassel hier angekommen, wieder mit neuen Briefen von Clemens an Moriz und Savigny, die auf eilige Trennung dringen. Diese sind wirklich viel beßer und consequenter geschrieben.

Savigny hat mit Moriz gesprochen. Dieser findet (und muß wohl) es nöthig, auch der Sache eine andre Richtung zu geben, um allen Scandal zu verhüten, George arbeitet auch an dieser Trennung, ich hoffe, daß es in wenig Tagen so weit gebracht ist daß Auguste in Verwahrung und Clemens etwas mehr Luft bekommt. Denn lange darfs nicht mehr anstehn, Savigny beträgt sich sehr schön dabei, voreilig sind wir auch nicht, denn Clemens und Auguste dringen darauf, und bitten selbst um Gotteswillen, die lezte Scene, die die Veranlaßung von Grimms Reiße hier war ist eine Erstechungs Comödie, sie hat sich nehmlich mit einem Federmeßer eine Wunde gemacht und Clemens der grade bei Grimms war das blutige Meßer geschickt. Clemens lezter Brief an Moriz ist sehr deutlich und vernünftig, ich glaube gewiß daß eine Trennung sehr bald bewirkt wird.

*56. Achim von Arnim an Bettine Brentano
Heidelberg, 15. März 1808*

Wenn ich nur wüßte, wo Clemens jetzt mit angenehmem Gefühle leben könnte. Heidelberg ist ihm nicht mehr erquicklich, Cassel wird ihm verhaßt sein, Frankfurt bringt ihn dem regierenden Hause Bethmann zu nahe.

*57. Clemens Brentano an Achim von Arnim
Kassel, 15. März 1808*

In meinem großen Elend ist das neuste, daß die zu Zeiten ganz verrückte Auguste vor drei Tagen mit einem Federmesser und einer Schere aus Langerweile sich zwei Stiche gegeben hat, die ein kolossaler Floh auch hätte vollziehen können, aber leider muß sie sich außer dem Frisieren und Schnüren jetzt selbst bedienen, die Szene war komplett. Lulu und Claudine saßen zwei Tage an ihrem Bett, in welchem sie aus Scham, nicht lieber lebendig geblieben und hineingepißt zu haben, liegen blieb. Gleich nach der Vollziehung ihrer schrecklichen Tat habe ich den Jacob Grimm als Kurier nach Frankfurt an Bethmann geschickt und stehe jetzt in Erwartung seiner Rückkehr. Madam hat gar keine Übligkeiten schon am andern Tage empfunden als ein ganz gewaltiges Singen zur Guitarre. Meine Lust, Kassel zu verlassen, wächst wieder täglich, und wenn ich es nur irgend möglich machen kann, so komme ich auf einige Tage zu Dir.

58. Achim von Arnim an Clemens Brentano
Heidelberg, Mitte März 1808

Es ist mir traurig, daß ich von dem allen nicht mehr weiß, was Dich viele Tage, Wochen so ganz erfüllt und bewegt hat. Rathen mochte ich Dir nie so etwas, ich finde es gegen das göttliche Recht. Doch war es meine stille Ueberzeugung, daß Ihr beide nur durch beiderseitige innere Ueberzeugung aus der Verwirrung herauskämt, daß Ihr Euch für immer trennen müßtet. Es giebt Dinge, die sich nicht vergeben; darum sei nicht traurig, wenn Dir auch jetzt ein Gefühl der Einsamkeit alte Sehnsucht weckt.

59. Jacob Grimm an Clemens Brentano
Frankfurt am Main, 15. März 1808

Wie ich hierher kam, fand ich den Savigny und die Bettine schon darüber einverstanden, daß Ihr jetziger Zustand nicht so bleiben kann, sondern mit der That schnell geholfen werden muß. In dieser Rücksicht sehe ich auch meine eilige Reise hierher für ziemlich unnöthig an, so nothwendig sie mir dort vorkam, in meinem innerlichsten Eifer Ihnen aus der Noth zu helfen. – Der Bethmann bezeigt sich doch so, daß er dieser Nothwendigkeit keine Hemmung entgegenbringt, ob er sich gleich von directem Einfluß ausschließt. Hier werden nun die kürzesten und besten Mittel eifrigst überlegt, und Sie können sich sicher davon den Erfolg versprechen, den Sie wünschen. Ich danke Gott, daß Sie diese Person bald nicht mehr zu sehen werden brauchen, die Ihnen das Leben verdirbt und die sich nicht ändern kann, ohne zu verlieren.

60. Moritz Bethmann an Clemens Brentano
Frankfurt am Main, 15. März 1808

Gewohnt den eigentlichen Werth des Menschen, nach seinen Handlungen, und nicht nur nach seinen Worten zu beurtheilen, werden Sie sich nicht wundern, Clemens, wenn ich Ihre *wortreichen*, an *praktischen Ideen und Handlungen* sehr seichten Briefe auf ihren wahren Gehalt reducire.

Ihre sophistischen deraisonnements über Augustens Erziehung müßen mir ebenso albern erscheinen, als Ihre religiosen Gewißensverwahrungen mir von einem Manne unerwartet waren, den ich zu meinem wahren Ärgerniß, oft über alles spotten hörte, was dem Menschen heilig sein solte. Ältern Liebe, Geschwister Liebe, Eheliche Liebe, Freundschaft, keine Autorität der geselschaftlichen Bande und Verhältniße, vermogten je einen Begriff von Pflicht in dem Maße in Ihnen zu verankern, daß Sie nicht mit dem unbesonnensten Leichtsinn alle Gefühle des Herzens, alle Rücksichten des sittlichen Wohlstandes, Ihrer witzig sein wollenden Laune geopfert hätten.

Diß sind nicht leere Worte, diß sind erwiesene Facta. Nun fragen Sie Ihr Gewißen, ob Sie es nicht als eine gerechte Strafe des Himmels ansehen müßen, daß Sie nunmehro, durch ein zorniges Weib geplagt sind, welches Sie, wohl zu bemerken, wie ein Räuber ihrer Familie, ohne Noth, entrißen, an sich geschmiedet haben. Ich kann und will Ihnen diese Bürde nicht abnehmen, und Sie solten sich Ihrer Feigheit schämen, diejenigen Rechte, welche vermöge Ihrer priesterlichen Verheurathung die Gesetze in Ihre Hände legten, nicht kraftvoller anwenden zu wißen. Auguste ist ein 15 Jähriges Kind, das der Leitung eines vernünftigen Mannes bedarf, und wenn Sie auch Augustens leidenschaftl. Liebe verlohren haben solten, so könten Sie wenigstens durch Consequentes Betragen ihre Achtung erzwingen.

Auguste wird bei mir, und meiner Familie nie Schutz finden, so lange sie nicht durch ein anständiges, bescheidenes, und unterwürfiges Benehmen gegen Ihren Gatten sich deßen werth zu machen weis.

Diß sind meine unwandelbaren Grundsätze, und so theilnehmend ich Augusten mit väterlichem Herzen liebe, so wird doch diese Liebe nie in Schwachheit und Bethörung ausarten; und ich werde meine Nachsicht und Güte nicht misbrauchen laßen, um den Grund und die Befugniß zu neuen Thorheiten zu legen.

Seitdem Auguste Ihre Gattin ist, sind Sie mir für alle Thorheiten verantwortlich, die sie begehet, und nur wenn Sie sie zur Vernunft und einem untadelhaften Lebenswandel zurükzuführen wißen, dürfen Sie auf meine Achtung Anspruch machen.

Moriz

61. Friedrich Karl von Savigny an Achim von Arnim
Frankfurt am Main, 15. März 1808

Wie traurig es mit Clemens steht, wirst Du außer den Briefen an Dich selbst auch aus den Beyliegenden sehen. Den letzten hat Grimm selbst hierhergebracht, um das Bedürfnis der Hilfe recht dringend darzustellen. Etwas geschehen muß nun, sie müssen wenigstens für den Augenblick auseinander.

Sie zu sich zu nehmen ist ihre Mutter durchaus nicht zu bewegen: sie habe sie sonst nicht bändigen können und werde es jetzt noch viel weniger können.

Dagegen sieht ihre Familie alles Verkehrte und Zügellose an ihr wohl ein. Nur offenbare Gewalt, sagen sie, könne sie bändigen. Clemens solle sein Recht gebrauchen und sie mit Gewalt in ein Kloster bringen, um sie vorläufig zu verwahren. Was der Clemens von gewaltsamen Mitteln für schlimme Folgen befürchte, sey eitle Furcht. Entlaufe sie dann, so wollen sie sie gefangen nehmen und einsperren.

Mir scheint allerdings das Kloster für den nächsten Augenblick das einzig schickliche Mittel. Denn eine Freundin an einem dritten Ort, die irgend eine Gewalt über sie hätte, hat sie nicht. Aber Gewalt könnte sehr verderblich werden. Indessen glaube ich, daß sie gütlich dazu gestimmt werden könnte, weil jetzt ihre Lage höchst unglücklich ist und sie doch die Aussicht hätte, durch gutes Betragen auf diese Weise wieder zu ihrer Familie zu kommen. Dieses als gut vorausgesetzt, kommt es hauptsächlich auf jemand an, der die Sache leiten könne. Dazu scheint mir unter allen Menschen Clemens der ungeschickteste, Du aber der Geschickteste. Wenn Du Dich dieser Sache unterziehen wolltest, was mir in diesem Augenblick die einzig mögliche Wohltat für Clemens zu seyn scheint, so müßtest Du sehr schnell zur Ausführung schreiten: wir könnten auf Deiner Durchreise hier noch darüber reden. Ein Haupthindernis, das jeden minder Erfahrenen als Dich leicht irre machen könnte, ist die sehr häufige Reue, ja Zerknirschung der Auguste, die im nächsten Augenblick wieder wie weggeblasen ist.

Kannst und willst Du jenes nicht thun, so sage mir wenigstens, was Du glaubst, das für Clemens gethan werden könnte. Durch eine Scheidungsklage läßt sich durchaus nichts helfen, wenigstens zunächst nicht, da gar keine rechtlichen Gründe der Scheidung vorhanden sind.

Thue, lieber Arnim, was Dir Dein Herz eingiebt, nur komme oder schreibe gleich auf der Stelle, und bedenke, daß durchaus in den nächsten Tagen etwas geschehen muß.

62. Friedrich Karl von Savigny an Clemens Brentano
Frankfurt am Main, 18. März 1808

Als die hoffnungslosen Briefe von Ihnen und Auguste ankamen, fand ich wider meine Erwartung die Familie der Auguste so billig, alles Unrecht der Auguste anzuerkennen. Moriz erklärte im Namen der Familie, er habe weder Recht noch Beruf, selbst in der Sache zu handeln, so lange sie Ihre Frau sey. Sie möchten Ihr Recht gebrauchen, möchten die Auguste, wenn sie Ihnen das Leben unerträglich mache, mit Gewalt in ein Kloster bringen, die Familie werde das nicht nur gut heißen, sondern auch, wenn diese Anstalten mehr als die gegenwärtigen Einkünfte der Auguste betrügen, das Fehlende zulegen. Die Mutter könne sie nicht zu sich nehmen, da sie niemals im Stande gewesen sey, sie in Zucht und Gehorsam zu erhalten.

Mir gefiel das Gewaltsame in jenen Maßregeln nicht, aber ich hoffte, Auguste werde sich gütlich zu einer vorläufigen Trennung bewegen lassen, wenn es mit Verstand angefangen würde. Ich bat deshalb Arnim um diese Vermittlung, und dieser kam sogleich hierher, um nach Cassel zu reisen. Gestern aber schreibt Auguste an Moriz und mich auf eine höchst ergebene Weise; sie wolle sich alles gefallen lassen, keinen Anspruch an Sie machen, Sie möchten ihr eine Aufseherin geben usw. Ich sehe nun freylich die Gesinnung dieser Briefe gar nicht als etwas fest Bleibendes an, worauf man für die Zukunft rechnen könnte: allein ich glaube, daß sie doch für den Augenblick für alles billige, was man ihr vorschlagen kann, empfänglicher seyn wird, und daß Sie allein sie zu allem werden disponieren können. Das glaubt auch Arnim; er geht nach Heidelberg zurück, wird aber zu Ihnen kommen können, sobald Sie seine Hülfe nöthig haben.

Augustens Entfernung auf einige Zeit ist also das, was wir in jeder Hinsicht für gut halten und was auch Sie wünschen, soviel ich aus Ihren Briefen und Ihrem nachherigen Schweigen schließen muß. Die Mutter nimmt sie nicht zu sich. Hierher kann sie auch überhaupt nicht, und es wäre zuverlässig nicht gut, wenn sie hierher käme. Ich habe nur zwey Orte finden können, an welchen sich Auguste recht schicklich und nicht unangenehm einige Zeit aufhalten könnte: in Gotha bey Geisler oder in Coblenz bei der alten Lassaulx. Suchen Sie das zu arrangiren; proponiren Sie es lieber Beiden zugleich, um Zeit zu gewinnen. Bleibt dann Auguste so sanft und folgsam, wie sie jetzt schreibt, so wäre es gewiß am besten, wenn Sie selbst sie dahin begleiteten. Ist das nicht, so wird Arnim alle Hülfe leisten und auch Christian könnte vielleicht sie begleiten.

Recht gut wäre es freylich, wenn man auch noch eine brave Gesellschafterin für Auguste ausmachen könnte; aber es hat uns durchaus nicht gelingen wollen eine auszusinnen. Sie haben in der letzten Zeit die Schubart sehr gelobt; übernehmen würde sie es wohl, halten Sie sie für tüchtig?

Geschieht nun jenes, so ist für den Augenblick geholfen, und Hülfe für die Zukunft wird sich daraus leicht und gut entwickeln. Scheidung ist unter diesen Umständen nicht möglich, denn Auguste hat kein Verbrechen begangen, weswegen Sie Scheidung fordern könnten; sie willigt nicht in die Scheidung und wenn sie einwilligte, könnte die Scheidung vor 4-5 Jahren nach den Gesetzen nicht erfolgen.

63. *Achim von Arnim an Bettine Brentano*
Heidelberg, 22. März 1808

Von Clemens habe ich keine Nachricht, einen kurzen Brief von ihm fand ich hier, der aber nichts über seine große Verhandlung enthielt; er kommt mir erstaunlich unglücklich vor, seitdem ich die verschiednen Stimmen über ihn im Goldnen Kopfe [im Frankfurter Haus der Brentanos] gehört habe, ich kann jetzt manches von ihm begreifen, was er mir sagte, wie da der Keim zu mancher Verwirrung seines Lebens liege; ich fühle hier in der Ruhe, daß er bei aller Ungeschicklichkeit, womit er sich alles verleidet, doch tief menschlicher und also edler sein Leben führt, als ihn die andern beurtheilen. Wenn sie geradezu sagten, sein Wesen ist mir unangenehm, er verletzt auf barbarische Art, wo ich Zartheit fordre, so hätte ich nichts gegen, wer so etwas nicht ertragen kann, wird ihn nicht lieben; aber die Ansichten, die sie sich von seiner Seele machen, um ihren Widerwillen gegen ihn zu erklären, das ist eine Lüge gegen sich, zu der man aber bei Brüdern und Schwestern leicht kommen kann, weil man sich den Widerwillen nicht zugeben will. Darum sind die verschiednen Tragödien über feindliche Brüder sehr lehrreich, wo das größte Unglück entsteht, wenn die Brüder wegen der Erinnerung ihrer Verwandtschaft ihre wirkliche gegenwärtige Feindschaft aufgeben.

64. Bettine Brentano an Achim von Arnim
Frankfurt am Main, 25. März 1808

An Clemens schreib ich immer noch an einem langen Brief. Savigny meint ich soll ihn nicht schicken, weil ich ihm meine Ansicht über Auguste so mitgetheilt, als ob er dabei gar nicht zu schonen oder freundschaftlich zu betrügen sey, ich meine aber, daß da ich durch Spizfündigkeit nichts durchsezen mag und kann, und es mich doch drängt an ihm theil zu nehmen, die überzeugende Wahrheit das allein erlaubte ist. Auguste hat wieder zwei Briefe geschrieben, wovon einer an Moriz der das elendeste schändlichste ist was ein solches Weib die noch schlechter ist als alle Menschen mit denen sie von jeher gelebt hat, schreiben kann. Aber Moriz hat einen Wohlgefallen, an diesem Brief, und jezt ist es Clemens der Unrecht bei ihm hat. Auguste schreibt ihm nehmlich unter andern daß er zwei Freunde in Caßel habe die Grimms, die eigentlich allein an seinem Verderben schuld seyen, Moriz soll doch Clemens hierher kommen laßen, allwo er durch dich und Savigny hoffentlich wieder gebessert würde pp: grad als ob Clemens der Sünder sey. Savigny sagte dem Moriz daß die beiden Grimms zwei vortreffliche Menschen sind und es nur Einbildung von Auguste ist, ich aber glaube daß dieß ganz geheim gesponnene Pläne sind, auch hier her zu kommen welches schon lang ihr geheimer Wunsch war.

64 a. Bettine an Clemens Brentano
Frankfurt am Main, Frühjahr 1808

Daß dein bisheriges Leben mit deiner Frau sehr unglücklich war, lieber Clemens, ist keineswegs zu bezweifeln, auch arbeitet hier alles daran der Sache eine andre Wendung zu geben indessen fällt mir es doch oft auf's Herz, ob Du selber ganz frei zu sprechen bist, und wahrlich es ist besser eine ganze reihe von Elend als eine einzige Ungerechtigkeit, welche Dich durch ihre Folgen eben so elend machen kann als Dein jeziger Zustand; in irgend einer Laage des Lebens verzweifeln, heißt, entweder sehr schwach seyn, oder an der Ewigkeit zweiflen, denn wer an dieser nicht zweifelt, wird gewiß nie sein Schicksal verdammen, wenn er damit, noch ein anders in Abgrund stürzt, ich weiß zwar, daß gewiß nie mit Einsicht Du Augusten Unrecht gethan Hast, aber da sie selbst, vielleicht oft blind Dich gereizt hatte, konntest Du für das echte Maas Deines Gefühls stehen? Deine Freunde sind lauter vortreffliche Menschen, ja gewiß, ein jeder andre, der nicht um deiner Eigenschaften willen Dir gut gewesen wäre, würde Dir immer Unrecht geben. Eigenschaften sag ich! Denn es liegt in Dir nichts von Gutem was Du selbst in der Gewallt hättest, das Gute was in Dir liegt bestreitet Dich, wie auch Augustens Verkehrtheit Du selbst aber wiederstrebst ihm zu weilen, wie sie auch Du; weil Dir die Last der Ketten zu schwer wird, mit denen es Deinen freien Willen bindet, – weil eine Art von Übermuth, wie ein Gährung in Deinem bessern Gemüth aufbrauset, um sich von der Gemeinheit loszureißen welcher aber immer im Verhältniß zur ganzen Welt, zuerst tausend Ungerechtigkeiten ausübt, und von dieser niedergeschlagen, noch tiefer in seinen vorigen Zustand zurück sinkt. Darum fühl ich auch deutlich daß Dein Leben mit Auguste Dir nicht Gut ist, weil es Dich täglich zu nichts anders als zu solchen Explosionen reizt, ohne Deine zerstreite zersprengte Kräfte, (die an und für sich rein und herrlich aus des Schöpfers Hände gekommen sind) wieder auf dem Schlachtfeld zu sammlen und Dich immer nur mehr schwächt.

Auguste wiederstrebt dem Guten, daß Du nicht einmal durch eignen Willen ihr entgegenstellst, aus wahrhaft schlechter Natur, die auf keine Art Gewallt hat irgend etwas zu halten was man ihr dar reicht, die Hände ihres Gemüths sind lahm worden, durch ein Convulsivisches Klettern und Klammern, am Gemeinen, das öftere Zurückkehren und Bitten, und Bessern, ist Poltronerie, denn Gott läst solche Thränengüße nicht sich zu Ehren fliesen, ohne Barmherzigkeit und Gnade zu gewähren.

65. Jacob Grimm an Friedrich Karl von Savigny
Kassel, 25. März 1808

Ich habe bei meiner Ankunft die unseelige Sache zwischen Clemens und Augusten um nichts gebessert gefunden. Die letzten Vorfälle, die letzten Briefe, bes. der von Arnim hatten sie zu Reue, Gelindigkeit und Nachgeben bestimmt, allein der Eindruck davon ist nicht länger geblieben, als von allen frühern Zureden, und sie ist zu ihrer vorigen Härte und Störrigkeit völlig zurückgekommen. Clemens hat wohl Unrecht getan, Ihre letzten Briefe, worin von der höchsten Schwierigkeit der Scheidung steht, der Auguste gegeben zu haben, vorher war sie äußerst demütig und ließ sich die vorgeschlagene Entfernung gefallen, danach fing sie wieder an rund heraus zu erklären, daß sie nur, was sie selbst wolle, tun werde. Ich bin indeß überzeugt, auch ohne diese Briefmitteilung, nur auf andere Art, wäre der alte Zustand doch zurückgekehrt. Zu der Mitteilung derselben hat ihn außer Reichard[t]s Dringen, ihre reuige Ergebung bewogen, sie habe vor ihm gekniet und flehentlich geklagt, wie sie nun von jedermann verlaßen und verstoßen sei, darauf habe er sie in seine Arme geschloßen, allein er sagt selbst daß er dies Mitleiden gegen jedweden Menschen in solcher elendesten Lage fühlen müsse. Also war den andern Morgen bei ihm die Erbarmung vertilgt, bei Ihr die Ergebung. Sie hat angefangen lächerliche kindische Prätensionen für ihr freigewähltes Exilium zu machen (z. B. absolut auf einem Esel zum Reiten bestanden, auf der Entfernung der Magd, auf die sie eifersüchtig ist). Einmal hat er ihr eine tüchtige Ohrfeige gegeben, worauf sie ein Paar Stunden sanft geworden, allein nachher hat sie seine Drohungen mit Schlägen, die er ohnehin nicht realisirt, ausgelacht. Nach Clemens Aussage hält sie sich für ganz rein, unschuldig, ihr Nachgeben für zum Opfer gebrachte Gefälligkeit. Für mich unbegreiflich. Denn wenn sie sich ihres Rechts fühlt, so kann ihr das Unrecht, ihre vielfache Verkehrtheit nicht entgehen, alle ihre Bekenntnisse wären geheuchelt und schlecht.

Was den Ort angeht, so hält Clemens die Vorschläge mit Gotha und Coblenz für durchaus untunlich und hat daher nicht dahin geschrieben, er könne diesen Leuten die schreckliche Last nimmermehr anmuten, sie werden es unmöglich tun. Dagegen ist ihm eingefallen, den Vorschlag einem Pfarrer Mannel zu machen, in der Gegend von Ziegenhain, einem sehr gefälligen Mann, mit einer liebenswürdigen Familie, welche Clemens seit einem halben Jahr durch den Christian kennen gelernt hat.

So fand ich es, als ich Mittwochen Nachmittag hier anlangte den Clemens weniger Ihre und Arnims herzliche Sorgfalt in der Sache zu helfen, verkennend, als kleinmütig über den Erfolg. Daneben immer noch in sonderbarer Ängstlichkeit über die bethmannische Familie, indem ihn der Moriz noch in dem letzten Brief für jede Verkehrtheit Augustens verantwortlich gemacht. Ich stellte ihm eifrig vor, was in Frankfurt geschehen und ausgemacht war, daß er selbst zu handeln hätte, ohne sich an ihre Familie zu kehren, ja wie Moriz selbst erwartete, daß er sich als Mann vorher seiner Rechte bediente, es wäre mit Güte oder Gewalt. Ich riet ihm ohne Verschub die Sache mit dem Pfarrer in Richtigkeit zu setzen.

Mit der Auguste konnte ich gar nicht reden. Sie hält mich für ihren ärgsten Feind, und muß von meiner Reise nach Frankfurt wissen. Kaum erblickte sie mich Abends in der Theaterloge, so lief sie sogleich bloß darum allein nach Haus. Sie irrt sich wahrhaftig in mir, ich tue nichts aus Haß zu ihr und gewiß weniger aus Liebe zu Clemens, als aus Betrachtung der höchsten Widerwärtigkeit eines Verhältnisses, welches sie beide verderbt, und jedem Bösen blossetzt.

Gestern [Donnerstag] Morgen früh kam der Clemens in ganzer Mutlosigkeit. Sie habe ihm eben erklärt, daß sie nur höchstens 3 Wochen zum Pf. Mannel gehen werde, alsdann aber wolle sie wieder hierher zurück, eigentlich brauche sie gar nicht zu verreisen. Darüber war Clemens so mißmütig und aus aller Entschließung herausgekommen, daß er nichts anders im Sinn hatte, als allein abzureisen und sie hier sitzen zu laßen, denn er halte sich gewaltsam gegen sie zu verfahren für unberechtigt p. – Sie können erwarten, wie ich ihm zuredete, dies wäre das Schlechteste, was zu tun, weil er dann gar nichts von allem dem täte, was ihm zustände, freilich wäre es das leichteste, so dem Tor hinaus zu gehn p. Auch würde immer gewonnen, wenn sie nur auf drei Wochen zu dem Pfarrer ginge oder gebracht würde, einmal könnte sie nachher nicht weglaufen, u. während der Zeit ließe sich dann weiter überlegen. Hierdurch haben wir ihn endl. abgebracht, auch erlangt, daß er gleich gestern Morgen 10 Uhr mit Extrapost zu dem Pf. Mannel gereist ist, ihn zur Aufnahme zu bereden, allenfalls mit Christians Hülfe.

Das Resultat ist das längst gehabte: der Clemens wird nie stark genug sein, sein momentanes Mitleid für sie, oder wie man es nennen will (denn von Pflichten wollen wir schweigen) standhaft durchzuführen, d. h. so durchzuführen, daß es ihrem verkehrten Leben zum Frommen gereiche. Ja er ist ebenso unfähig, selbst auf irgend eine andere Art, die weniger recht wäre, gegen sie consequent zu sein. Gesetzt aber auch, so würde ihm die Auguste unaufhörl. Schwierigkeiten dazwischen legen, und ihre guten Entschlüsse nicht lang bewahren, worüber keiner nach den letztern Begebenheiten auf stärkeren Beweisen bestehen wird. Nach so viel demütigenden Schritten, und eindringenden Ermahnungen, steht sie dennoch wieder gerade auf dem alten Flecke. – Das Gefühl einer gewissen Unschuld, welches sicherlich in beiden ist, obwohl auf verschiedene Weise, wird sie stets hindern, sich darüber hinauszusetzen. So wird es ohne Zweifel bleiben, wenn sie beisammen sind, in täglicher Reibung und Unklarheit; was aus der Entfernung sich hoffen läßt, wage ich nicht zu sagen, ich fürchte wenig im Grund Hülfreiches und Erfreuliches, allein die Gegenwart wird verbessert und nichts dadurch schlimmer. Willigt die Auguste nicht in Güte darein, so muß es Recht sein, daß gegen sie die Not statthabe, gegen eine Willen und Entschließungslose.

Sollte sich der Mannel zu nichts verstehen, und Ihnen dort kein anderer ähnl. Ort einfallen, so muß dennoch an ein Kloster gedacht werden, und ich bitte Sie unterdessen, Erkundigung zu nehmen, auch über die dabei nötigen Maasregeln, damit auf allen Fall ein Ausweg geöffnet bleibt.

Christian, den ich zu Marburg eine halbe Stunde darüber sprach, betrachtete die Sache ein wenig leicht. Er meinte, man müßte sie nach Frankfurt tun, und alle Rücksichten auf die Familie, und deren Beihülfe fahren lassen. Inzwischen hat er sich erboten, dem Clemens behülflich zu sein, wenn die A. wohin gebracht werden sollte. Daß hierzu der Arnim besser sein würde, glaubten Sie längst, er kann sie mehr lenken und ihr einreden, es wäre also viel gewonnen für Güte und Schicklichkeit.

Ich habe Ihnen nun alles geschrieben, was ich bis jetzt weiß, kommt der Clemens vor Morgen Abend zurück, so schreibe ich morgen wieder mit der Post. Antworten Sie mir doch, ob Sie etwas verwerfliches und unrechtes in meinen Gesinnungen finden, dies wird mich beruhigen, da wir hier die einzigen sind, an welche sich Clemens wendet und hält, eine solche unglückliche zusammenhängende Geschichte, wovon wir jetzt täglich Zeugen sind, war noch nie in unser Leben gekommen.

Es könnte einen Schein von Unrecht haben, daß man jetzt alles von der Auguste verlangt, ja sogar mit Gewalt verlangen wird, und nichts vom Clemens. Allein erst nachdem man eingesehen hat, daß das Eigentliche, was von beiden verlangt wurde, nicht erwartet werden könne, fodert man ihr ab, daß sie sich der Notwendigkeit füge, welche freilich dem Clemens viel leichter wird, als ihr, die ihn mehr liebt und sonst keine Zuflucht hat, wenn nicht mehr Unrecht.

66. Jacob Grimm an Friedrich Karl von Savigny
Kassel, 28. März 1808

Ich eile Ihnen zu melden, daß sich alles wieder besser anläßt. Clemens ist gestern Abend zurückgekommen, und nicht allein will der Pfarrer die Auguste gern aufnehmen, sondern diese ist es auch zufrieden, selbst auf unbestimmte längere Zeit zu ihm zu gehen. Deswegen steht sich auch der Clemens gut mit ihr, er will sie in drei Wochen hinbringen, weil dort noch allerhand darauf eingerichtet werden muß. Nachher geht er selbst von hier weg nach Heidelberg. Ich wollte es geschähe früher, damit nichts Neues einfällt. – Ich kann mich aber über diese Vorfälle noch nicht recht freuen, weil sie schon zu oft dagewesen sind.

67. Achim von Arnim an Bettine Brentano
Heidelberg, 29. März 1808

Jetzt greift wieder durch alles Märzgrün Deiner lieben Briefe die grimmige Hand der Nothwendigkeit und zerreißt, was ich für Dich in meinem Kopfe geflochten und verbunden, damit ich keine Zeit verliere, sondern gleich die Schlüssel zu dem brennenden Hause herausgebe. Und dieser Schlüssel ist nach meiner Ueberzeugung: Auguste ist endlich entschlossen, sich scheiden zu lassen. – Ich habe in diesem Augenblicke einen unsäglichen Ueberdruß an der Welt durch diese Geschichte, und die heilige Ehe, die mir sonst oft wunderbar herrlich erscheint, kommt mir wie ein eisernes Halseisen vor, das mit Myrthen umwunden ist. Und wenn ich mir nun denke, das ist Gesetz, daß die beiden einander ihre Existenz abfoltern, und ich sehe die Natur rings in ewigen Gesetzen, wie mag der erst zu Muthe sein, die grünen möchte mit Lust und Willkür, wenn hier der Winter sie einfängt, der Frühling sie peitscht, ihr Wesen schnell zu endigen.

68. Joseph von Görres an Maria Christine de Lassaulx
Heidelberg, Ende März 1808

Mancherlei ist hier vorgegangen, vielerlei Lächerliches und sonst Sachen, aber alles zu schreiben will die Zeit nicht erlauben, da ich noch immer voller Arbeit bin. Nur von Brentanos Ehestandsgeschichten muß ich euch einiges erzählen. Es ist dort Feuer und Flamme, Blitz, Hagel, Donner, Ehescheidung, Mordgeschichte sammt allem Zubehör. Brentano hat sich die Braut von Korinth entführt, und nun hängt sie ihm auf dem Nacken und hat sich verbissen. Sie ist sehr eigensinnig. Widerspiel in allem von ihrem Schatz, wie Arnim erzählt, wie ein Abhub von einem großen Diner, thut alles was Clemens verdrießt, steht in der Nacht auf und musicirt, wenn es ihr in den Sinn kommt, alles zum unsäglichsten Verdruß ihres Eheliebsten. Da hat es denn viel Lärm gesetzt. Am Ende hat sie sich mit einem Federmesser verwundet, aber wie Brentano schreibt, just so viel, daß es ein mäßiger Floh ebenfalls hätte verrichten können. Darauf hat sie sich zu Bett gelegt und musicirte am zweiten Tage wieder, was Brentano denn alles einem baaren Rappel zuschreibt. Darauf hat er nun einen Courier nach Frankfurt geschickt und der Familie all sein Kreuz auseinandergesetzt und erklärt, er wolle sich scheiden. Ihre Familie will sie aber nicht wieder nehmen; die Mutter sagt: sie habe sie vorher nicht bändigen können, jetzt getraue sie sich dieses noch weniger, Brentano solle sie ins Kloster stecken oder sonst mit ihr machen, was er wolle. Darauf ist sie dann zu Kreuz gekrochen und hat Besserung versprochen, und versprochen nicht zu murren, wenn er zanke, oder nicht rede, oder weggehe, und sich in allem zu fügen. Dann hat die Familie deliberirt sie wenigstens auf einige Zeit auseinander zu bringen. Göttingen wurde zuerst vorgeschlagen. Arnim sollte sie dorthin zu einer Freundin bringen; da meinte aber die Familie, sie bekäme dort Geschichten mit den Studenten. Dann kamen Sie selbst in Vorschlag, man wollte sie einen Monat zu Ihnen nach Koblenz bringen: dann würde am Ende wohl Brentano von neuer Liebe entzündet sie wieder dort abholen. Ich habe gleich an die Frau Jean-Claude gedacht, die könnte sie noch nebenbei unter ihre Obhut nehmen; es ginge in einem hin, ein oder zwei Schäfchen zu weiden ist gleich viele Mühe. So standen die Dinge, darüber ist Arnim weggereist und gestern wieder hier angekommen. Das sind derlei Historien. George und Franz, die Brüder von Clemens, zanken gar sehr über den Phantasiemenschen, der nichts als Verdruß und Unannehmlichkeiten in die Familie bringe.

69. Bettine Brentano an Achim von Arnim
Frankfurt am Main, 30. März 1808

Grimm schreibt, daß sich in Cassel alles wieder besser anläßt. Clemens hat von seiner Reise die Nachricht gebracht, daß der Pfarrer [Mannel in Allendorf] sehr gern Augusten zu sich nehmen will. Diese ist es auch zufrieden, selbst auf unbestimmte längere Zeit zu ihm zu gehen, deswegen steht sich auch Clemens wieder etwas besser mit ihr; er will sie *in drei Wochen* hinbringen, weil dort noch allerhand darauf eingerichtet werden muß. Es wäre besser, es geschähe früher, damit nichts neues einfällt, nachher will Clemens selbst nach Heidelberg; man kann sich indessen hierüber noch nicht freuen, weil es schon zu oft so war. – Es ist beinah nicht möglich, daß, wenn man eine Zeitlang in der Nähe eines Ehstandes lebt, er nicht diesen Reiz aller Reize verliert. Ich glaub, daß es etwas großes ist, wenn zwei ihr Leben so in einander verschlingen dürfen, daß es eins wird, und allerdings möcht ich es nicht auf mein eigen Verdienst wagen, je zu heurathen. Clemens spielte mit verbundnen Augen und mit den Händen auf dem Rücken um sein Glück, es war frevelhaft, aber man darf ihn darum nicht strafen. Was ist es, das für sich begehren, was man liebt?

70. Bettine Brentano an Achim von Arnim
Frankfurt an Main, April 1808

Von Clemens hör ich nichts mehr, ich denk also, es geht gut; dies macht Moriz so guter Laune, daß er beinah alle Tage bei uns ist und keine vergnügte Stunde zubringt, als im Haus Brentano.

71. Jacob Grimm an Friedrich Karl von Savigny
Kassel, 10. April 1808

Es wird Ihnen schon ein gutes Zeichen gegolten haben, daß ich die Zeit über nicht geschrieben. Alles gehet demjenigen zu, was wir nach den letzten Vorgängen haben wünschen müssen, der Clemens redet noch zuweilen von ihrer Dummheit oder Blödsinnigkeit, aber er steht sich gut u. einträchtig mit ihr und sie ist gleichfalls vollkommen nachgiebig und verträglich. Auch ich bin neulich auf einem Spaziergange wieder versöhnt worden und seitdem gelitten; wir vermeiden beide, sie und ich, über das Vorgefallene zu sprechen und jetzt kann auch nichts dabei herauskommen. Den Ostermittwoch reist der Clemens mit ihr ab und bringt sie zum Pfarrer nach Allendorf (so heißt der Ort), alsdann will er gleich weiter nach Heidelberg; ich glaube nicht, wenn er durch Frankfurt muß, daß er sich dort aufhalten wird. Uns wird seine Abreise von hier leid tun, wir haben ihn lieb und sind täglich an ihn gewöhnt; ich habe seit 14 Tagen hier die Ungewißheit, die in seinen Gesinnungen und in seinem Leben ist, sehr lebhaft empfunden, sonst müßte mir seine jetzige Gelindigkeit gegen Augusten, nach soviel Strenge und entschiedener Absagung, äußerst hart auffallen.

72. Jacob Grimm an Friedrich Karl von Savigny
Kassel, 15. April 1808

Ich hatte Ihnen schon vorletzt geschrieben, daß ich mich über den Schein von Verträglichkeit zwischen Clemens und Auguste nicht recht freuen könnte, so natürlich es war, wenn ich diesen Zustand lieber sah, als den vorangegangenen; aber nunmehr fangen die Abwechselungen an, mir gerade am empörendsten vorzukommen. Seit dieser Woche ist schon wieder alles vorbei, und sie stehen wieder in dem ärgerlichsten Verhältnis, schlimmer als je. Er schlägt und prügelt sie jeden Tag, sie schimpft dann wütend und speit nach ihm, man mag es gar nicht sagen. Die Schläge haben gar keine andere Wirkung auf sie, als körperliches Mattwerden, sonst bleibt sie hartsinnig und unsinnig, der Clemens mutlos und wird es nicht vermeiden, sie nicht noch mehr zu reizen. Daß er ungerecht sein kann, wird nachgesehen werden von denen, die ihn lieben und kennen, nur hoffe man nicht auf Mut und Consequenz von ihm, denn diese werden bald durch Mitleiden niedergerißen, bald durch die Stärke des Verdrusses und Hasses vernichtet. Er hält sie jetzt durchaus für eine Bösewichtin, unheilbar und allem Übel unterworfen. Wie oft, wenn er mir vorhält, daß Sie die Sache zu leicht genommen, besonders nach der Ankunft der Lullu u. Claudine, habe ich ihm auseinandergelegt, daß man vorher und geradeso nachher von der Notwendigkeit einer temporären Entfernung überzeugt gewesen wäre, und wenn ich ihn dann frage: welche andern Vorschläge er in aller Welt erwartet habe? so weiß er nichts darauf, und daß er einen beßern Ort wußte als Lasaulx und Geisler, ändert nichts hierin. Ich wünsche, daß ich ihm verreden kann, was er jetzt vorhat, mit Ihnen und auch mit Vogt zu beratschlagen, ob er sich nicht direct an den Fürsten wenden und förmlich klagen solle. Er ist so verlaßen, daß er von Publicität durch den Reichsanzeiger p. spricht, ich halte dafür, daß man nun sehen muß, was aus ihrem Aufenthalt in Allendorf entstehet, und Gott sei Dank daß es doch endl. dazu kommt. Denn ihre Sachen sind schon eingepackt und bis Mittwochen reisen sie weg, in dem Dorf muß er ihr nur die Sachen auspacken helfen, u. dann weiter reisen, vielleicht wäre es gut auch von Heidelberg an einen Ort, den sie nicht weiß. – Dies Verhältnis ist so ohne Trost und Hoffnung, daß Sie ermeßen, wie gern ich abbreche, meine Nachrichten können nichts Neues oder Unerwartetes haben, sondern blos diese Überzeugung immer gewißer machen.

73. Clemens Brentano an Friedrich Karl von Savigny
Kassel, 19. April 1808

Mit Rücksicht auf die Teilnahme, die Sie mir an meinem Unglück zu nehmen versichert haben, melde ich Ihnen, daß ich bis Mittwoch [20. 4.] das grundböse Weib mit allen ihren Effekten zu einer trefflichen Prediger-Familie aufs Land bringe, damit ich sie oder sie mich nicht vor das Criminalgericht bringe. Diese Menschen, die ich unter den besten Menschen, die ich kenne, hoch obenan stelle und die mich sehr lieb haben, wollen sie gegen ein Billiges auf einige Zeit zu sich nehmen. Ich habe Ihnen in der Geschichte nicht mehr geschrieben; warum sollte ich Sie in Ihren guten Hoffnungen stören, da Sie mir nichts helfen konnten? Meine Dame hat trotz aller reuigen Briefe die ganze Zeit ihre niederträchtige wahnsinnige Rolle fortgespielt. Ich bin auch ihres Anspeiens und Tretens satt geworden und habe sie einigemal mit dem besten Gewissen und kaltem Blut tüchtig durchgeprügelt; denn sie ist ein Hund und ein sehr schlechter böser Hund, sie ist besessen und ich prügle den Teufel mit rechter Lust. Da ich während dieser Zeit nach Heidelberg gehe, so wünsche ich Sie auf meiner Durchreise in Frankfurt zu sprechen. Sei'n Sie daher so gütig mir auf diesen Brief sogleich nach Marburg bei Frau Zimmermann zu schreiben, wann in Frankfurt die Diligence und um welche Stunde nach Heidelberg geht, und mit welchem Postwagen ich in Marburg abfahren muß um in Frankfurt auf die Diligence zu treffen. Auch sagen Sie mir, ob ich bei Ihnen ein paar Stunden abtreten kann, ohne mit dem Teil meiner Familie zusammenzukommen, die nur Höflinge des Herrn Bethmanns sind. Oder wollen Sie mich auf der Post sprechen oder wo sonst? Savigny! ein schlechtes böses Weib ist einem armen Schelm wie mir mehr als die Hölle, diese Bestie ru[i]niert mich ganz an Leib, Seel und Vermögen. Ich habe nie geglaubt, daß die ordinaire Menschenluft solche Kielkröpfe ernähren könne. Bei alle dem lebt sie von den sogenannten fürchterlichen Schreckensromanen; während sie in ewiger Quälerei stumpf wird, liest sie ein Halbdutzend Bände alle Tage von *Capucin noir, Nonne sanglante, Chateau des Meutres*, und mit dergleichen Zeug die leere Hirnschale angefüllt, quält sie von neuem – aber Gott, es ist genug! in wenig Tagen kann ich ja atmen. Schreiben Sie mir doch gleich nach Marburg, wo ich Ihren Brief erwarte.

74. Bettine Brentano an Achim von Arnim
Frankfurt am Main, April 1808

Clemens, der endlich seine Bürde bei Pfarrer Mannel abgelegt, wird am Sonn- oder Montag [24. oder 25. April] hier durchkommen, um mit der Diligence nach Heidelberg zu gehen. Ich mag Dir nicht alle andre Neuigkeiten, die bei dieser Gelegenheit vorfielen, erzählen, Du wirst sie von Clemens deutlich genug hören.

75. Achim von Arnim an Bettine Brentano
Heidelberg, 3. Mai 1808

Clemens ist sehr lustig, es ist ihm hier alles wieder frisch und neu geworden. Er hat noch keine Briefe von seiner Frau, das verwundert ihn, mich nicht, ich glaube, sie spinnt da auf dem Lande keine Seide, sie denkt wahrscheinlich an Scheidung.

76. Clemens Brentano an Jacob und Wilhelm Grimm
Heidelberg, 7. Mai 1808

Unter Peitschenhieben des Kutschers, unter Murren und Schimpfen der Frau, unter ärgerlicher Ziererei der Fränz kam ich bei den trefflichen Leuten [der Pfarrersfamilie in Allendorf] an, blieb zwei Tage dort, Madam [Auguste] konnte dem unaussprechlich lieben Wesen Friederikens [Mannels Tochter] nicht widerstehen, sie mußte sie lieben wider Willen, Madam weinte, wimmerte, ahndete von Nimmerwiedersehen, ich sprang mit dem heiteren Pfarrer übern Zaun, und hinter mir war ein Gespenst verschwunden; die Welt war mir lieb, wie einem Invaliden, und die grüne Erde trat mein Fuß gern, trotzend und liebkosend, denn sie verschlang und bewahrt mir Liebes [Sophie Mereau].

77. Achim von Arnim an Bettine Brentano
Heidelberg, 10. Mai 1808

Von Auguste ist bisher nur ein sehr kurzer Brief mit einem Messer eingegangen, sie schreibt aber, daß sie sich auf dem Lande gefällt. Wer möchte sich auch nicht da gefallen?

78. Bettine Brentano an Achim von Arnim
Frankfurt am Main, Anfang Mai 1808

Von Auguste laufen sehr sonderbare Briefe bei Moriz ein, unter andern einer worin sie ihn bittet dem Clemens doch 3tausend Gulden von ihren erspahrten Weihnachtsgeschenken zu schicken, damit er das Cabinet von Hüsgen kaufen könne, ich glaube sie will ihn mit Großmuth schlagen, weil sie es nicht mehr mit der Hand kann, doch weiß ich nicht ob es rathsam ist, das du es Clemens erzählst, weil er doch niemals weiß, was alles zu bedeuten hat, und leicht wieder eine unbillige Idee von ihr haben könnte. Was du mir von Lulu sagst, sie hat dies vielleicht nicht vorgelogen, sondern ist es ihr von andern vorgelogen worden, auf alle Fälle wäre es gescheuter von ihr stillzuschweigen, wenn sie nichts gutes von dem Jüngling Clemente zu sagen hat.

79. Bettine Brentano an Achim von Arnim
Winkel, 21. Mai 1808

Christian erzählt mir, daß Auguste sich sehr wohl in Allendorf befinde, auch der Pfarrer sei sehr zufrieden mit ihr: Sie hat einen jungen Geißbock, den schleppt sie mit großer Behendigkeit die hohen Berge hinauf, er darf keinen Augenblick von ihr, sie ruft ihm den ganzen Tag »Selim! Selim! Selim!« Ich glaube, daß sie sich den Clemens drunter vorstellt, denn Selim und Clemens gleicht sich doch sehr im Klang. Sie schneidet auch in alle Bäume des Clemens seinen Namen und spricht, er sei doch ein Gott!

80. Friedrich Karl von Savigny an Clemens Brentano
Frankfurt am Main, 27. Mai 1808

Hören Sie nun über Landshut meine Meynung so herzlich und unbefangen an, als ich sie Ihnen mittheile. Was mich betrifft, so kann mir Ihre Gegenwart nicht anders als sehr erwünscht seyn. Ich ehre Ihr Thun und Streben, Ihr Erkennen und Aufsuchen des Vortrefflichen in aller Art und selbst Ihr Sammeln ist mir in diesem Sinne recht werth. Wiederum kann ich mir denken, daß auch Ihnen diese meine Theilnahme erfreulich seyn möchte. Und wenn man sich gegenseitig erkennt und ehrt, und sich vor unbefugten Ansprüchen an einander, die immer auf Misverständnißen beruhen, hütet, so ist es leicht, auf eine Art zusammen zu leben, die Beide belebt und Beiden wohltut. [...]

Hauptsächlich aber wünsche ich nicht, daß Sie über Ihre Zukunft auf längere Zeit hinaus einen Entschluß faßten, ohne dabey auf Ihre Frau Rücksicht zu nehmen. Dieses Verhältniß ist einmal da, ignorieren können Sie es nicht, und Sie können, so lange es dauert, keinen Plan für sich machen, ohne sich zugleich einen Plan für Ihre Frau (sey es nun derselbe mit dem Ihrigen, oder ein anderer) in Gedanken auszubilden. Sich Ihrer Frau anzunehmen, können Sie nicht vermeiden, selbst wenn Sie sicher wüßten, daß Sie niemals mit ihr würden leben können, und je mehr sie in Irrthum und Verwirrung mit sich selbst befangen ist, desto mehr bedarf sie einer hülfreichen Hand, die sie liebend unterstütze, ohne zu richten über ihr Verdienst oder ihre Schuld. Das Schicksal hat dieses Verhältniß in Ihr Leben gestellt, und Ihnen geziemt es, dieses Verhältniß edel, liebreich und bildend zu behandeln, so weit Ihre Kräfte reichen, und so lange es sich nicht von selbst völlig auflöst. Daß Sie selbst sich nicht sollen dadurch zu Grunde richten laßen, versteht sich zu allererst.

81. Friederike Mannel an Wilhelm Grimm
Allendorf, 11. Juni 1808

Auguste wurde freudig und herzlich von uns aufgenommen, wir lieben sie alle, besonders ich. Sie glaubte in ihrer Heimath zu sein, nichts glich ihrer Freude, ihrer Rührung. Und Sie sollten sie jetzt sehen! So freundlich, so theilnehmend, so hingebend in unsre Verhältnisse könnte kein Weib sein. Sie ist wohl nicht glücklich, aber keine Klage, keine finstre Laune trübt uns das Leben. Ihr Dank für jede kleine Freundlichkeit ist so lebhaft, so zart, sie ist so zufrieden, so ganz zu uns gehörend, daß wir sie einen guten Geist unsrer Familie nennen müssen, und noch mehr gute Herzen wie unsre bitten hier den Himmel um Glück für sie.

Glauben Sie nicht, daß ich über sie und Brentano hiermit urtheilen will; sie und er haben ihre Ansicht, und nach der ihrigen hat sie schwer gelitten. Clemens Brentano hat die seinige, und er wird nicht minder Recht vor sich haben. Dabei kann ich beide lieben, oder vielmehr all seine Vollkommenheiten und Liebenswürdigkeiten anerkennen, wie ichs immer that, ohne mich in sein Gemüth zu vertiefen oder zu versteigen, das eine Seele wie meine schwindelnd macht.

*82. Clemens Brentano, Über eine Skizze.
Verzweiflung an der Liebe in der Liebe
(1808?)*

*In Liebeskampf? In Todeskampf gesunken?
Ob Atem noch von ihren Lippen fließt?
Ob ihr der Krampf den kleinen Mund verschließt?
Kein Öl die Lampe? oder keinen Funken?*

*Der Jüngling – betend? tot? in Liebe trunken?
Ob er der Jungfrau höchste Gunst genießt?
Was ist's, das der gefallne Becher gießt?
Hat Gift, hat Wein, hat Balsam sie getrunken.*

*Des Jünglings Arme, Engelsflügel werden –
Nein Mantelsfalten – Leichentuches Falten.
Um sie strahlt Heil'genschein – zerraufte Haare. –*

*Strahl' Himmelslicht, flamm' Hölle zu der Erde
Brich der Verzweiflung rasende Gewalten,
Enthüll' – verhüll' – das Freudenbett – die Bahre.*

*83. Clemens Brentano an Friedrich Karl von Savigny
Heidelberg, 16. Juni 1808*

Alles was Sie mir über Ihre Gesinnung gegen mich gesagt haben und über meine Idee nach Landshut zu gehen, habe ich nicht anders erwartet und bin darüber ganz aus Ihrer Ansicht entschieden. Ich habe allerdings keine andre Idee als Augusten mitzunehmen; denn sie beträgt sich ganz gut in Allendorf und schreibt mir recht schöne zärtliche Briefe, ich hoffe, daß alle die Teufeleien nur des Teufels Komödien waren, womit er ihren Auszug aus der großen Welt in ein besseres Leben verhindern wollte. Überhaupt ist ihr Wesen so ungeheuer toll gewesen, daß ich keine Erinnerung dafür habe und ihr nun auch wieder von Herzen verzeihe.

84. Joseph von Görres an Maria Christine de Lassaulx
Heidelberg, 22. Juni 1808

Brentano hat die ganze Zeit her hier an großer Langeweile gelitten; den Winter will er in Landshut zubringen, dort ist Savigny Professor geworden. Zu seiner Frau zurückzukehren hat Brentano keine Lust; er kann nicht fertig werden von all seinem Kreuz und Leiden zu erzählen, und meint er würde sich gewiß noch ans Branntweintrinken gewöhnt haben, wenn er länger bei ihr geblieben wäre.

85. Auguste Bußmann an Clemens Brentano
Allendorf, 21./23. Juni 1808

Ich denke jetzt nur immer an die Zeit wenn du bey mir sein wirst, lieber süßer Clemens, gehe ich spazieren so gehe ich auf dem Rand des Pfädchens um Platz für dich zu lassen, denn neben mir mußt du gehen, sonst muß ich immer rücklings gehen um dich zu sehen, bey Tische meine ich immer ich müßte deine eine Hand halten und von deinem Fuß getreten werden, und wenn ich mich kämme wie du mir die Haare ordnen willst, und wie ich dann im Spiegel meinen freundlichen Jungen ansehe und seine Hand küsse, küsse, und wenn ich Abends unter mein Bett leuchte ob kein Mensch drunter steckt fällt mir ein wie du mich so einmal in Kassel erschrecktest und wie du es wieder thun könntest, und mir armen furchtsamen Kinde das Licht ausblasen, und wenn ich zitterte, mich in die Arme nehmen wo ich doch keine Ruhe fände an deiner schönen Brust.

Mittwoch früh.

O mein Clemens was soll aus mir werden, ich bin so bewegt, keine Ruhe nirgends zu keiner Stunde, ich kann dir nicht einmal lang schreiben, denn ich möchte mit Küssen schreiben und die Hand zittert mir vor Ungeduld. Mein Brief hat dich so glücklich gemacht, und doch schreibst du mir darauf nur einen ganz kurzen aber mit vieler Liebe, und sagst du hättest viel zu thun, da ist mir nun als eiltest du dich sehr, und als könntest du mir auf einmal am Herzen liegen. Junge so sage doch wann du kommst und reiße mich aus der Qual, ich denke immer jeder Brief soll es mir sagen und alle sprechen nur unbestimmte Sehnsucht aus, komm komm oder du findest mich so in Sehnsucht abgehärmt, daß ich die unendliche Freude gar nicht mehr fühlen und tragen kann, und wenn ich dann nur weinen könnte, und nicht in deine Arme fliegen, und dich seelig ansehen und ewig dürstend küssen, und mit starken liebenden Armen umschlingen daß unsre Herzen aneinander pochen, und so ungestüm und mächtig daß sie die Lippen übertäuben, und kaum die Augen noch süße Blicke geben können, und deine heiße wallende Brust glühend mir sagt du liebst mich unendlich. O Clemens, ich will die Seeligkeit fassen und lieben und festhalten, ich kann sie ja denken, ahnden, aber doch schwindelt mir oft davor, und ich zage und frage mich, wirst du nicht vergehen und nur bewußtlos den seelgen Liebeshimmel anschauen?

Ich weiß deine letzten Briefe auswendig und doch lese ich sie immer wieder und fühle mich entzückt durch deine Lust an mir. O lieber Junge wie warst du so unglücklich vor meinem Brief, deiner hat mich sehr gerührt und daß du so innig an mir hängst. Ja ich liebe dich unendlich, aber daß ich es besser sagen kann wie du ist nicht wahr; mir fehlen die Worte und viel bleibt mir noch im Herzen was dir mein Schweigen mein Händedruck sagen muß; aber du lieber Dichter kannst zauberisch das geheimste sinnen, schweben, wünschen und ahnen der Liebe aussprechen, und ich mögte denken du habest dein Herz ausgesprochen wenn nicht deine schönen Augen unaussprechlich süßes in einer himmlischen Sprache redeten, und deine Lippen nicht viel reizender wären als alles was sie sagen, und doch sind deine Worte mehr als alle Blicke und Thränen und stummen Küsse anderer Menschen, und ich Glückliche genieße noch dein tiefinnerlichstes geheimstes Leben. Ach Clemens wie sind mir alle Menschen so wenig gegen dich, oder kenne ich sie nicht und offenbart sich jeder göttliche Mensch nur in der Liebe ganz und ausschließlich? Nach dir ist mir Arnim am herrlichsten aber lieben könnte ich ihn nicht, ich kann nicht recht sagen warum, er ist mir zu sehr Mann dazu, und kann sich nicht hingeben, und alles Leben der Liebe weihen, und jeden Gedanken – das liegt nicht in seinen Augen – o du einziger – mir schwindelt vor meinem Loos, ich kenne den herrlichsten Menschen und er liebt mich!

Später.

Heute ganz früh kam der Einsiedler [die *Zeitung für Einsiedler*] und das Kreuz mit dem heilgen Liebeszettelchen das mir mehr ist als alle Reliquien die es offenbart. Es hängt gar schön an meinem Bett, und will es küssen wenn ich einmal beten kann: *O mein Gott und Herr in meinen Armen ist der, den ich liebe außer dir* – und nicht mehr seufzen muß: *ferne von mir lebt er*, o du bist ein kluger Junge du hast mir ein so süßes Gebet gegeben daß ich es nie gefühllos sagen kann. Es freut mich sehr daß du in den Einsiedler alle die Aufsätze nahmst welche du mir diktirt, und die mich an so glückliche Tage erinnern, auch das Gedicht die Einsiedlerinn. Ist das Seelied: *es schien der Mond gar helle die Sterne blinken klar* von dir? Wenn du mir eine Freude machen willst lieber, so laß noch diesen Monat einrücken: *Der Liebe Tod und Leben* und *Verzweiflung in der Liebe an der Liebe*, das *Lied von der Sklavin Ama*, und worum ich dich nicht bitten mag, weil es sehr einfältig wäre, aber wenn du dazu gestimmt bist thue es doch ja, schreibe an den Romanzen *[Romanzen vom Rosenkranz]*. Ich bin ein bischen böse, daß ich die Bücher noch nicht habe die ich von Zimmer verlangte, besonders deine poetischen Spiele. Ich lese außerordentlich wenig, und viel das nehmliche, im Godwi, Ponce, Tieks Phantasien, Schleiermachers Monologen, und kenne alle Lieder im Wunderhorn. Das Guitarresingen ist mir zu wehmüthig ich laße es aus Ungeduld, und nicht blos weil du es nicht magst, aber ich singe noch manchmal am Clavier, eine Melodie die mir grade einfällt. Mein Lesen ist jetzt nicht mehr Neugierde, gewiß nicht, ich lese nur was ich ja schon kenne, und mögte es nur genau wissen und in den schönen Worten in denen es gesagt ist. Ich mögte aber alle Welt läse deine Gedichte mit solcher Liebe wie ich und liebte auch so den Dichter drum – die Menschen bewundern dich doch sehr kalt – wie ich noch den Schiller anbetete dachte ich mir das höchste Glück ihn zu sehen, zu hören und wenn ich den Muth dazu faßen könnte ihm zu sagen heiß zu danken daß er mich erquikte. Es hieß einmal er sey in Frankfurt, da stand ich ganz außer mir auf und sagte zitternd zu der alten Großmutter: ich muß ihn sehen, wie sehe ich ihn, daß sie sich entsetzte. Und doch sind seine Lieder mehr gedacht als gefühlt, und ich liebte ihn blind in falschem Enthusiasmus. – Deine Lieder leben und nur ein liebenswürdiger zartempfindender Mensch kann sie gedichtet haben, und doch wirst du so kalt gelobt, so eiskalt, und fast von allen verkannt, oder wegen eines Witzes geliebt den du solchen Menschen nur aus Verachtung preiß giebst.

Gestern Abend wollte ich mit Nagels in der Schwalm baden, ich sagte ihnen, wenn aber der Clemens käme und mich gleich suchte, und mit euch im Wasser fände – da geriethen sie sehr in Schrecken, wenn es einmal so geschähe Clemens, wäre es recht schlimm, ich müßte entweder heraus und du kriegtest eine nasse Umarmung oder du müßtest zu mir ins Wasser; wer wäre wohl der schnellste? Ich habe letzthin mit der Friedrike gebadet, es ist gar zu schön im Fluß und in stiller Nacht bey Mondschein.

Donnerstag. Nach Tisch.
Heute früh kam kein Brief, da ging ich in schwüler Hitze nach Ziegenhayn um ihn eine Stunde früher zu bekommen, daß ich einen erhielte bezweifelte ich nicht, aber es ist keiner da, du hast nicht geschrieben. O Gott, liebst du so? Nichts könnte dich abhalten wenigstens zu schreiben da du nicht kommen willst, nur ich soll schreiben, du willst dich an meiner Sehnsucht ergötzen, ich soll sie aussprechen und dadurch vergrößern, aber ich werde nichts mehr sagen, ich bin böse, ist das Liebe, daß du mich nur quälst? O hätte ich dir nicht geschrieben wärst du noch in Sorge um meine Liebe, dann würdest du schreiben bitten, jetzt schweigt dein Herz – ich bin sehr böse und unmuthig, ich habe dich gar nicht lieb.

86. Achim von Arnim an Bettine Brentano
Heidelberg, 26. Juni 1808

Es steht übrigens alles blümerant zwischen Clemens und seiner Frau, Liebesbriefe, eigentliche, begegnen sich auf der Post, es ist mir sehr ängstlich dabei; ich fürchte, sie werden einander so viel Staub oder Puder zuwerfen, daß sie sich beim Wiedersehen garnicht wiedererkennen oder anfassen mögen. Er war fast entschlossen, als ich so lange ausblieb, sie zu besuchen; ich habe ihm sehr gerathen, sich mit ihr in Winkel zu begegnen, Ihr könnt dann den Onkel Moritz [Bethmann] bestellen: Umarmungen, es regnet Gold, daß alle Taschen platzen. Die Zicklein und die Eslein sind schon da zur Bewillkommnung des kommenden »Selim«. Ich kann die Geschichte nicht mehr ernsthaft nehmen, nehmen sie beide doch nur wie Schnupftabak davon, um zu niesen und daß ein andrer sage: Wohl bekomms, oder: Prost!

87. Bettine Brentano an Achim von Arnim
Frankfurt am Main, Ende Juni 1808

In diesem Augenblick will ich nach Trages, um den Clemens dort zu sehen, komme aber wo möglich heute noch zurück. Nachdem Du fort warst, ist mir Dein Geheimniß noch von andern Seiten offenbart worden. Es sollte mir in mancher Hinsicht leid sein, wenn er es annähme. Der alte [Alexandre de] Flavigny [Augustes Stiefvater] hat immer so auf ihn geschimpft, und er kann sich gegen ihn nur erhalten, so lang er in keine Verbindlichkeit mit ihm kömmt; wenn er aber erst ein halbes Jahr seinen Wein getrunken hat, so wird das übel enden.

88. Joseph von Görres an Maria Christine de Lassaulx
Heidelberg, 3. Juli 1808

Brentano ist seit acht Tagen [23. 6.] von hier weg. Es hat sich doch allmälig wieder von hier aus eine Liebschaft mit seiner Frau angesponnen, und nun ist er hin um sich wahrscheinlich in den ersten Tagen wieder mit ihr herumzuprügeln, ich bin neugierig auf seine ersten Briefe. Da Savigny im Herbste nach Landshut geht will er gleich mitziehen.

89. Bettine Brentano an Achim von Arnim
Frankfurt am Main, 5. Juli 1808

Es war mir lieb, daß ich hierher gekommen war, um den etwas sonderbaren Verläumdungen von Augusten ein End zu machen. Diese hat vor etlichen Tagen an Bethmann geschrieben, daß Clemens nach Straßburg gereist sei, sie habe nicht Lust in einem Eck stecken zu bleiben, und würde daher nächster Tag in Frankfurt sein usw., mit tausend Liebesbezeugungen für ihren Oncle; Moriz will sie aber nicht und war deswegen sehr in Verlegenheit. Clemens ist unterdessen hier durch und hat bei dem Modehändler, der ihn allein hier gesehen hat, allerlei Putz, wahrscheinlich für Augusten, aufgepackt. Es ist ganz wahrscheinlich, daß sie es nicht vierzehn Tage miteinander aushalten werden. Ich habe auf dem Trages auch den Sohn des Pfarrers [Mannel aus Allendorf] gesehen, bei dem sie ist, er war mit Christian [Brentano] einen Tag dort, der sagt, daß sie sich ganz wohl dort befinde, aber noch lange nicht genug von Clemens getrennt sei.

90. Achim von Arnim an Bettine Brentano
Heidelberg, Juli 1808

Ich habe seit lange keinen Brief von Dir, ich habe inzwischen zweimal geschrieben, auch von Clemens weiß ich kein Wort; bald meine ich, er ist bei Dir, dann wieder, daß er in Cassel den Staat organisiren hilft, damit seine Frau keine Stimme bekömmt. Deine Nachricht von ihrem Briefe an Moriz war sehr überraschend, denn einmal hatte ich ihm den Spaß mit der Straßburger Reise oft widerrathen, weil er für beider Verhältniß ganz unziemend ihr späterhin Mißtrauen gegen alles, was er sagte, geben mußte, und am Ende der Buchdruckergesell Treviranus, der mit seiner Afrikanischen Reise alle gelehrte Gesellschaften anführte, viel mehr leistete; zweitens aber ist es ein wunderbarer Abstich zu der ungeheuren Ergebenheit, die sie ihm in ihren Briefen log. Der glühende Sommer mag sie zusammenschmelzen, sonst seh ich keine Hoffnung.

91. Christian von Stramberg, Rheinischer Antiquarius (1845)
[Späterer Bericht vom Hörensagen]

Viel Böses hat man von beiden Seiten sich zugemuthet und angethan, aber vor allen andern Erfindungen eines vielleicht durch Vernachlässigung gereizten Weibes, lernte der Ehemann die eine fürchten. Wenn er, von des Tages Hader ermüdet, der nächtlichen Ruhe zu pflegen gedachte, dann tönte, dumpf und doch betäubend, die Reveille in seine Ohren. Mit den Füßen an der Bettstatt die Trommel zu schlagen, besaß seine Hälfte die bewundernswürdigste Virtuosität, und dem Wirbel folgte regelmäßig, verletzender noch den Gehörnerven, ein lang anhaltendes Pizzicato, mit den Nägeln der Zehen an den Bettüchern ausgeführt. Der Höllenmusik erlag des Mannes Standhaftigkeit, er lief davon, ohne seiner Vermählung erstes Jahrgedächtniß gefeiert zu haben.

92. Bettine Brentano an Achim von Arnim
Schlangenbad, Ende Juli 1808

Von Clemens weiß hier auch niemand was, in Frankfurt behaupten sie für sicher, daß er nicht bei Augusten ist, Moriz soll erst vor zwei Tagen Briefe von ihr erhalten haben, worin sie sich sehr beklagt daß er nicht bei ihr ist, das seltsamste aber ist daß Jordis ihr den Vorschlag gemacht hat, sie nach Caßel zu nehmen wenn sie kein Vergnügen an ihrem jetzigen Aufenthalt habe, ich glaube dieß hat er gethan um die Lulu zu ärgern Auguste aber die ihn nicht leiden kann hat es ihm abgeschlagen und gesagt sie dürfte nicht gegen den Willen ihres Mannes.

93. Bettine Brentano an Achim von Arnim
Schlangenbad, Juli 1808

Soeben hat Lulu Briefe von Jordis bekommen, daß Clemens schon zwei Tage bei Grimms in Cassel ist, also nicht bei Auguste; was das zu bedeuten hat, weiß ich nicht, mir scheint die Geschichte wie von jeher sehr langweilig fortzufahren.

94. Bettine Brentano an Achim von Arnim
Schlangenbad, Ende Juli 1808

Gestern ist Christian [Brentano] hier durch gekommen, er geht nach Wien; er erzählte, daß der Pfarrer Mannel sehr viel von den schlechten Scenen zwischen Auguste und Clemens habe leiden müssen, er habe sich gleich nach zwei Tagen von ihr getrennt und sei im Unmuth nach Cassel gegangen. Christian glaubt nun selbst nicht mehr, daß je was daraus werden könne.

95. Clemens Brentano an Friedrich Karl von Savigny
Allendorf, 5. August 1808

Niemand muß mehr einen guten Erfolg [des Planes, nach Landshut zu gehen] wünschen als ich, da ich bei den mannigfaltigen Bedürfnissen meiner Frau und der gewiß nie zu erwartenden gründlichen Zufriedenheit mit ihr nie eines durch Sparsamkeit und Einigkeit gesicherten ruhigen Einkommens mit ihr genießen werde. Ich überlasse mich in allem Ihren eignen Hoffnungen und versichere Sie, daß ich in Ihrer Gesellschaft und Freundschaft lieber verlieren möchte als ohne dieselbe mich wohlbefinden. Die bisarre Spannung und Gêne, in welche ich durch mein Unglück mit den Meinigen gekommen bin, tötet einen großen Teil meiner Lebensfreude und macht mir dadurch jeden kleinen Beweis von Zusammenhang mit Ihnen desto rührender. Während Ihr alle gesellig in Freude lebt, bin ich in stetem ekelhaftem Kampfe mit dem Bösen und fühle meine Muse ersterben. Ich habe es mit dem elendesten Menschen, der verkehrter und dümmer als Auguste selbst ist, mit Bethmann zu tun, der mich mit Schimpfnamen überhäuft, während meine Geschwister mit ihm essen und trinken.

96. Auguste Bußmann an Clemens Brentano
Allendorf, 17. August 1808

Mittwoch früh.
Ich würde dich nicht so bald an mich erinnern wenn mir es nicht durchaus nothwendig wäre. Es geschieht um dich zu bitten daß du mir doch ja gleich das italienische Buch schickst, damit ich eine Beschäftigung bekomme die mich feßelt weil sie dir angenehm ist. Die Zeit liegt bleiern auf mir ich habe einen Ekel vor allem. Ich versuche jede Beschäftigung, und verlasse sie gleich – vor ein paar Tagen wünschte ich Gäste weil mich eine lebhaftere Unterhaltung vielleicht feßelte, nun sind viele hier, aber sie zerstreuen mich nicht. Das einzige wornach ich manchmal ein Verlangen fühle ist Singen, aber es ist mir nicht gut ich muß gleich weinen.

Schick mir auch folgende Bücher, du mußt es aber ja nicht vergessen.

Tod eines Engels von Jean Paul

Die Juni und Juli Hefte vom Einsiedler

Versuch einer Theorie über elektrische Erscheinungen von Arnim – du mußt mich darüber nicht auslachen – ich habe alles vergeßen was ich von Naturlehre wußte, und hoffe in diesem Buch größere Aufschlüsse über Elektricität zu finden als ich je erhielt. – Dann sehe in deinen Büchern nach ob du nicht Barrows Reise [*Travels in China* (1804, deutsch 1804/05), oder *Travels in the interior of South Africa* (1801/03, deutsch 1801/06)] mitgenommen hast, sie fehlt hier, und du weißt sie gehört dem Fenner. Der Heinrich [Mannel] hat vorgestern für sich und seinen Bruder George freygezogen [sich durch das Los vom Milltärdienst befreit].

Abends.
Lebewohl und schick mir gleich die Bücher, meine ganze Seele hängt daran ob es vielleicht auch eine Zeit den Unmuth von mir scheucht.

Auguste.

97. Clemens Brentano an Friedrich Karl von Savigny
Heidelberg, 18. August 1808

Daß ich nach Landshut ziehen will, ist durchaus nötig; denn ich muß an Ihnen einen Zeugen haben für meinen verzweifelten Zustand. Auguste ist eine Epilepsie, die ich habe und die mich plötzlich mitten in jedem gültigen und gleichgültigen Zustande des täglichen Lebens niederwirft. Ich hoffe nichts für sie und von ihr, sie meint es gut, aber sie taugt nichts durch und durch, die Kinder solcher Familien sind geboren wie Maden aus verdorbenem Konfekt und das wird nie anders werden. Ich möchte und muß nun über mein ganzes Verhältnis mit jener Familie mit Ihnen sprechen und meine höchst verwirrten Umstände vor meinem eignen immer mehr sterbendem Herzen zu rechtfertigen und zu ordnen suchen. Diese Unklarheit ist mir tödlich, ich werde auch alt und der leichte Trost wird schwer. Vor allem möchte ich wissen, ob Auguste einiges Vermögen eigen besitzt, damit ich ihr entweder erlauben kann nach dessen Maßstab zu leben oder sie mit Ernst dahin einschränke mich nicht an den Bettelstab zu bringen.

98. Auguste Bußmann an Clemens Brentano
Frankfurt am Main, 21. August 1808 [?]

Sonntag Abend.
Lieber Clemens!
Ich habe dir so viel zu sagen, und liegt mir so am Herzen daß mir schwer anzufangen wird. Mir ist ganz seelig zu Muthe über die viele Liebe die mir hier bewiesen wird, so unerwartet, endlich ist wieder einmal ein wohlthätiges Gefühl in mein Herz gekommen. Die trübe Aussicht in die Zukunft ist verschwunden – wenn du willst Lieber. Flavigny empfing mich freundlich, aber wies mir doch eine gewisse Entfernung an, die ich nun natürlich gegen ihn beobachtete. Er sprach mit mir

sehr gütig über alle meine Verhältniße. Meine Mutter ist tief gekränkt und was er für mich thut, geschieht aus eigenem Antrieb und gewissermaßen ohne ihren Willen, besonders wenn wir nach Landshut ziehen wovon sie gar nichts hören will. Flavigny gab mir großes Unrecht gegen dich und läßt dir so Gerechtigkeit widerfahren wie du nimmer mehr glaubst. Von alle den Spottreden die man dir hinterbracht hat ist keines wahr. Mein Onkel kam auch und war mir recht freundlich. Dann aßen wir zu Nacht, Flavigny behandelte mich immer noch – nicht hart – nur gerecht, nur manchmal richtete er mich durch ein herzliches Wort wieder auf wenn ich vor Scham und Reue verging. Nun kamen wir herauf sein Zimmer ist neben meinem, und wie er mir Gute Nacht sagte, nahm er mich plötzlich heftig in die Arme, weinte lange ganz still, und sagte dann ich verdiente nicht die viele Liebe, die er noch für mich hätte, er hätte sich stets vorgenommen gehabt mir sie nicht zu äußern, aber mein Zustand bräche ihm das Herz, und er gestehe mir daß er mich von ganzer Seele liebe und bedaure, und alles thun werde was ich zu meinem Glück verlangen könnte. Er nannte mich sein Kind wieder und verlangte selbst daß ich wieder ganz herzlich mit ihm würde. Das Andenken an diese Stunde wo er mir so eine schöne väterliche unverdiente Liebe in den wahrsten Ausdrücken bewies wird mir unvergeßlich seyn; O Clemens, ich habe mich schwer an ihm versündigt! – Und nun sein Wunsch und mein Wunsch. Du sollst herkommen er empfängt dich durchaus freundlich, und du wirst erstaunen zu sehen wie liebreich er mit mir ist, als wenn gar nichts vorgefallen wäre. Du bleibst etwa 3 Wochen hier damit jedermann weiß daß wir ganz versöhnt sind, und wir überall gesehen werden. *Dann hast du völlige Freyheit nach Landshut wohin du willst zu reisen.* Du kommst wieder zu mir, oder nimmst mich nach ein paar Monaten wohin du willst, nur daß ich wieder hier ganz aufgenommen bin. Moriz wird uns wenn es bestimmt ist sehr gut empfangen dieser giebt *mir* durchaus Unrecht, und findet selbst, daß die vielen Zerstreuungen in seinem Hause zu meinem jetzigen Leben nicht passen; wir werden also nur so viel zu ihm gehen als es anfangs schicklich, und uns angenehm seyn wird. Wie großmüthig aber mein Vater und Onkel sich gegen mich betragen haben will ich dir mündlich sagen, Flavigny versprach mir auch, daß wenn ich hier lebte er uns gern mehr geben wollte wenn wir es grade brauchten. Ach seine Gesinnungen sind so uneigennützig – Clemens ich fühle mich durchaus unwürdig. Nun lieber, lieber Mann ist in deinem Herzen nicht so viel Liebe für mich daß du 3 Wochen hier zubringen willst, um mich auf mein ganzes Leben glücklich zu machen? Denn das werde ich seyn in der Liebe meiner Verwandten, in der Verzeihung meiner Mutter, und in dem schönen Umgang mit deiner Familie, von deren aller Herzlichkeit ich noch ganz entzückt bin. Du weißt, wie sehr meine Einsamkeit in Cassel uns verstimmte, du selbst hast mir ja so sehr einen guten Umgang gewünscht. Und fühlst du Clemens was das heißt Einsamkeit von mir zu verlangen? Ich will dir zu gefallen leben, ich will dir immer heiter erscheinen, aber der Schmerz in meinem Herzen gewinnt zu viel Gewalt über mich wenn ich allein bin ich kann ihn nicht unterdrücken, er macht mich sehr reizbar, und so entzweyen wir uns. Aber wenn ich nun traurig bin gehe ich zu deinen Schwestern zur Nanette, und das Gefühl geliebt zu werden bringt mich dir beruhigt zurück. Ich schwöre dir heilig es ist eine große Veränderung in meinem Herzen vorgegangen, ich habe mich endlich in das Nothwendige gefunden, ich bin dir ganz ergeben. Aber wie läßt sich das Herz ganz unterdrücken? Bin ich einsam so werde ich mich oft unaussprechlich elend fühlen, und wie kannst du selbst glücklich mit einer Frau leben, deren ganze Heiterkeit und Zufriedenheit mit dir nur Anstrengung wäre! Und Clemens ist denn dieser Vorschlag unangenehm für dich? du kehrst mit Liebe in deine Familie zurück, von der du mir oft vorwarfst daß ich dich trennte, meine Verwandten, die doch einen bestimmten und entschiedenen Charakter von dir haben, ehren dich wollen alles thun

dich glücklich zu machen damit du mich glücklich machst, und thust dus so bist du nur durch ihre Dankbarkeit an sie gekettet – du wirst durchaus unabhängig von ihnen seyn. Unsere sehr verbesserten Vermögensumstände setzen dich in den Stand öfter zu reisen, und hier selbst wirst du doch oft Menschen finden die dich intereßiren. Sie finden alle daß ich dir unbedingten Gehorsam schuldig bin, und werden dich nie über mich quälen. Du wirst auch in der Stadt mehr geehrt als du es je warst, – ist nun irgend ein Grund, der dich abhalten kann? – Clemens spreche nicht leichtsinnig dein Urtheil über mein künftiges Leben. Deinen Entschluß erwarte ich mit Zittern – denn nie nie bietet sich mir wieder eine solche Aussicht dar. Flavigny wird mich die Verwerfung seiner Güte nicht entgelten lassen denn er sagt selbst, ich müßte dir gehorchen, aber er betrachtet mich dann von dem Augenblick an als eine dem Elend gelieferte, die nicht mehr zu retten ist. – Entscheide jetzt – willst du nicht so komme ich Dienstag früh nach Trages und spreche dir nie wieder davon – Das mußt du aber auch thun – und ich will in Landshut leben wie du willst – du sollst mit mir zufrieden seyn oder doch gestehn, daß ich thue was ich kann. – Ach Clemens, willst du mich denn aber auf immer unglücklich machen. Wenn ich denke, daß ich in diesem Brief zum letztenmahl um Glückseligkeit, bitte, und daß sie mir kann abgeschlagen werden kann ich nicht enden. Clemens – dies Jahr war hart – meine Jugend ist hin, laß mich noch Zufriedenheit finden. Bedenke es wohl darum bittet dich mit heißen Thränen die Frau, die so heilig auf deine Liebe traute!
               Auguste.

99. Auguste Bußmann an Clemens Brentano
Allendorf, 27./28. August 1808

Mein Lieber ich glaubte schon ganz ruhig zu seyn, da jagte dein Brief noch eine heiße Glut auf meine Wangen und ich ward toll lustig nachher ohne zu wissen warum, wohl aus innerer Freude! Aber schon bin ich ruhig und du sollst mich nicht mehr wankend machen. Als ich dich mit einem Herzen voll unaussprechlicher wiedergekehrter Liebe erwartete, da dachte ich nicht an eine Möglichkeit von Uneinigkeit zwischen uns denn deine Briefe waren ja auch so lauter Liebe! Aber jeden Augenblick fast hast du mich tief gekränkt, und in deinen besten Stunden machtest du jene Kränkungen gut blos um mich aufs neue empfindlicher zu reitzen. Man stirbt nicht von solchen Schmerzen, sonst wollt ich mich ihnen hingeben. So strebe ich mich gegen sie zu bewaffnen. Indem ich jede Kränkung Vernachläßigung und Demüthigung von dir erwarte, empfinde ich den halben Schmerz voraus, und das Überraschende ist ihnen benommen. Ich weiß nun daß ich keine Hoffnung auf deine Liebe habe, daß du mir noch alle Qualen anthun wirst die ein Mensch einem der ihn liebt thun kann – nun es ist so, es ist mein Schiksal, ich weiß es jetzt, und will es tragen. Du wirst mich verwunden bis ich nicht mehr verwundbar bin, und dahin muß es kommen – ich wundere mich daß es noch nicht so ist. Ich mache keinen Anspruch mehr auf dich eine Bitte noch liegt mir am Herzen und du kannst mir sie leicht bewilligen. Spreche mir nicht mehr von deiner Liebe, du wolltest mich manchmal davon überzeugen, thue es nicht mehr, du weißt nicht was es ist wenn ich mich der Täuschung herzlich hingebe und zum tausendstenmal elend daraus erwache – o um Gotteswillen versuch es nicht mehr, es könnte dir vielleicht gelingen. Laß mich ruhig sey mir gut wie allen Menschen und – – es muß gehn. Es ist mir jetzt so wohl als einem verstoßenen Engel. Die Hölle bleibt mir zum Genuß und der Anblick des Himmels. Beten soll ich? Das kann ich jetzt nicht.

Das Kreuz drücke ich wohl in schlaflosen Nächten an meine Brust und spreche zu unserm Erlöser: o erlöse mich. Anders kann ich nicht, Gott weiß mein Elend. Als ich von Mengsberg kam wollt ich mich zwingen lustig zu seyn – es ging so – aber da las ich Abends im Werther und alle meine verhaltnen Schmerzen brachen los – ich weinte mich satt, und seitdem oft wieder dann ist mir besser. Deine Briefe nahm ich einmal vor – Gott weiß warum es war dumm, aber sie schadeten mir nicht – ich legte sie weg als gutgemeynte Lügen ich konnte sie wirklich nicht lesen – sie entweyhen die Wahrheit.

Am 21ten da es ein Jahr war daß wir uns verheyratheten fuhren mir alle Erinnerungen wie Messer ins Herz ich vergoß so viele Thränen daß ich den Abend ganz blind war, nachts hatte ich Fieber und war ein paar Tage krank – Mein Leben ist jetzt gar traurig – ich arbeite immer und da niemand hier ist der mir wohl thäte fast immer allein, die Christiane hat so wenig Zeit! Eine Beschäftigung war mir die Tage her angenehm, die Übersetzung der zwey altschottischen Romanzen die ich dir hier bey deinen Geburtstagsgeschenken mitschike. Es ist gar ungeschikt, aber ich weiß daß du darin nachsichtig bist, und in der schlechten Übersetzung wirst du doch die rührende Schönheit der beyden Lieder sehen. Die Lieder sind noch einfältiger und noch reicher an herzlichen Zügen als unsre alten Lieder. Z. B. daß Moriz [Morris] singt, und seine Schönheit geschildert wird, wie der Baron schon ausgeritten ist um ihn zu tödten. Ich finde auch so hübsch, und hab es noch nirgend gelesen, wie der Bote vom Pferde springt und läuft wenn er auf frisches Gras kommt. Edom von Gordon ist mein Lieblingslied, mich dünkt man sehe die ganze Geschichte. Die herrliche Frau ist in allem geschildert, so lieb und groß! – Die Devise auf dem Beutel wählte ich gleich als ich herkam ach sie wird immer passend seyn: *Du hast mich verlassen o Liebster mein muß dennoch ewig dein eigen seyn!* – Wenn dir nur Beutel und Weste gefallen, ich bin so glücklich wenn ich dir eine kleine Freude machen kann! Es thut mir gar leid daß du mit deinen Geschwistern und Arnim die Rheinreise nicht machen konntest – die Glücklichen sagst du? ach vor dir liegt die Welt ja offen, *du* darfst niemand beneiden!

Sonntag früh.
Den Beutel erhälst du nicht mit, der Quastenmacher hat mir ihn in Kassel noch behalten – aber durch die nächste Post. Wenn du auch Barrows Reise unter deinen Büchern nicht finden kannst mußt du mir sie doch neu schicken, den zweyten Band ich muß ihn Fenner wiedergeben können. Nun leb wohl lieber und sey fröhlicher den Herbst am schönen Rhein als ich es hier seyn kann in dem trüben kalten Land! –

Deine Auguste.

100. Joseph von Görres an Maria Christine de Lassaulx
Heidelberg, 28. August 1808

Wegen Landshut habe ich keine solche Sicherheit, daß ich die Reise darauf unternehmen könnte. Man schreibt mir zwar von dort her immer noch feurige Briefe; allein ich kann nicht wissen, wie breit die Basis ist, auf der alles ruht. Brentano bietet alles auf mich hinzubewegen, aber mit meinen breiten Rädern und meiner starken Ladung will es sich nicht wohl thun lassen. Brentano ist jetzt bei Savigny und weiß selbst auch nicht so recht eigentlich, was er mit seiner Eheliebsten und sich selbst soll, er scheut die großen Kosten und fürchtet sich vor dem Festsetzen in Landshut.

101. Achim von Arnim an Bettine Brentano
Heidelberg, 28. August 1808

Clemens hat nach Ansicht eines Merianschen Kupferstichs von Landshut keine Lust dahin, wenigstens ist er sehr zweifelhaft; Hin- und Rückreisen mit Sack und Pack, die Frau ungerechnet, würde ihm vielleicht tausend Gulden kosten, und die braucht jetzt für acht Thaler Haarwickeln, ißt nichts als Quetschenkuchen, geht im Hemde umher. Das ist der ausgepreßte

Saft aus sehr faserigen, verwickelten Historien; Gott weiß, daß mir Clemens dabei sehr leid thut, aber wo Hülfe als in ihm?

102. Clemens Brentano an Achim von Arnim
Trages, 28. August 1808

Morgen früh reise ich zu Augusten, um in der Eile diese mobil zu machen und den 8ten von hier mit Savigny zugleich nach Landshut zu reisen, welches mir von dem größten Vortheil ist, denn so bring ich mein Hauskreuz leichter fort.

103. Bettine Brentano an Achim von Arnim
Frankfurt am Main, 29. August 1808

Gestern war ich in Trages, hab da den Clemens geholt, welcher von hier nach Allendorf gereist ist, um da seine Frau zu holen. Er will von Flavignys Vorschlage [mit Auguste nach Frankfurt zu ziehen] nichts wissen und hat auch sehr recht, denn es ist sein Brief so merkwürdig grob geschrieben, daß er gleichsam die Annahme der Anbietung verbietet.

104. Wilhelm an Jacob Grimm
Allendorf, 10. September 1808

Um 7 Uhr kam Clemens herüber, der jetzt erst mein Dasein erfahren, recht erfreut darum. [...] Sein Verhältnis zur Auguste war wieder so arg wie immer, und selbst im Ansehen höchst widerlich. Es ist so traurig, daß er zu Grund gehen muß, denn er war oft bleich und kaum brach sein Scherz noch durch, so voll innerlicher Angst war sein Gemüt, und er nicht den Mut hat, durchzugreifen. Er sprach zwar, wie immer, daß es nun nicht lang mehr dauern könne, er wird's aber nie zu End bringen. So oft sie sich als bloß elend zeigt, was sie wirklich ist, regt sich ohne Ermüdung ein großes Mitleid bei ihm, welches er mit allem Schein einer tiefen Liebe auf sie gießt, daß nun alles von neuem anfängt, ihr Stolz, ihre Prätensionen und seine Verachtung. Glaubst Du wohl, daß er von Heidelberg aus ihr die zärtlichsten Liebesbriefe völlig ernsthaft gemeint an sie geschrieben hat? – Mit mir hat sie kaum drei oder vier Worte gesprochen, gegen die Leute hier, die sie mit beispielloser Geduld und Güte behandeln, ist sie auf gleiche Weise freundlich, artig, grob, frech und höchst undankbar gewesen, mit was sie sich gerade angefüllt hatte. – So ist sie abgegangen, und als er sich auf den Wagen setzen wollte und sie auch wieder dabei war, ist mir der Mann eingefallen, der sein Haus umsonst verbrennt hat, denn der Kobold setzte sich auch auf den Wagen mit ihm auf.

105. Bettine Brentano an Achim von Arnim
Neumarkt, 20. September 1808

Auguste und ich fahren immer noch in einem Wagen; sie hat bis jetzt noch nicht einen Moment Unart gezeigt, allein er [Clemens] hängt ihrem Wagen Gewichtssteine an, ich [fürchte] sehr, er versündigt sich an ihr, selbst gegen mich ist er zuweilen sehr [ungezogen, weswegen ich] auch nicht wagte, einen Tag allein mit ihm in Nürnberg zu bleiben, da er sich weder vor Koch noch Keller enthaltet, seiner bösen Laune und unartigem Witz freien Lauf zu lassen.

106. Bettine Brentano an Achim von Arnim
Regensburg, 21. September 1808

Clemens und Auguste sind ins Theater, um das lustige Beilager, eine Oper, aufführen zu sehen. [...] Clemens, da er sah, daß ich Dir unterwegs schrieb, wollte mich versichern, daß Du Dich oft über die Menge meiner Briefe bei ihm beklagt hättest; obschon ich ihm keinen Glauben beimaß, hat es mich doch verdrossen. Auch das hat mich verdrossen, daß Du Augusten einen Kuß auf ihren Mund beim Abschied gabst, der schon so oft ist geküßt worden, obschon ich ihr wieder auf einer andern Seite bei ihrer unglücklichen Lage diesen Trost gönne. Sie ist höchst sonderbar; unterwegs erzählte sie mir ununterbrochen und unaufgefordert ihre ganze Geschichte mit Clemens. Im übrigen war sie äußerst sanftmüthig und ordentlich gegen Clemens, so daß er auch nicht im geringsten über sie klagen könnte.

107. Bettine Brentano an Achim von Arnim
Regensburg, 25. September 1808

Mit Clemens und Auguste geht es einen harten Gang, er ist wirklich im ganzen Sinn des Worts fertig mit ihr geworden, das heißt sie intereßiert ihn in keiner Hinsicht mehr. Sie dreht und wendet sich in Hochmuthsgrillen und Herablaßung, so wolte sie nicht mit uns gehen, wenn wir irgend eine Merkwürdigkeit der Stadt besahen, und ging lieber mit einer Magd alleine hin, um nicht unsern Grobheiten ausgesezt zu seyn.

108. Bettine Brentano an Achim von Arnim
München, 29. September 1808

Die Gegend von Landshut ist so angenehm, lieber Arnim, daß ich nicht glaub, Dir abrathen zu dürfen, obschon manches andre Dir vielleicht nicht behagen würde. Die Straßen sind breit, am Ende sticht der Schloßberg mit großen Bäumen sehr schön hervor. Savignys Wohnung hat zwar nicht sehr viel Annehmlichkeiten, besonders ist sie nicht heimlich durch die vielen Thüren; ich aber werde in meinen zwei Zimmern alle übrige Thüren zumachen mit Tapeten. Dein Zimmer hat Gunda [Savignys Frau] schon bestimmt, Clemens bekömmt eine viel schönere Wohnung mit ungemein lieblicher Aussicht auf die Isar. Er war im Anfang so traurig und muthlos, daß er gleich wieder fortwollte und sogar weinte; ich hab ihn aus allen Kräften getröstet, er findets auch jetzt schon viel besser und wirds bald herrlich finden.

109. Auguste Bußmann an Clemens Brentano
Landshut, Herbst 1808 [?]

Freytag Morgen
Hier ist der Haselbrunnen meine Lieblings Quelle auf der Landsburg, ich habe es letzthin für dich gekritzelt. Heute hätte ich nicht die Geduld dazu, es treibt mich fort, ich kann an keinem Ort bleiben, ich gehe jetzt spazieren und werde den ganzen Tag ausbleiben.

O du abscheulicher garstiger böser hassenswerther gehaßter geliebter Clemens Clemens warum thust du mir solche Qual an? Ich küsse dich heute nicht, ich schlage dich, ich beiße dich, ich kraze dich, ich drücke dich tod aus Liebe wenn du kommst. – –

[Zeichnung auf der Rückseite des Billets.]

110. Clemens Brentano an Achim von Arnim
München, 10. Oktober 1808

Ich möchte verzweifeln über mein verfluchtes Weib, das mir einen Jammerkübel über den andern übergießt. Wohin ich flüchten soll, weiß ich nicht. Ich glaube nicht, daß ich lange in diesem Lande existieren werde. Ich will fortlaufen, Gott weiß wohin. Alle Menschen um mich nehmen mein Elend so leicht; das bringt mich gar um. Ich lebe nur, um mich zu ekeln. Schreiben mag ich nicht mehr, denn was soll ich schreiben? immer, immer das elende schändliche Weib!

111. Bettine Brentano an Achim von Arnim
München, Ende Oktober 1808

Mit Clemens und Auguste geht es auf den schlimmsten Pfaden der kümmerlichsten Reise; sie sind in einer kalten Erbitterung gegen einander in Landshut, wie mir Savigny schreibt.

112. Clemens Brentano an Aléxandre de Flavigny [Entwurf]
Landshut, ohne Datum [12. November 1808?]

Avant tout il faut, que je vous prie, de ne prendre les fautes gramaticales de cette lettre pour des fautes d'Estime envers votre personne laquelle m'en a tant donné, que la confiance la plus sincere en est devenue le Resultat, je m'appuis donc sur l'interet, que vous m'avez paru prendre au Sort de la malheureuse Auguste, et au mien, autant qu'il est lié avec le sien, en vous tracant en quelques lignes la vie malheureuse, enuiante, et dure, qu'elle mene avec moi, et qu'elle menera toujours, comme toute sa nature est crée originairement contraire a la mienne, donc je suis convaincu par une experience journelle depuis les premiers semaines de mon mariage jusqu'aujourdhui, et je peux dire, jusqu'a toujours. Ce n'est qu'en cette conviction, que j'ai suivis Mr. de Savigny a Landshut, pour trouver dans sa Société le Repos, et quelque consolations pour le chagrin et le Depit, qu'ils sont les seuls amis de mon triste et malheureux menage. Je ne veux pas me plaindre d'Auguste, ce seroit lui prendre le seul Refuge, qu'elle pourroit trouver dans votre cœur paternelle et compatissant, je ne veux, que vous assurer, que je ne vois, que sa perte irreparable auprès de moi, autant plus, que je suis fermement resolu, d'employer tous les mojens de sauver moi meme, et la liberté de mon ame des peines et chagrins avilisantes des scenes basses et miserables sans fin, qui convoyient mes jours. Vous concevez bien, qu'un petit menage comme le mien, ne peut se mener heureusement, que secondé par amour et confiance mutuelle, mais ses deux anges tutelaires ont quitté ma porte pour toujours, et il ne me reste, que de me reserrer le plus strictement en moi meme, pour ne pas entrer en desesperation. Ma femme et moi, nous ne nous voyons donc plus qu'a table, et cela sont de bien tristes repas servis par le chagrin et la silence, il n'y a pas de Caprice en ce Silense de ma part, mais je sais, qu'il est mieux et plus honorable, de s'ignorer, que de se dire des Injures. Aupres de tout cela elle me fais grand Pitié, comme elle n'a pas le talent, de se faire aimer, ou de nourrir la complaissance, que les autres lui temoigne, en la rendant, ou la reconnaissant, elle est donc hors d'Etat de trouver de la consolation, ou du plaisir dans l'amitié et la Societé de ma famille, Savigny et mes sœurs, seule, triste, et malheureuse elle traine donc ses jours près de son Journaux et les Romans innombrables, avec lesquelles elle cherche vainement, de remplir la triste vuldité [?] de son cœur, ne tiendront bientot plus. Elle ne pourra jamais se retrouver, et se reconforter, que dans un genre de vie plus resplendissante, et qui donne plus dans la grande Societé, que le mien, qui suit un chemin tout contraire, a sa nature, qui ne sauroit exister, que dans la distraction du grand monde. Ce n'est pas la mediocrité de mon bien, qui m'empeche de lui donner ce genre de vie, non c'est ma nature elle meme, et si je serois le maitre de Millions, ma maniere de vivre ne se changerait pas, je ne puis vivre autrement. Je ne me plains donc pas d'elle, je ne me plains, que de son malheur, qui la forcé dans la societé d'un homme, au quel elle ne peut donner, que de malheur, et qui ne pourra jamais, que le lui rendre. Je ne veux nullement dire, quelle ne pourroit vivre très heureusement et meme de [se] faire aimer et estimer, dans un autre cercle, que celui, de moi et les miens, mais quant a moi, elle ne le pourra jamais, si donc, Monsieur, la grande Bonté et Loyauté, que vous m'avez forcé d'aimer et honoré en vous, estoit plus, qu'un Intéret, une pitié passagere, que vous avez bien voulu montrer aux malheurs de votre fille, je vous implore, de la tirer d'une liaison, qui ne peut donner et donne une perte continuelle a elle et moi, et du scandale au monde, je suis assurer, Monsieur, qu'il ne vous coute, a vous, qu'une bonne volonté, de nous separer, et qu'il coute a nous le bonheur de toute notre vie, de rester ensemble. Je ne vous adresserois pas ses prieres, si je ne senterois pas, que je ne pourrois plus tenir longtemps dans une vie si triste et abominable, et que, s'il ne se trouvera pas de Remede plus honnete, j'irai prendre la fuite, et courir le monde, plutot, que de m'indigner plus longtems en voulant l'Impossible, d'aimer ce qui me repugne. Vous me pardonéréz, si vous ne me voulez pas faire tort, ce chagrin, que je suis forcé, de vous faire, et prendrez bien les assurances les plus sinceres de mon Estime, et de mon Amour

Votre tres humble et tres obeissant serviteur
Clement Brentano

[Übersetzung. Zunächst bitte ich Sie, die grammatischen Fehler dieses Briefes nicht aufzufassen als Mangel an Achtung vor Ihrer Person, die mir deren soviel erwiesen hat, daß mir daraus das aufrichtigste Vertrauen in Sie erwachsen ist. Ich stütze mich daher auf die Teilnahme, die Sie mir am Los der unglücklichen Auguste und an dem meinen, sofern es mit dem ihrigen verbunden ist, an den Tag zu legen schienen, indem ich in einigen Zeilen das unglückliche, öde und harte Leben andeute, das sie mit mir führt und das sie fortwährend führen wird, da ihr ganzes Naturell von Anfang an dem meinen konträr geschaffen ist, wovon ich mich durch tägliche Erfahrung von den ersten Wochen unserer Ehe an bis heute überzeugt habe, und ich kann sagen, daß es immer so bleiben wird. Nur aus dieser Überzeugung heraus bin ich Herrn Savigny nach Landshut nachgefolgt, um in seiner Gegenwart Ruhe und einigen Trost über den Kummer und den Verdruß zu finden, die die einzigen Begleiter meiner traurigen und unglücklichen Ehe sind. Ich will mich über Auguste nicht beklagen, das hieße ihr die einzige Zuflucht nehmen, die sie an Ihrem väterlichen und teilnehmenden Herzen finden kann; ich möchte Ihnen nur versichern, daß ich, wenn sie bei mir bleibt, nur ihr endgültiges Verderben voraussehe, um so mehr, da ich fest entschlossen bin, alle Mittel zu ergreifen, um mich selbst und die Freiheit meiner Seele vor den Qualen und dem erniedrigenden Kummer, den endlosen vulgären und elenden Szenen zu bewahren, die meine Tage begleiten. Sie begreifen wohl, daß ein kleiner Haushalt wie der meinige nur glücklich bestehen kann, wenn ihm Liebe und gegenseitiges Vertrauen zu Hilfe kommen, aber diese beiden Schutzengel haben meine Pforte für immer verlassen, und es bleibt mir nur übrig, mich gänzlich in mich selbst zu verschließen, um nicht der Verzweiflung anheimzufallen. Infolgedessen sehen wir, meine Frau und ich, uns nur noch bei Tisch, und es sind recht traurige Mahlzeiten, die uns der Gram und das Schweigen auftragen. Es ist keine böse Laune, die mich zu diesem Schweigen veranlaßt; ich weiß nur, daß es besser und ehrenhafter ist, sich zu ignorieren, als sich Beleidigungen an den Kopf zu werfen.

Bei alledem empfinde ich großes Mitleid für sie, da sie nicht die Gabe hat, Liebe zu erwecken oder die Freundlichkeit, die andere ihr entgegenbringen, zu nähren, indem sie sie erwidert oder wenigstens anerkennt; sie ist somit außerstande, Trost oder Vergnügen in der Freundschaft und der Geselligkeit meiner Familie, bei Savigny und meinen Schwestern, zu finden. Einsam, traurig und unglücklich bringt sie ihre Tage mit der Lektüre von Zeitungen und unzähligen Romanen hin und versucht damit vergeblich die Leere ihres Herzens auszufüllen. Lange kann das nicht so weitergehen. Nie wird sie zu sich selbst finden und sich trösten können, es sei denn in Lebensumständen, die glänzender wären und mehr in die große Welt schlügen als die meinigen; der Lebensweg, dem ich folge, ist ihrer Natur ganz entgegengesetzt, die nur in den Zerstreuungen der Gesellschaft existieren kann. Nicht die Beschränktheit meiner Mittel ist es, was mich hindert, ihr ein solches Leben zu bieten, sondern meine Natur selbst; könnte ich auch über Millionen verfügen, so würde das an meiner Lebensweise nichts ändern; ich kann nicht anders leben. Ich beklage mich also nicht über sie, ich beklage ihr Unglück, das ihr den Umgang mit einem Mann aufgezwungen hat, dem sie nur Unglück bringen und der ihr nur Gleiches mit Gleichem vergelten kann. Ich möchte keineswegs bestreiten, daß sie in einem andern Kreis von Menschen als bei mir und meiner Umgebung recht glücklich leben und sich sogar Liebe und Achtung erwerben könnte, doch was mich betrifft, so ist das für immer ausgeschlossen. Wenn also die große Güte und Treue, die Sie, mein Herr, Ihrer Tochter bezeugt haben und die ich in Ihnen ehren und lieben muß, mehr war als bloße Teilnahme und flüchtiges Mitleid für ihre unglücklichen Umstände, so flehe ich Sie an, sie aus einer Verbindung zu lösen, die ihr und mir nur ewiges Verderben bringt und auch in Zukunft bringen würde, und die außerdem öffentlichen Skandal erregen kann. Ich bin gewiß, mein Herr, daß es Sie nur etwas guten Willen kosten wird, unsere Trennung herbeizuführen, während für uns, wenn wir beieinander bleiben, das Glück unseres ganzen Lebens auf dem Spiele steht. Ich würde diese Bitte nicht an Sie richten, wenn ich nicht fühlte, daß ich ein so trauriges und abscheuliches Dasein nicht länger ertragen kann, und daß ich, wenn sich kein ehrenvollerer Ausweg findet, lieber die Flucht ergreifen und in der Welt umherirren werde, als mich länger zu demütigen, indem ich das Unmögliche versuche: zu lieben, was mich abstößt. Wenn Sie gerecht urteilen, werden Sie mir den Kummer verzeihen, den ich genötigt bin Ihnen zu verursachen, und die aufrichtigste Versicherung meiner Achtung und meiner Liebe entgegennehmen.

      Ihr sehr ergebener und gehorsamer Diener
          Clement Brentano]

113. Aléxandre de Flavigny an Clement Brentano
Paris, 23. November 1808

J'ai reçu votre lettre du 12 Monsieur; son contenu ne m'a point étonné, il y a longtemps que je sais qu'il est presqu'impossible que votre femme et vous puissiez vivre ensemble. Aux yeux de tout être pensant, elle est moins blamable que vous de la sottise qu'elle a faite parcequ'elle étoit fort jeune, tandis que votre âge et votre experience vous otent toute excuse. Vous en êtes cruellement puni, mais vous l'avez voulu.

Je suis fort éloigné de m'opposer a votre séparation légale, bien persuadé qu'il faudra tot ou tard que vous en veniez la, mais je ne vois comment vous pourrez l'effectuer. Je ne crois pas qu'il y ait au monde un tribunal qui puisse prononcer cette séparation, aprés une seule année d'épreuves et a votre âge. De quel front oseriez vous presenter a vos juges une Requête ayant pour base: Il y a environ un an que la violence de notre amour nous a forcé a nous mettre au dessus de toutes les loix et de toutes les convenances et maintenant nous venons plaider en séparation. Une pareille requête auroit l'air d'une dérision, et ne seroit pas écoutée.

Il ne vous reste rien autre chose a faire, selon moi, que de prendre tous les moyens de bien vivre avec votre femme et si absolument vous n'en pouvez pas venir a bout de chercher soit une maison particulière soit un établissement quelconque ou elle puisse vivre honnêtement et décemment avec la pension que sa mère lui fait. Lors qu'elle aura vecu un certain laps de tems de cette maniere et que vous aurez fait de nouveaux efforts infructueux pour vivre avec elle, vous aurez au moins une base raisonnable a présenter aux tribunaux qui peutêtre vous accorderont votre demande. C'est a vous a vous consulter, a connoter votre conduite avec votre femme, si c'est bien reellement votre intention de vous quitter, et ensuite a avoir recours aux gens de loi qui vous en indiqueront les moyens. Quant a moi vous sentez bien que je ne me mélerai pas de cette affaire. Je sentois parfaitement que votre femme ne vivroit pas a Landshut, et que la paix du ménage s'en ressentiroit, j'ai voulu vous établir a F[ranc]f[or]t ou elle auroit en plus de sujets de distraction. Vous vous y êtes refusé et j'ai du respecter vos motifs. Tout ce qui me reste a vous dire, c'est que Mme de Flavigny ne me paroit jusqu'a présent pas disposé de reprendre la fille chez elle et *qu'elle auroit tort d'y* co[nsentir.]

C'est a vous a faire bien vos réfléxions. Mais je vous invite fort a faire attention que l'on ne peut pas toujours aussi facilement qu'on se l'imagine se mettre au dessus des loix. Vous connaissez assez mes sentiments pour être persuadé que je ferai pour le bonheur de ma fille tout ce qui sera compatible avec la dignité du role que je remplis vis a vis d'elle, mais aussi que ma façon de voir particuliére ne me permet pas de me mêler le moins du monde de la separation avec vous. Bien des choses s'il vous plait a M. et Mme de Savigny.

Alex: de Flavigny

[Übersetzung. Mein Herr, ich habe Ihren Brief vom 12. November empfangen; sein Inhalt hat mich nicht überrascht; ich weiß seit langem, daß es fast unmöglich ist, daß Ihre Frau und Sie weiter zusammenleben können. In den Augen jedes denkenden Menschen ist sie für die Torheit, die sie begangen hat, weniger zu tadeln als Sie, da sie sehr jung ist, während Ihnen, angesichts Ihres Alters und Ihrer Erfahrung, jede Entschuldigung fehlt. Dafür sind Sie grausam bestraft worden, aber Sie haben es nicht anders gewollt.

Ich bin weit davon entfernt, mich Ihrer gesetzlichen Trennung in den Weg zu stellen, da ich davon überzeugt bin, daß es früher oder später dazu kommen muß, aber ich sehe nicht, wie Sie einen solchen Schritt unternehmen könnten. Ich glaube nicht, daß es auf der Welt ein Gericht gibt, das nach nur einjährigem Bestehen der Ehe und in Anbetracht Ihres Alters die Trennung aussprechen könnte. Wie wollen Sie es wagen, Ihren Richtern ein Begehren auf folgender Grundlage vorzulegen: Vor etwa einem Jahr hat uns die Heftigkeit unserer Leidenschaft gezwungen, uns über alle Gesetze und allen Anstand hinwegzusetzen, und jetzt bringen wir eine Klage auf Trennung vor. Ein solches Begehren wäre der reinste Hohn, und es würde kein Gehör finden.

Es bleibt Ihnen also meiner Ansicht nach nichts anderes übrig, als alles zu versuchen, um mit Ihrer Frau auszukommen, und wenn Ihnen das absolut nicht gelingt, einen Privathaushalt oder irgendeine Anstalt zu finden, wo sie in Ehre und Anstand von der Pension leben kann, die ihre Mutter ihr ausgesetzt hat. Wenn sie auf diese Weise ein paar Jahre zugebracht hat und Sie einen neuerlichen, erfolglosen Versuch unternommen haben, mit ihr zusammenzuleben, dann werden Sie den Gerichten wenigstens vernünftige Argumente vorzutragen haben, und man wird Ihrem Begehren vielleicht entsprechen. Es ist Ihre Sache, Erkundigungen einzuziehen und über Ihr Betragen Ihrer Frau gegenüber Rechenschaft abzulegen, wenn Sie wirklich die Absicht haben, sich zu trennen, und sich dann an die Juristen zu wenden, die Ihnen über die Rechtsmittel Auskunft geben können. Was mich betrifft, so begreifen Sie wohl, daß ich mich in diese Angelegenheit nicht einmischen werde. Ich war mir sicher, daß Ihre Frau nicht nach Landshut ziehen wollte, und daß Ihr Hausfrieden unter diesem Entschluß leiden würde; ich hätte es lieber gesehen, wenn Sie sich mit meiner Hilfe in Frankfurt niedergelassen hätten, wo sie außerdem mehr zu ihrer Zerstreuung gefunden hätte. Sie haben das abgelehnt, und ich mußte Ihre Beweggründe respektieren. Es bleibt mir nur übrig, Ihnen zu sagen, daß Mme de Flavigny bisher nicht gesonnen ist, ihre Tochter wieder bei sich aufzunehmen, und daß sie *Unrecht täte, einer solchen Lösung zuzustimmen.*

Nun ist es an Ihnen, Ihre Überlegungen anzustellen. Doch rate ich Ihnen dringend, zu bedenken, daß man sich nicht immer so leicht, wie man sich das vorstellen möchte, über die Gesetze hinwegsetzen kann. Sie kennen meine Gefühle gut genug, um überzeugt davon zu sein, daß ich für das Glück meiner Tochter alles tun werde, was die Würde der Rolle, die mir ihr gegenüber zukommt, erfordert, aber auch davon, daß meine Anschauungen es mir verbieten, mich auch nur im Geringsten in ihre Trennung von Ihnen einzumischen. Bestellen Sie bitte Herrn und Frau Savigny meine besten Grüße.

Alex: de Flavigny]

114. Bettine Brentano an Achim von Arnim
München, 3. Januar 1809

Seit vier Tagen hab ich Landshut verlassen, um hier noch singen zu lernen, alles hab ich wohl und vergnügt verlassen. Auguste, welche jetzt auf dem Fuß ist, den Clemens wiederzugewinnen, hat ihm den Abend vor Christtag ein sehr schönes Krippchen gekauft mit Felsen, Bergen und Wasserfällen: Palmbäume, alte Ruinen, Paläste und Hütten, Muschelgrotten, ungemein viele Figuren, die mit Gold, Perlen und Edelsteinen geschmückt sind, kurz alles was Du Dir denken kannst vom kleinsten bis zum größten; Du kannst Dir also vorstellen, wie sehr es ihm Freude macht. Die drei Wochen, welche ich dort zubrachte, waren recht angenehm, ich lernte alle Abend zum Zeitvertreib Spanisch mit Clemens. Er brachte in den letzten Tagen alle Abend eine von seinen Romanzen [den *Romanzen vom Rosenkranz*], die er ausgearbeitet hatte, und las sie nach dem Nachtessen vor, ein jeder sagte ihm denn seine Meinung; dies eiferte ihn an, daß, wenn es so fortgeht, sie gewiß bald fertig werden.

115. *Auguste Bußmann an Clemens Brentano*
Landshut, 8. Januar 1808

Du bist gekommen, du hast mir einen Strohm von Schlechtigkeiten gesagt auf die ich schwieg du hast mich mißhandelt du jagst mich mit wahnsinnigen Reden zu deinem Zimmer hinaus wohin ich seit langer Zeit zum erstenmal kam dir ganz ruhig zu sagen ich wäre schon längst entschlossen zu verreisen, und dir dadurch eine Niedrigkeit mehr zu sparen. So geht es immer! Wenn ich frage was denn meine Verbrechen sind so heißt es: der Teufel ist in dir. Ja, es ist der Teufel der mich alles ohne eine Klage von dir ertragen läßt, es ist der Teufel der mich treibt selbst meine Thränen vor dir zu verbergen, und da Fröhlichkeit Tollheit in meiner Lage wäre, wenigstens ruhig und gefaßt auf jede neue Schande von dir zu erscheinen. Es ist der Teufel der mich ein schlechtes Mensch bey mir dulden läßt welches mich nach deinem Beyspiel, nach deinem Geheiß vielleicht schimpft. Es ist der Teufel der mich auf alles sinnen läßt was ich mir dir nur angenehm denken kann. Aber das thue ich alles für mein Glück, der Teufel weiß mich zu belohnen! Ich war sonst immer krank, jetzt genieße ich die blühendste Gesundheit; Mein Leben war sonst sehr beklagenswerth, jetzt genieße ich die reizendste Aussicht in die Zukunft. – Ach Gott, ja ich handle immer nach einer berechneten Boßheit, wenn du dich ärgerst, dann ists mir ja wohl, ich bin ja einmal so geschaffen nicht wahr lieber Clemens? –

Noch halte ich dich für wahnsinnig – bin ich nicht überzeugt daß dein *Herz* schlecht ist, ja, dann ist es wohl möglich daß ich unsere Ehe trenne, aber laß es dir *gesagt seyn*: es geschieht nur wann *ich* will! – Zu verreisen steht dir ja übrigens frey. – In allem bin ich dir unterworfen, in diesem habe ich meinen Willen, und thue diese Erklärung nur um deinen albernen Drohungen ein Ende zu machen. Du armer armer Mensch was hast du mir denn noch zu nehmen? was noch in meinem Herzen lebt ist außer deiner Gewalt.

Das übrige das hängt doch wohl von mir ab was äußere Verhältnisse betrifft? Ich kann öffentlich klagen: daß du mich *verläumdest, ohne alle Ursache, manchmal aus Wahnsinn mißhandelst, daß du mich entweder ganz vernachlässigst, oder kränkst.* An Beweisen hiezu, obgleich du deine schönsten Seiten nur mir allein zeigst, kann es mir doch nicht fehlen, und von Menschen die du schwer widerrufen kannst –

Wie *deine* Anklagen vor einem Gerichte, wo es um mehr zu thun wäre, als zu fluchen, die schändlichsten Flüche mit rasenden Geberden, Toben Schlagen zu begleiten, wie sie da lauten würden das müste wirklich merkwürdig seyn! Du hast auch wohl das noch nicht bedacht. Übrigens wenn ich mich einmal von dir scheiden will, so wird es auf meine Art seyn wie du es vermuthlich nicht wünschest. Versetze dich doch einen Augenblick ins Gemüth einer Frau die ihrer Pflicht gegen dich frey gesprochen ist, und blos die Erinnerung deines Betragens übrig behält! – Dies ist die Antwort welche dein Rasen vorhin nicht erlaubte –

Deine gehorsame Frau
Auguste.

116. Auguste Bußmann an Clemens Brentano
Landshut, ohne Datum [Januar 1809?]

Eben fiel mir ein daß die Briefe die du schreibst uns viel Verdruß machen können. Ich ließ sie mir zeigen, und ihre Addresse sagt mir auch den Inhalt. Du willst zu Reichardt, und schreibst Savigny – Lügen über mich. Komm zu mir – und wenn du es dann noch willst so schike sie weg, sie sind unerbrochen. – Komm gleich, denn um 5 Uhr kommen einige Frauen zu mir. Clemens ich habe dich nicht ärgern wollen – wie hätte mir es, auch nur möglich scheinen können bey deiner Gleichgültigkeit gegen mich. Ich liebe dich noch obgleich du mich seit 8 Tagen schlecht behandelst. Ich verlange auch kein ander Betragen von dir – nur verläumde mich nicht. –

117. Auguste Bußmann an Friederike Mannel
Landshut, 28. Januar 1809

Sie haben jetzt meinen letzten Brief noch nicht einmal empfangen doch muß ich wieder mit Ihnen sprechen. Zehnmal des Tages zieh ich die mir am nächsten an der Hand liegende Schublade meines Pults auf worin Ihre Briefe liegen. Nur Briefe von meinem Geliebten habe ich so oft gelesen. Das Herz schlägt mir freylich nicht so stürmisch dabey aber sie beruhigen es wenn es widrige Empfindungen bewegen. O mein Gott in welchem Ekel schleppe ich mein Leben hin. Tief in meiner Seele empfinde ich den Wunsch jener Unglücklichen, in einen finstern Kerker geworfen zu seyn, um mit den Ketten ringen zu können, und sich nicht so greulich blos von der Ohnmacht gefesselt [zu] fühlen. Wenn ich sonst die heimlichen Gedanken der Liebe von einem Dichter warm und schön dargestellt fand, konnte ich meiner Sophie nur sagen, wie entzückend wahr! Die Stimme versagte mir oft, und ich konnte aus süßer Scheu meiner Freundin nicht lesen was ich als Äußerung meines eignen Glücks empfand. Sie blickte dann auf von ihrer Zeichnung wir sahen uns an – gewiß der Dichter war ganz verstanden! – Wenn dann in solchen Augenblicken uns jemand unterbrach, so war der Unmuth auch sehr groß. – – – Später.

Rathen Sie was mich unterbrach? Ich *mußte* meiner Sophie schreiben, und nun harre ich sehnlichst auf ihre Antwort. Ach liebe Friederike mit welcher Freude werde ich Ihnen ankündigen daß meine Freundin wieder mein ist! Nein sie ist mein, aber ihre Quelle muß sie offenbaren, Mein Brief war lustig, hätte ich die Sache ernsthaft genommen, so hätte ich sie zu sehr zanken müssen, und ich wollte sie nicht erschrecken. Ich ließ ihr die Wahl, die *Vorige* zu seyn, oder sich nur unter ein leeres Blatt eine alberne Mamsell zu unterschreiben. Ich wollte ich könnte der Antwort entgegen reißen. Seien Sie doch einmal unartig Friederike damit ich Sie zanken kann wie ich nun die Sophie während einem halben Jahre thun werde. Andert halb Jahre zu trotzen!

118. Auguste Bußmann an Clemens Brentano
Landshut, 29. Januar 1809

Diese Briefe schicke mir sobald du sie gelesen hast zurück, damit ich sie absende. Daß ich auf dich schimpfe ist nicht nöthig; die Menschen an deren Freundschaft mir etwas liegt kennen mich und dich. Auch ist unsre Trennung ja nicht gesetzlich und obgleich ich dir nie beschwerlich seyn werde, so weiß ich nicht warum ich die Hoffnung aufgeben sollte *dich* von deiner Verrücktheit geheilt zu sehen. Diese wäre allein schon durch die Ursache deines Zorns bewiesen: ein schlechtes Geschöpf daß du vergötterst weil sie vor dir kriecht! In meiner Willfährigkeit auf dein böses Begehren wirst du eben so wenig einen Grund zur Scheidung finden, als nachher in meinem Betragen während dieser Trennung. Es wäre mir *süß* wenn ich mich irgend eines Vergehens gegen dich schuldig wüßte, ich könnte dich ja um Verzeihung bitten, und hoffen. Meine beleidigte Unschuld verbietet mir beydes, und so will ich dir zu dem unaussprechlichen Glück das meine Abreise über dein Leben verbreiten wird, nur noch den tausendsten Theil meiner Gewissensruhe wünschen.

Wegen meiner Reise habe ich mich anders besonnen, ich will

sie allein, mit einem Bedienten machen, und mir diesen und einen Wagen zu verschaffen ist meine letzte Bitte an dich. – Viel Glück Clemens!

Auguste.

119. Clemens Brentano an Auguste Bußmann
Landshut, ohne Datum [29. Januar 1809]

Ich habe dir heute früh erklärt auf welche Art du hier im Landshut existiren könntest, ohne daß ich die hoffnungslose Arbeit hätte, dich zum beßern Leben zu wenden, worüber ich endlich selbst verzweifle, du hast mir hierauf erklärt, daß du nach Fr[ankfur]t gehen wolltest, welches dir als einer Person, deren Willen stets ihr freier selbstgewählter war, und die ich [in] allem sich selbst und ihrer Überzeugung überlassen muß, weil sie der meinigen nie gefolgt, von mir unverhindert bleibt, waß einen Wagen betrift Extrapost dahin zu reißen, so habe ich keinen, und auch keine Lust einen zu kaufen. Mit einem Mietkutscher kann von hier nach Regensburg und von Regensburg nach Fft [gereist werden]. Übrigens habe ich mit dieser Reise nichts zu thun, und ist es übrigens dein Wille hin zu gehen, und nicht eine neue Comoedie die sich mit großem Geheul und lügenhafter Versprechung endigen wird, so werden deine Briefe, welche dich dem H. Bethmann und Mlle. Serviere anmelden, nach meinem Verstand eher Vorkehrungen gegen dich als eine Aufnahme vorbereiten, mich für genoßene Ruhe und Frieden bedankend

CB.

*120. Auguste Bußmann an Clemens Brentano
Landshut, ohne Datum [29. Januar 1809]*

Sonntag – Nachmittag. – Es ist mein freyer und fester Wille nicht in einer Stadt mit dir in verschiedenen *Häusern* zu wohnen, weil es ganz unnöthiges Scandal ist. Nach Frankfurt habe ich keine *Lust* zu gehen. Es ist mir überall einerley. Wenn du also in dem oder einem andern Hause mit mir bleiben willst, ohne mich *mehr* wie bisher zu sehen, so will ich hier bleiben. Die Ausgabe kannst du dann von der Frenz besorgen lassen, die ich nicht weggeschickt habe. Meine Meynung von ihr ist schon lang so wie ich sie geäußert habe, und meine Erklärung daß ich sie behandlen werde wie sies verdient. Willst du aber in ein anderes Haus ziehen so gehe ich nach Frankfurt, und stelle dir frey mir deshalb die nöthigen Briefe zu *diktiren*. Thust du es nicht, so schicke ich diese ab, denn ich kann nichts anders schreiben. Wegen der Reise wirst du keine Unruhe haben. Ich denke jetzt wie nie an eine Comödie, oder *lügenhafte* Versprechungen. Ich habe keine zu machen. Wenn du nicht die Geduld und Aufopferung in meinem Betragen fühlst – so – doch du fühlst nichts. Also bleibst du in *einem* Hause, schreibst du andere Briefe oder schicke ich diese ab?

*121. Clemens Brentano an Auguste Bußmann
Landshut, 1. Februar 1809*

Es ist sehr brav von dir, daß du den Skandal vermeiden willst, ich bin deswegen bereit, auf einige Zeit zu verreißen, sohlange nehmlich, als dir es nöthig dünkt, um deine Abreise zu veranstalten, oder zu thun, waß dir beliebt, bei meiner Zurückkehr aber hierher werde ich eine andere Wohnung beziehen, denn so lange der Mensch bei Sinnen ist, muß er der Gefahr aus dem Wege gehn, und wer durch Unglück und List in die Gemeinschaft der Bösen gekommen ist, und nach schier übermenschlicher Anstrengung nichts zu beßern möglich sieht, der muß seine lezte Kraft anwenden, sich selbst zu erhalten; du wirst die Delikateße haben, waß du an Büchern, Noten, Bildern und überhaupt von mir hast mir zuzustellen, und über alles das deinige zu disponiren, da ich dir deine vollkomne Freiheit gebe, übrigens bitte ich dich, dich nach löblicher Weise kurz zu entschließen, und mir die hundertmal durchgemachte abgetragene Correspondens mit dir zu ersparen, ich habe dir den Entschluß eine andre Wohnung zu beziehen, nach dem Vorschlag deines Vaters vom 25. November eröffnet, um übrigens erniedrigende Scenen zu ersparen, suche, so du dich nicht selbst genug dazu fühlst, zu dem waß du vor hast, den Rath der Verwandte, die du hier in Landshut hast.

122. *Auguste Bußmann an Clemens Brentano*
Landshut, 1. Februar 1809

Da du so sonderbare Eile um nichts hast, so werde ich noch heut anfangen einzupacken, und darf dir sicher versprechen daß ich in 8 Tagen nicht mehr hier bin. Ich werde mir einen Miethkutscher und einen Bedienten suchen und bis ich eine Wohnung in Frankfurt habe dort im Wirtshaus wohnen. Den niedrigen Spott deines Briefes mir hier Rath bey meinen *Verwandten* bey Savignys zu holen, bin ich froh nicht nöthig zu haben. Dein Betragen müßte dem schwächsten Geschöpf Stärke geben. In zwey Tagen würde es vielleicht dahin kommen daß du mich auf die Straße würfest. Den Vorschlag in einer Stadt mit dir getrennt zu leben, *kann* mein Vater nicht gemacht haben.. Überhaupt solltest du von dem Briefe gar nicht reden, er hat dir geschrieben wenn du doch ein so elender Schurke wärst eine Frau die du allen Hoffnungen auf Lebensglück entrissen hast, nun zu mißhandlen, so solltest du wenn es dein Gewissen es dir erlaubte, eine anständige Trennung einleiten. Eben so wenig hättest du mich daran erinnern sollen *dich nicht zu bestehlen!* O mein Gott Clemens was bist du für ein erbärmlicher Mensch geworden! Was ich von dir habe lasse ich hier außer dem was du mir förmlich geschenkt hast. Dies behalte ich der Erinnerung wegen. Auch alle meine Sachen lasse ich dir. Du würdest mir eine Gefälligkeit damit erweisen den Verkauf meines Claviers zu besorgen. Ich werde immer noch so viel dafür bekommen, daß ich mir in Frankfurt eins von schlechterem Holz dafür kaufen kann. Auch wäre es mir lieb wenn du mir den Wechsel auf meine Pension um 3 Wochen voraus bezahlst, sonst muß ich bey Fremden borgen um meine Reise zu machen. Eben fällt mir noch manche Bitte ein, nähmlich da ich die Frenz so lang behalten habe, wäre es mir lieb wenn mir deine Schwester das kostbare Kleinod noch auf acht Tage lassen wollte, Ihr werdet Sie ja nachher ganz genießen können, wenn die Liebenswürdigkeit der Unglücklichen nicht mehr von mir gebeugt wird. Ebenfalls wäre es mir lieb wenn du diese letzten acht Tage *nicht* verreißtest. Um Verschonung impertinenter Briefe hatte *ich* zu bitten. Aber es ist nun einmal so, daß du alle deine Fehler mir aufbürdest. – Nun vernünftiger wohlberathner Mensch, freue dich deine Sinne so wohl zusammen genommen zu haben. Das Böse verschwindet. Ein Mädchen wird getäuscht, man wird sie satt, um sie los zu werden verläumdet man sie während 18 Monaten eben so albern als boshaft, so das eines das andere aufhebt, endlich wirft man die Larve ganz ab, man verjagt sie – sie mag sterben, verzweifeln, oder *lesen* wirst du sagen – Ja ich werde lesen, ich habe allerhand Briefe von dir. – Nun der Himmel und ich sind zufrieden, das Spiel ist aus, die Tugend siegt, das Laster wird in den Staub zertreten – es flieht es flieht –

Addio.

123. Auguste Bußmann an Friederike Mannel
Landshut, 1. Februar 1809

Sonntag früh.
O Friederike! Friederike! Ich weiß nicht ob ich lebe so wühlt der Schmerz in mir! und kalt muß ich scheinen dazu! Der Clemens kündigte mir vorhin unsre baldige Trennung an, kaum kann er es erwarten bis ich nach Frankfurt abgereist bin. Die Ursache ist eine Schlechtigkeit der Frenz [Franziska Breitenstein, genannt Fränz, Brentanos Magd in Heidelberg und Landshut]. O daß Koth die Liebe bespukken darf! In einem Monat spätestens bin ich abgereist, und in Frankfurt. Vielleicht seh ich Sie dann da. Mein Wunsch ist erfüllt, ich gehe einem großen Schmerz entgegen, aber mein Gott ich muß selbst es thun, jeden Schritt anordnen, der mein Herz zerreißt! Ich hatte Festigkeit vorhin ich habe nicht geweint vor dem Clemens.

Werd ich aber so bleiben können? Gott gebe es. Eine Freude hab ich, ich fühls so lebe ich nicht lang! O könnt er meine Verzweiflung ahnden da wir uns wirklich trennen sollen.

Mittwoch 1 Februar Abends –
Der Clemens kann es nicht erwarten daß ich fortreise. Ich muß alles beschleunigen, und ehe meine Verwandten nur meine Briefe empfangen haben bin ich in Frankfurt. Ich habe heut angefangen einzupacken. Ach es war Schmuck! und jede Perle forderte ihre Thräne. Ich muß alle Anstalten selbst besorgen, der Clemens kümmert sich um nichts, und mir ist ganz angst so allein mit einem fremden Bedienten eine weite Reise zu machen.

Wenn ich nur ein ehrliches Gesicht fände. O mein lieber alter Royet wie vermisse ich dich!

Wenn die Gräfin Pappenheim auf Schloß Dennloh [Dennenlohe] ist werde ich sie unterwegs besuchen. Aber in 8 Tagen muß ich fort seyn, sonst geht der Clemens mit der Frenz fort, und läßt mich allein und verlassen in einer aufgekündigten

Wohnung! Friederike wie grausam! Nicht genug daß mein Herz von tausend Schmerzen zerwühlt ist, auch jedes äußere Verhältnis, ist Jammer und Schmach. Heut früh schrieb er mir daß ich gleich fort müßte, und so gemein boßhaft! Ich antwortete mit hartem Spott, die Worte schienen unempfindlich und jedes konnte ich doch nur durch eine Thränenfluth aufzeichnen. Wie der Brief fort war, rang ich die Hände und schluchzte, o mein Clemens, das schrieb ich dir nicht, dir nicht ewig einzig geliebter, aber dem Teufel mußte ich es antworten. – Ewig bemühe ich mich meinen Geliebten, von dem bösen Clemens zu trennen, ich spreche freundlich mit ihm, ich wiederhole liebe süße Gespräche die wir mit einander führten, bis mir neue Schlechtigkeit den Traum zerstört. Wie werde ich ihm Lebewohl sagen, werde ich in diesem Augenblick nicht sterben wenn er lacht – ach und der Augenblick kommt heran, in wenig Tagen. – Ja sehen muß ich ihn ehe ich gehe – nur einen Augenblick und wenn ich nur Clemens zu ihm sage, so wird er im Ton fühlen daß er mich in den Tod schickt – und wenn der Wagen fortrollt – o jeder den ich jetzt höre thut mir schon weh. Wenn ich nur hier noch krank würde, es ist mir immer glühend heiß, und jede Speise ein Ekel selbst wenn ich Hunger fühle. – Friederike, sollten Sie es glauben, er hat mir geschrieben, er hoffte ich *würde doch nichts von seinen Sachen mitnehmen!* Wie kann sich ein schönes Gemüth *so* verirren? Friederike, auf meine Ehre ich könnte alles vergessen und vergeben wenn nicht *solche* Züge sich offenbarten. – – Von Frankfurt aus wird es mir nicht schwer werden Sie zu besuchen, wenn ich es vermag, denn so reizend ich mir noch diesen Besuch vor 14 Tagen ausmahlte so schaudere ich jetzt davor zurück, denn ich würde nur *ihn* in Allendorf sehen. Wie ich den ersten freundlichen Brief von ihm bekam, wie er den Abend des Tages ankam, wo ich in stillem Schmerz nach Treise [Treysa] gelaufen war, um durch Ermüdung mich zu betäuben, wie wir den Abend uns nur sprachlos umarmen und anschauen konnten – er vermochte nicht zu scherzen, und war selig. – Liebe Friederike, während ich Ihnen schreibe ist mir ein seltsamer Glaube gekommen. Nur Ihnen kann ich ohne Erröthen, meine scheue Hoffnung ans Herz legen: er wird mich wieder aufsuchen! – Nein Sie werden nicht über den einen Lichtstrahl lächeln zu dem mein Auge sich sehnsüchtig wendet, in dieser kalten Nacht. Er tritt mich mit Füßen. Es ist vielleicht nicht möglich mehr mißhandelt zu werden als ich von ihm auf alle Art, aber eben darum, darum hoffe ich Unglückliche immer noch daß er sich ändern wird. – Eben schellt er – ich lausche seiner Stimme –

124. Clemens Brentano an Auguste Bußmann
Landshut, 2. Februar 1809

Du weist wohl am besten, daß du Comoedie spielst, wenn du sagst, ich eile so um nichts, ich würde dich vielleicht in einigen Tagen [aus] dem Haus hinauswerfen, ich habe dir geschrieben, daß der Miethtermin aus ist, daß ich also wegen bedungener vierteljähriger Aufküdigung jezt aufkündigen muß und drum fragte ich dich, ob du es behalten wolltest, ob du dir eine Magd genommen, fragte ich neulich schon, aber du hast es nicht gethan. Dich bei Savignys Raths zu erholen, habe ich dir aus Theilnahme, an deinen, durch deine dich treibende Tollheit höchst verwirten Umstände gethan, denn beide haben dich stets mit unverdienter Liebe überhäuft. Du willst dich anstellen, als zwänge ich dich nach F[rankfur]t zu gehen, ich erkläre hier nochmals, daß ich nie daran gedacht, sondern, daß ich dir eröffnet wie ich nicht mehr lange in deiner Gesellschaft leben will, um nicht durch den Unwill über deine tiefe Verkehrtheit und deine unvernünftige Lebensweise endlich zur Verzweiflung oder ihren Thaten gebracht zu werden, waß den Wechsel betrifft wird Savigny gegen ein auf die gehörige Zeit auszustellenden Wechsel dir ihn gern auszahlen.

125. Auguste Bußmann an Clemens Brentano
Landshut, 2. Februar 1809

Du Armer, willst mich nicht fortgejagt haben, willst dich rein davon waschen – nun ja du treibst mich stumm zur Thüre hinaus und rufst dann: warum bist du gegangen? Ich wäre wirklich das Geschöpf für das du mich ausgiebst, wenn es mir möglich wäre unter *deinen* Bedingungen hier zu bleiben – Gelt ich soll dich mit den Studenten herumrasen hören, hören wie du etwa meinem Fenster gegenüber deinen Dirnen Serenaden bringst, wie mich jedes Gesicht auf der Straße angafft –! Wirklich dein Vorschlag ist einzig, er geschah wohl noch nie an eine Frau. Also spar dir die Mühe in leeren Erklärungen zu versichern du treibst mich nicht mit der größten Eile fort. Nach Frankfurt gehe ich weil es der angemessenste Ort ist, sollten indeß meine Verwandten die geringste Unzufriedenheit darüber bezeigen, so werde ich mich irgendwo als Magd verdingen. Nach Allendorf kann ich nicht, es hieße mich an das Bild meines vorigen Glücks schmieden. Verläumde mich, bey deiner Schlechtigkeit bleibt dir nichts anders übrig, aber daß du die eiserne Stirn hast, *mir, mir* von tiefer Verkehrtheit, von unvernünftiger Lebensweise zu sprechen, ist stark. Wenn Savignys jemals eine unverdiente Liebe zu mir hatten, so bin ich völlig gegen sie quitt denn ich habe sie vergöttert. Hier hat sich freylich meine Anbetung nach und nach verloren, und wenn du mich so großmüthig aufforderst rath bey ihnen zu holen so ists mir, als ob du mich von deiner linken Hand an deine rechte verwiesest um Ohrfeigen zu bekommen. Bist du recht froh? in 8 Tagen kannst du ein Circular an deine Freunde insonderheit die lieben Grimms schicken: Lieber Getreuer nach ihrem treflichen Rath und Vorschlag bin ich endlich meines schändlichen Weibes los – hierauf folgen die Beschreibungen deiner Lustbarkeiten.

Ich bitte nicht um Verzeihung daß ich diesen Brief schreibe, denn der deinige begehrt eine Antwort, auch nicht daß ich ihn nicht der Einsicht deiner Geliebten unterworfen habe. Sie verwiß mich gleich den ersten Tag wo ich sie liederlich und diebisch nannte auf das Ende. Ihr Einfluß in der ganzen Sache ist nicht zu verkennen und wie süß muß es ihr seyn eine so gelenksame Puppe an dir zu haben. Wenn ich in den Wagen steige, so stellt euch ans Fenster und singt: Geschlossen ist der Gnadenbund! – Den Göthe hatte ich behalten weil du mir in Allendorf sagtest du hättest ihn ein paar mal und ich auf diese Versicherung den Meinen verschenkte. Ich hätte auch auf der Reise gern drin gelesen – doch hier folgt er zurück. Trösteinsamkeit aber behalt ich, stell dich doch nicht an als ob *du* es brauchtest – Schatz.

Auguste.

126. Clemens Brentano an Auguste Bußmann
Landshut, 2. Februar 1809

Wenn es wirklich dein ernstlicher Wille ist, nach Fft zu reisen, so muß ich dich bitten vorher zu disponiren, waß mit allem, waß du zurückläst anzufangen ist, da die Sachen nur noch drei Monate, nach welchen die Miethe aus ist hier im Hauß stehen können, denn ich protestire hier feierlich gegen Alles, waß du mir zurücklaßen willst, laße mir nur die Linnen, die wir in Kaßel machen laßen, vom Übrigen, will ich mich rein halten, und dieses ist mir überflüßig, unter dem worüber du zu disponiren, versteht sich auch der Wein, überhaupt alles, waß von dir herrührt, waß soll damit werden? Du wirst mir meine 3 Bilder auch hier laßen, und den Trösteinsamkeit kannst du in Fft haben, ich aber hier nicht.

127. Auguste Bußmann an Clemens Brentano
Landshut, 2. Februar 1809

Nachtisch. –
Es ist lächerlich daß du, der mir täglich mehr Ursache giebt fortzugehen noch fragen kannst. Es ist möglich daß ich schon Übermorgen mit allem fertig, bin, Montag werde ich aber in jedem Fall fort seyn. Es ist noch lächerlicher nicht ein wenig Hausrath von jemand behalten zu wollen dem man ohne alle Scheu auf immer alle Lebensfreude nimmt. Mir ist es lieb daß ich dir es lassen kann, weil es einigermaßen den Verlust ersetzt den du behauptest durch meine Verschwendung erlitten zu haben. Wenn du es nun aus Trotz nicht willst, so wirf alles zum Fenster hinaus, ich bekümmere mich nicht mehr drum. Wegen dem Clavier wäre es mir lieb, wenn du mir dafür einen Wechsel von 300 hundert Gulden an den Franz [Brentano] mitgeben wolltest, denn mein Reisegeld wird kaum zulangen. Es hat gewiß über 50 Carolin gekostet, und 30 bekommst du wenigstens dafür. Die Bilder bleiben hier so lieb sie mir sind. Willst du mir das kleine holländische lassen daß du mir in Cassel schenktest? Seh es als meine letzte Laune an, Tröst-Einsamkeit behalten zu wollen. Ich wünsche es auf die Reise zu haben.

Auguste.

128. Clemens Brentano an Auguste Bußmann [Fragment]
Landshut, 2. Februar 1809

Wenn du unter dem Wechsel auf 300 Gulden auf H. Franz Brentano in F[rank]f[ur]t, den ich dir geben soll, etwas anders begehrst, als die 300 Gulden, deines mütterlichen Jahrgeldes, die du drei Wochen vorher hier empfangen willst, so muß ich das ablehnen, wie auch alle Vermischung mit deinem sämmtlichen Mobiliare, welches ich entweder auf deine Kosten hier verwahren oder dir werde nachsenden laßen, um das Linnen daß wir in Kaßel gehabt, bitte ich daher zu meinem Gebrauch, mir es zu senden, da ich deine Sachen nicht [Text bricht ab]

129. Auguste Bußmann an Clemens Brentano
Landshut, 2. Februar 1809

Die dreyhundert Gulden begehrte ich dir von dem Werth des Claviers ab, und da du nicht die Gefälligkeit haben willst es zu verkaufen, werde ich den Tiedemann drum bemühen. Die Meubels und den Wein kannst du auf *deine* Kosten nachsenden oder hier aufstellen lassen – sie gehen mich nichts an habe ich schon erklärt. Von dem Linnen aus Cassel behalte ich sechs Handtücher, ich weiß daß du sie nicht vermissen wirst, und mir sind sie grade nothwendig und bequem einzupacken.

130. Clemens Brentano an Aléxandre de Flavigny [Entwurf]
Landshut, Anfang Februar 1809

Je me trouve en devoir de vous annoncer, qu'apres votre lettre fort honnête et juste du 25 novembre, je me suis encore, quoique sans aucune esperance, donné toutes les peines de vivre avec Auguste, mais neanmoins mon malheur, s'il etoit possible, est monté depuis à un degré plus haut. Parvenant donc a rien, je lui ai proposée votre lêttre, et lui ai declaré, que je ne vivrai plus dans la meme maison avec elle, aussitot, que le loyer de cette seroit fini, c'est a peu près dans le tems de trois mois, et que si elle vouloit rester ici ou s'etablir autre part, quelle devoit se resoudre, elle s'est donc resolu d'aller a Francfort, et etoit deja tout préparée pour le voyage, quand je lui ai dit, de faire un inventaire des meubles, du vin et de tout ce quelle a reçu de vous, et d'en disposer. Elle me demanda de lui avancer sa pension du 1 Mars, ce que je fis, mais comme ces trois cents florins ne lui paroissoit pas suffisantes a son but, elle vouloit selon sa maniere courte de se resoudre, vendre son clavecin, son vin, ses matelats, cuivre, etain, etc, ce qu'a peine encore je pouvois empecher, pour eviter le scandale; car elle etoit entré sous main en commerce avec toute sortes de frippiers, à mon insçu, lequels j'ai renvoyé. Je lui ai donc annoncé, que tous ses meubles ne pouvoient se vendre, qu'avec votre volonté, et lui ai defendu ce commerce peu honorable, en meme tems voyant par ses dernieres demarches encore, comme elle est en son malheureux caractère disposée a toutes sortes d'êxtravagances, et qu'elle pourroit en voyage entrer en mauvaise aventure, (elle vouloit partir seule avec un domestique dans le tems de deux ou trois jours) je lui ai annoncé, qu'elle ne pourroit aller, qu'avec une occasion sure et honnête en bonne compagnie, que je chercherois a lui trouver. –

Tout cela, j'ai trouvé mon devoir, de vous l'annoncer, et comme sans doute elle partira en quelque tems, je vous prie, de me dire ce que je dois faire de son mobilier, et de son vin, qui reste a votre Disposition, car il me seroit fort a charge, de garder tout ces affaires, auquelles je n'ai ni besoin, ni droit. En vous suppliant donc, de me repondre bientôt, je vous assure, que j'ai fait tout ce qui est possible, mais outre cela pour ne point charger ma conscience envers vous, pour n'agir point en passion, j'ai communiqué toute ma position, toutes mes demarches, et mes lettres a mon beaufrere, qui, s'il vous paraitroit necessaire, ne manqueroit pas, de vous ecrire, ce qu'il sait, et pense sur ces tristes particularités.

Je me recommande a votre honnététe et vous assure, que je ne manquerois jamais a l'estime et Respect que je vous dois

votre

[Übersetzung. Ich fühle mich verpflichtet Ihnen zu melden, daß ich nach Ihrem sehr anständigen und gerechten Brief vom 25. November mir noch einmal, wenngleich ohne jede Hoffnung, die größte Mühe gegeben habe, mit Auguste zu leben, doch ist dessenungeachtet mein Unglück womöglich auf einen noch höheren Grad gestiegen. Da also nichts auszurichten war, habe ich ihr Ihren Brief vorgelegt und ihr erklärt, daß ich nicht mehr mit ihr in einem Haus leben werde, sobald mein Mietvertrag auslaufen wird. Das wird in ungefähr drei Monaten der Fall sein. Sie müsse sich also entscheiden, ob sie hierbleiben oder anderswohin ziehen wolle. Sie hat sich daraufhin entschlossen, nach Frankfurt zu gehen, und es war schon alles für die Reise vorbereitet, als ich ihr sagte, sie möge ein Inventar der Möbel, der Weinvorräte und aller Gegenstände aufstellen, die sie von Ihnen bekommen hat, und darüber verfügen. Sie bat mich, ihr ihre Pension auf den 1. März vorzuschießen, was ich getan habe; da ihr aber diese dreihundert Gulden für ihr Vorhaben nicht ausreichend schienen, wollte sie, kurz entschlossen wie sie ist, ihr Klavier, ihren Wein, ihre Matratzen, Kupfer- und Zinngeschirr usw. verkaufen, was ich, um den Skandal zu vermeiden, mit knapper Not verhindern konnte; sie hatte sich nämlich heimlich in Verhandlungen mit allen möglichen Trödlern eingelassen, hinter meinem Rücken. Ich habe diese Leute weggeschickt und ihr gesagt, daß ihre Habseligkeiten nur mit Ihrer Zustimmung veräußert werden dürften, und ihr diesen wenig anständigen Handel verboten. Zugleich habe ich aus ihren letzten Verhandlungen wieder einmal ersehen, wie sie in ihrer unglückseligen Art zu allen möglichen Extravaganzen neigt, und daß sie sich womöglich unterwegs auf schlimme Abenteuer einlassen könnte (sie wollte innerhalb von zwei oder drei Tagen allein, nur von einem Bedienten begleitet, abreisen); ich habe ihr also gesagt, daß sie nur in guter Gesellschaft und mit einer sichern und ehrbaren Reisegelegenheit, die ich versuchen würde ihr zu verschaffen, abreisen dürfe. –

Dies alles fühlte ich mich verpflichtet Ihnen anzuzeigen, und da sie zweifellos in einigen Tagen abfahren wird, bitte ich Sie mir zu sagen, was ich mit ihrem Mobiliar und ihrem Wein, der zu Ihrer Verfügung bleibt, anfangen soll, denn es wäre mir sehr lästig, all diese Sachen, die ich nicht brauche und die mir nicht zustehen, zu hüten. Ich bitte Sie also, mir bald zu antworten, und versichere Ihnen, daß ich alles, was möglich war, getan habe. Um aber mein Gewissen Ihnen gegenüber nicht zu beschweren und um nicht im Zorn zu handeln, habe ich darüber hinaus meine Haltung, meine Vorgehensweise und meine Briefe meinem Schwager mitgeteilt, der nicht verfehlen wird, Ihnen, falls es Ihnen nötig scheint, zu schreiben was er von diesen traurigen Einzelheiten weiß und hält.

Ich empfehle mich Ihren redlichen Gesinnungen und versichere Sie, daß ich es an der Achtung und dem Respekt, den ich Ihnen schulde, niemals fehlen lassen werde.

Ihr]

131. Clemens Brentano an Aléxandre de Flavigny [Entwurf]
Landshut, Anfang Februar 1809

C'est une triste necessité pour moi, de vous annoncer, qu'Auguste a trouvé bon, de retourner a Francfort, toutes les peines, que je me suis données, de vivre avec cette Personne perverse, ont été inutiles, et ce sont changees en autant de Martyres. J'ai recomancé la vie mille fois avec elle, et toujours elle m'a convaincue de nouveau de l'impossibilitée, qu'un honnête homme puisse venir a bout, de cette âme malheureuse, composée de mille sotises, talents, caprises, bassesses, Romans, et lunes, qui changent si subitement, avec des promesses, de humiliations, des arrogances, des conjurations, que c'est deja a perdre la tête, a les savoir, si non, d'en etre le centre. Apres votre lettre du [fehlendes Datum, vermutlich 25. November 1808] je me suis encore donnée toute patience, a m'approcher de ce Galimatias, mais elle m'a tellement revoltée par ces impostures basses et tout ses manieres, qu'elle ma toujours rejétté de plus loin, enfin apres milles retours sans esperance, je lui comuniquois votre proposition, de chercher une autre maison, et je lui annoncois, que je ne tiendrois plus cette maison que trois mois, et qu'aprés ce tems j'espererois de lui avoir procuré une existence detachée de la mienne, apres ces declarations Madame s'est determiné de partir au moment pourt Fr[ancfor]t, et se donnant l'air, que je l'avois chassé de la maison, elle est encore occupée a emballer ses nippes, il ne me reste, que de lui souhaiter bon voyage, comme je nai aucune raison de la retenir. Cela ne seront pas ses dernieres avantures, si sa famille ne la mettera en stricte Observation elle finira a tomber dans les plus extremes miseres, qui peuvent denaturer l'homme. Vous me [fehlendes Wort] que la vie conjugal ne peut être ni l'hopital des folles, ni une maison correctionelle, une femme, que je ne saurois empecher de se monter la tête avec de l'opium et de Romans, une femme, qui s'aveugle en lisant des Romans et des comedies jusqu'au point du jour, et prends apres de l'opium pour dormir jusqu'a midi, et se plaint alors de n'avoir de l'apetit, et vas alors sur la chambre d'un Professeur medecin, au lieu de le laisser venir, et lui parle de ses maladies, sans lui en dire la cause, qui est sa maniere de vivre, l'aquelle elle ne veux finir – mais c'est impossible d'enregistrer ses degoutantes [bricht mitten im Satz ab]

[Übersetzung. Es ist mir ein trauriges Bedürfnis, Ihnen zu melden, daß es Auguste für gut befunden hat, nach Frankfurt zurückzukehren; alle Mühe, die ich mir gegeben habe, mit dieser perversen Person zusammenzuleben, waren unnütz und haben sich in ein Martyrium verwandelt. Tausendmal habe ich mein Leben mit ihr wieder aufgenommen, und immer wieder hat sie mich von der Unmöglichkeit überzeugt, daß ein redlicher Mensch mit dieser unglücklichen Seele auskommen könne, zusammengesetzt, wie sie es ist, aus tausend Torheiten, Talenten, Grillen, Niederträchtigkeiten, Romanen und Launen, die so von einem Moment auf den andern mit Versprechungen, Demütigungen, Überheblichkeiten, Beschwörungen abwechseln, daß man schon ganz wirr im Kopf davon wird, wenn man nur von ihnen hört, geschweige denn wenn man ihren Mittelpunkt bildet. Auf Ihren Brief vom 25. November hin habe ich mich noch einmal in Geduld gefaßt und versucht, mich diesem Wirrwarr anzunähern, aber sie hat mich durch ihre niedrige Verlogenheit und durch ihre ganze Art derart abgestoßen, daß ich mich nur noch weiter von ihr entfernt sah; schließlich, nach tausend hoffnungslosen Rückkehrversuchen, habe ich ihr Ihren Vorschlag, eine andere Wohnung zu nehmen, vorgelegt und ihr mitgeteilt, daß ich über das Haus, in dem ich lebe, nur noch drei Monate lang verfügen kann, und daß ich hoffte, ihr danach ein von mir unabhängiges Dasein verschaffen zu können; auf diese Erklärung hin hat sich Madame entschlossen, augenblicklich nach Frankfurt abzureisen, indem sie vorgab, ich hätte sie aus dem Haus gejagt. Sie ist bis jetzt damit beschäftigt, ihre Kleider einzupacken, und es bleibt mir nur übrig, ihr gute Reise zu wünschen, da ich keinerlei Grund habe, sie zurückzuhalten. Es wird dies nicht ihr letztes Abenteuer bleiben; wenn sie die Familie nicht einer strikten Aufsicht unterwirft, wird sie dem tiefsten Elend verfallen, das einen Menschen entstellen kann. Sie werden mir zugeben, daß das eheliche Zusammenleben weder ein Irrenhaus noch eine Besserungsanstalt sein kann. Eine Frau, die ich nicht daran hindern kann, sich an Opium und an Romanen zu berauschen, die sich die Augen verdirbt, indem sie bis zum frühen Morgen Romane und Komödien liest und die dann Opium nimmt, um bis mittags zu schlafen; die sich dann darüber beklagt, daß sie keinen Appetit hat, und die daraufhin aufs Zimmer eines Medizin-Professors geht, statt ihn kommen zu lassen, und ihm von ihren Krankheiten erzählt, ohne deren Ursache, nämlich ihre Lebensweise, beim Namen zu nennen, mit der sie nicht Schluß machen will – aber es ist ein Ding der Unmöglichkeit, alle ihre ekelhaften ...]

132. Auguste Bußmann an Clemens Brentano
Landshut, 5. Februar 1809

Hast du mich niedrig genannt weil ich zu dir gekommen bin Clemens? Es ist nicht recht mich jetzt zurückzustoßen, nachdem du mich an dein Herz gezogen und mir die Stärke zur Ausführung meines Vorsatzes geraubt hast. Ich wäre letzthin in der Betäubung fort – jetzt weiß ich nicht ob ich es können werde, auch wird meine Abreise grausam verzögert durch die Leute. Wenigstens vor vier Tagen kann ich noch nicht fort! Und gestern, in *einem* Tag, hab ich nicht über mich erringen können dich nicht zu sehen. Geh, laß mich reisen, übe eine Härte aus, die so entsetzlich ist, daß ich nicht begreife wie sie ein Mensch gegen den andern haben kann. Wenn ich fort bin wird dir manchmal ein Gedanke an mich kommen der dich peinigt, du wirst nicht frey und froh seyn wie du es dir einbildest. Und wenn alle deine Freunde dir betheuern du habest recht gethan mich zu verstoßen, es sey dir wohl erlaubt da um deiner Zufriedenheit willen das Wort auszusprechen das ein Geschöpf zum Elend verdammt bis in den Tod, dann wird mein Bild dir doch erscheinen Clemens, und du wirst nicht beten können. Sage nicht daß ich vergnügt leben werde, du weißt es besser.

Daß ich übrigens deinen Willen thun will, beweise ich dir dadurch daß ich dich um Antwort wegen dem Bedienten bitte. Es war einer hier, der mir aber seiner Kekheit wegen nicht gefällt. Wenn es aber mit dem Peter nichts ist muß ich ihn doch nehmen.

Auguste.

Nach Tisch. –
Ich brauche keinen Bedienten – freytag früh reise ich, und bitte dich um das Geld für den Schein. Ich möchte es gern in Gold oder großen Thalern haben. Da du mir das Geld für das Clavier nicht leihen willst, so sehe ich mich genöthigt das eine

Weinfaß zu verkaufen, was dir doch nicht ansteht. Bis in den Juny bekomme ich kein Geld mehr, und habe keine Lust, bey meinen Verwandten um welches zu bettln. Deine gütige Schwester wird vielleicht den Verkauf besorgen da es dir nicht zuzumuthen ist.

133. Bettine Brentano an Achim von Arnim
München, 10. Februar 1809

Mit Clemens und seiner Frau will es nimmer Ruh geben, alle Elemente sind in steter Regung bei ihnen, sie speien Feuer vor Zorn, alle Tage giebt es Ueberschwemmungen von Thränen, sie stoßen ganze Windstöße und Stürme von Verwünschungen aus, so daß sich die Erde ihrer erbarmen möchte; allem Anschein nach wird sich die Haushaltung in kurzem auflösen. Clemens schreibt mir, daß er herkommen werde, ich soll ihm ein Quartier ausmachen; und Savigny schreibt, daß Auguste einpackt, um nach Frankfurt zu gehen.

134. Clemens Brentano an Friedrich Karl von Savigny
München, 25. Februar 1809

Vor allem nochmals herzlichen ewigen Dank für Deine Teilnahme an meiner Misere. Gott gebe, daß ich nur eine Zeitlang ruhig bleibe, denn hier fühle ich erst, in welcher Hetze und Angst ich bisher gelebt. Wenn nur irgend eine kleine Linderung aus Deinem Briefe nach Frankfurt erfolgt! Du glaubst nicht, wie leid es mir tut, daß ich Dich so um Deine Hülfe ansprechen muß und Dir selbst doch nie was nutzen werde. Aber es tröstet mich auch wieder meine feste Ueberzeugung von Deiner Gerechtigkeit, Du würdest mir nicht beistehen, wenn ich es gar nicht verdiente, also, mein teurer guter Bruder und Freund, glaube, daß ich Dich von ganzer Seele liebe, nicht um deswegen, nein um alles, und somit gut. Hierbei mein Dir nützlich geschienener Brief an die unverschämte Komödiantin, ich glaube ihn so abgefaßt zu haben, wie Du ihn für gut hieltst. Sobald Du es für nötig hältst, daß ich hier weggehe, so melde mir es. Wenn Du nur in Deinem Brief die Sache so darstellst, daß die Frankfurter eine Idee von der eigentliche Lage der Sache kriegen! denn den Brüdern, besonders Georg liegt dran, daß alles beim Alten bleibe, weil er leider beim Anfang des bösen Handels nicht ohne Mitwissen war. Wenn Du ihnen nur darstellen kannst, daß die Sache criminell werden kann, da diese Person nun schon mehrmal sich nach dem Leben getrachtet; und ich muß leider gestehen, daß ich es nicht für ohnmöglich halte, sie könnte einmal den Lust bekommen mich aus Liebe mit in die andre Welt zu spedieren.

135. Auguste Bußmann an Clemens Brentano
Landshut, Ende Februar 1809 [?]

Und doch, doch mußt du mich noch einmal sehen mein Clemens. Seelig wär ich letzthin gestorben, aber ist mir der Tod heute treulos so bin ich unsterblich. Ich werde den Tod schon im Herzen tragen wenn ich dich sehe, und zögert er dann so werde ich ihn beschleunigen – O Clemens ohne allen Groll scheide ich, Ich muß an das Schicksal glauben, um mich darein zu fügen daß meine Liebe zu dir so unbarmherzig verschmäht wird. – Nein ich habe keine Hoffnung mehr, ich will dich auch nicht sehen um noch einen freundlichen Blick von dir zu erhalten, der wird mir nicht – sehen will ich dich, nur sehen – dich Seele meiner Seele. Bete für mich, Gott wird mich wohl strafen, aber ich habe es wohl überlegt, alle Strafe ist besser, als hier die Qual von dir verstoßen zu seyn du lieber, lieber!

An mich denken wirst du doch noch – und sehen werde ich dich auch noch, so habe ich noch eine Freude auf der Welt. Ich verzeihe deinen vermeyntlichen Freunden die dir durch meinen Tod eine ewige Reue bereiten, verzeihe Ihnen wie ich, wenn du einst diese fühlst.

Grüße meine Friederike, sie hätte uns nicht getrennt, ich weiß daß sie immer mit Liebe meiner gedenken wird. – Ich bitte Sie 1000 Gulden zur Aussteuer zu empfangen. Royet soll eben so viel bekommen. Christiane 500. – Behalte du meine Sachen, du wirst einst darunter die suchen die dich glücklich hätte machen können, wenn du es gewollt hättest – O du wirst mich lieben.

136. Johannes Baptista Diel, Clemens Brentano.
Ein Lebensbild (1877/78). [Späterer Bericht
aus mündlicher Überlieferung]

Clemens hatte Anderes zu sorgen. Seine Gattin trieb es toll. Oft sprengte sie im wunderlichsten Aufputz, mit wallenden Schwungfedern auf dem Hute, das Pferd mit rother, weithinfliegender und glänzender Schabracke bedeckt, durch die Straßen, um die Aufmerksamkeit der Stadt auf sich zu ziehen. Clemens konnte es nicht mehr ertragen; Sailers und Savigny's Freundschaft und gütige Theilnahme reichten nicht hin, das schwere, häusliche Leiden zu lindern. So ging er denn ernstlich mit dem Gedanken um, sich scheiden zu lassen, und begab sich in dieser Angelegenheit öfters nach München. Es konnte nicht fehlen, daß Auguste von diesen Plänen Kunde erhielt. Sie war nichts weniger als einverstanden und suchte durch Komödienspiel die Sache zu hintertreiben. Nachdem sie von einem Tollheit in die andere gefallen war, machte sie einen abermaligen Vergiftungsversuch.

137. Friedrich Karl von Savigny an Achim von Arnim
Landshut, 1. März 1809

Clemens ist wieder in großen Verwirrungen. Seine Frau hat hier plötzlich ohne alle Veranlassung Vergiftens gespielt, er ist dann ganz in der Stille nach München gegangen, sie ihm nach, er, noch zeitig genug avertiert, hierher zurück, und ist jezt ganz heimlich bey einem Pfarrer 1 1/2 Stunden von hier. Sie hat in München sich wieder vergiftet (ein Arzt hat es für starkes Gift erklärt, Sömmering für gar nichts) in dem Gasthaus solchen Skandal gemacht, daß alle Leute zusammen gelaufen sind pp. Vielleicht wird die Polizei sie aus der Stadt bringen. Die arme Betina hat dabey Krämpfe bekommen, während sie selbst Convulsionen spielte.

138. Bettine Brentano an Friedrich Karl von Savigny
München, 28. Februar/2. März 1809

Auguste hat hier eine ähnliche Geschichte gemacht wie in Landshut mit Vergiften, nur daß es hier in einem Wirtshause war und daher mehr Aufsehen machte. Als ich zu ihr kam, fragte sie mich nach Clemens; nach Abredung sagte ich ihr, er sei vor zwei Tagen nach Frankfurt. Darauf nahm sie eine Strohflasche, schüttete mit Bedeuten in ein Glas mit Malaga und setzte es an. In diesem Augenblick übernahm mich Zorn und Angst so, daß ich ihr das Glas aus der Hand schlug (welches ich nicht hätte tun sollen, weil es lauter Dreck war). Sie nahm die Flasche, wollte trinken mit Gewalt. Wir, ich und Friederike, wurden ihr endlich Meister, jedoch hatte es mich so angegriffen, daß ich eine Art Krämpfe davon bekam, die mich laut schreien machten und zittern am ganzen Leib. Das ganze Haus versammelte sich, ich ließ den Hausarzt kommen und den Gift untersuchen, er sagte, es sei sehr stark. Darauf ging ich zu Stadion [dem österreichischen Gesandten], bei dem ich den Paß für Clemens zu holen hatte, und fragte ihn um Rat. Er sagte, ich soll ihr einen Arzt holen, der sie untersuchen müsse, und wenn sie Gift genommen hätte, sie zwingen, so oder gerichtlich, Gegenmittel zu nehmen. Sie lag in Clemens' Zimmer, welches sie sich hatte öffnen lassen. Hartz [Leibarzt des Königs] ging hin, richtete aber im Guten nichts aus. Er nahm das übrige Gift, um es als *Corpus delicti* zu gebrauchen, er sagt, er habe es auch bei der Polizei angezeigt. Sömmerring [Arzt in München] untersuchte das Gift, fand, daß es nichts war. Unterdessen wußte ich nichts davon, sie paradierte daher mit allen möglichen Krankheitszufällen, endlich begehrte sie einen Geistlichen, weil sie fühle, in einer halben Stunde müsse sie sterben; ich schickte ihr den Hofprediger [der Königin] Schmidt. Alle Leute rieten mir, es auf der geheimen Polizei anzuzeigen, indessen befolgte ich Stadions Rat und sagte, jetzt müsse der Arzt dafür sorgen. Dem Sömmerring spielte sie Convulsionen vor; er verstand sie recht gut. Der Abend kam herbei, keine Wirkung vom Gift zeigte sich; nun hat sie noch gar die ganze Nacht geschlafen wie ein Mehlsack. Sie will morgen oder übermorgen nach Landshut, um sich Wäsche zu holen, und will dann hier bleiben. Es ist aber unmöglich, weil die ganze Stadt mit Fingern auf sie weisen wird; am End, wenn es durch den Arzt Penar [Besnard, Direktor des Medizinalkomités], der auch davon weiß, an den König kömmt, so wird ihr die Stadt verwiesen, denn er kann die Selbstmörder nicht leiden. Graf Stadion meint, auch Clemens könne von der geheimen Polizei begehren, daß sie unter sicherer Begleitung nach Frankfurt gebracht werde. Ich werde von heute mich ganz von ihr abziehen. Sömmerring mags übrigens mit ihr ausmachen, mir vernichtet es die Gesundheit. Sie hat durch unerträgliches lügenhaftes Geschwätz alle Menschen, die sie nicht kannten, gerührt. Wenn ich es nun hörte, so hat mich mein Zorn immer so übernommen, bis ich matt und krank zusammenfiel, kurz, es war wohl der elendeste Tag meines Lebens. Sie begehrte mich zu sehen; so oft ich zu ihr kam, überfiel mich ein Schwindel *(Mal au cœur) pp.* Sie ekelte mich so, daß ich sie nicht hätte anrühren können, wenn ich ihr auch das vermeinte Gift wieder aus dem Leib gejagt hätte. Sie sagte mir: Dir verzeihe ich und besonders der Gundel, in kurzem werde ich sterben *pp.*

Es ist die verdrießlichste Geschichte meines Lebens. Geht sie von hier nicht weg, so werde ich wegmüssen, es wäre doch nicht der Mühe wert um dies Untier. Ich bitte Euch, überlegt, was Ihr tun wollt, aber bald. Moy war auch bei ihr; dem hat sie einen ganzen Stiefel voll weisgemacht. Soll dieser allenfalls (als ein alter Bekannter von Flavigny) diesem nicht schreiben und vorstellen, daß er sie holen müsse, um allen ferneren Scandal zu vermeiden? denn wenn wir schreiben, so könnte die Familie meinen, es sei eine Intrigue von uns, um sie los zu werden.

Clemens kann immer nach Salzburg gehen, obschon es ihr auch einfallen könnte; denn dahin kann sie weder zu Fuß noch zu Wagen kommen ohne Paß, und diesen kann sie sich nicht verschaffen. Auf alle Fälle, wenn er noch dort bleibt, nehme er sich in acht, weil sie morgen oder übermorgen nach Landshut rutschen will, um sich ihre Kleider zu holen. Adieu, lebt wohl, ich bin jetzt ganz wohl und hoffe, daß es keine Folgen hat; aber sie sehen werde ich auf keinen Fall mehr, die Seel dreht sich in mir herum vor Ekel. Sollte sie noch Tentationen oder Schnurren zum Umbringen machen, so wird sie durch die Ärzte von der Polizei eingesperrt. Nach Frankfurt, wohin ich glaubte, daß sie von selbst gehen würde, will sie durchaus nicht. [. . . .]

Bloß das Ansehen von Sömmerring und sein Versprechen, für alle Extravaganzen der Auguste zu stehen, haben die geheime Polizei dahin vermocht, ihr nicht zwei Mann Wache zu geben und bei Wohlsein einzusperren. Er hat hierüber Brief und Siegel, wird dies an ihre Familie nach Frankfurt schicken, damit dieselbe Maßregeln nimmt, um sie vor aller öffentlichen Beschimpfung zu hüten, und so war dieser letzte boshafteste aller Streiche (denn Ihr habt keinen Begriff von der greuelhaften Schändlichkeit ihrer Lügen, die mich noch jetzt vor Zorn zittern machen; auch muß ich die Erzählung bis auf mündliche Unterredung sparen, denn es würde mich zu sehr angreifen, sie zu schreiben) vielleicht der, welcher uns von ihr erlöst. Savigny, ich würde Dich und Gundel für die schwächsten aller Menschen halten, wenn Ihr irgend einen Schritt in Augustens Angelegenheiten tätet als nur *die*, sie los zu werden und so viel möglich alle Schuld von Clemens abzuwälzen, den sie ohnehin genug verleumden wird. Sie hat ohnehin mit gleißnerischer Sanftheit bei Menschen, die sie nicht kannten, genug Schuld auf uns zu schieben gewußt. Jetzt ist sie munter und alert und tut, als ob nichts geschehen wäre. Morgen geht sie nach Landshut, wo sie nach ihrem Versprechen an Sömmerring so lang bleiben wird, bis er Antwort erhält von Frankfurt; er hat als sehr rechtschaffner Mann dabei gehandelt und mir viel Trost gewährt. Stadion ist ein Engel von Güte, ohne diesen wäre ich zu Grund gegangen vor Zorn und Ärger.

Bettine.

Sagt dem Clemens nichts von diesem Brief, disponiert ihn nur sich zurückhaltend und herzhaft zu betragen.

Mein Brief ging unglücklicherweise gestern nicht fort, Ihr werdet ihn also erst erhalten, wenn *sie* schon dort ist. Sie begehrte den Tag der Vergiftung einen Geistlichen; da ich nun fest glaubte, sowie alle Ärzte, sie habe sich vergiftet (denn sie spielte Ohnmachten, Convulsionen, Wahnsinn *pp.*), so ging ich zu Hofprediger Schmidt, erklärte ihm die Sache und bat sehr, alle seine Kräfte anzuwenden, sie zu einem Gegenmittel zu bewegen, allein sie hat ihn ganz auf ihre Seite zu bringen gewußt, er schwört nicht höher als auf sie und glaubt, ich tue ihr unrecht. Adieu, lebt wohl!

139. Bettine Brentano an Friedrich Karl von Savigny
München, 3. März 1809

Seit der Geschichte mit Auguste hab ich keinen Überrock mehr; wie ich ihr das vermeintliche Gift entreißen wollte, hat sie mir's über den Leib gegossen und also kann [ich] den Überrock nicht mehr tragen.

140. Clemens Brentano an Friedrich Karl von Savigny
Stallwang, 5. März 1809

Du glaubst nicht, in welche Angst mit B[ettinens] Brief gesetzt, welch schändliches elendes Geschöpf [Auguste]! Ich muß mich vor aller Welt schämen, wenn ich je wieder nach M[ünchen] komme. Ach wenn nur je eine Rettung möglich ist! Nun halte den Brief, den Du mir in Landshut gabst, die Wirtshausscene und den über die Fränz zusammen, es ist entsetzlich, sollte das nicht Verrücktheit sein? Wird irgend etwas erfolgen? wird Franz Deinen Brief nicht beiseite legen? So kann es nicht bleiben. O Lieber, lasse nichts ruhen, nichts einschlafen und mache die Sache in Frankfurt, so wie sie ist, bekannt. Solltest Du vielleicht an Flavigny schreiben wollen, die Adresse ist M. Aléxandre de Flavigny, rue St. Marc N°20, Paris. Wenn nur etwas erreicht wird, daß ich nicht mit dieser Schindmähre, die sich in allen Gasthöfen vergibt, zusammensein muß. Dann fürchte ich auch wieder sehr, daß sie mir in meine Stuben einbricht und mir vielleicht die Papiere Sophiens vernichtet oder mißhandelt oder sonst Teufeleien drin anstellt. Dieses Schandmensch ist zu allem fähig. Die Stuben zu versiegeln hilft nicht, ich bin darum in mancherlei Sorge. Wenn sie meinen Aufenthalt erführe, wäre ich sehr übel dran; auf den [Sebastian] Baumann kann man sich verlassen, Löw [Arzt in Landshut] muß man es nochmals einschärfen. Wenn Du irgend eine Art von Flucht durch das Verweigern des Geldes verhindern willst, hast Du ganz wohlgethan, Du kannst der Magd ihre Küchenrechnungen wöchentlich bezahlen. Aber wäre es nicht nötig die Sache an irgend einem Gericht anzuzeigen, eine Art Verrückung muß doch da sein. Die arme Magd, die doch das Schwerste dabei zu thun hat, bitte ich Euch ernsthaft aufzurichten und sie auf dem Wege des Guten zu erhalten. [...]

Ich beginne doch die Folgen vieler Angst und Not zu fühlen und zwar in einem steten Schwindel. Wenn Du nur die Geschichte den F[rank]furtern triftig genug an[s] Herz legst in ihrer wahren verzweifelten Gestalt! ist denn noch keine Scheidungsklage möglich?

141. Bettine Brentano an Achim von Arnim
München, März 1809

Clemens ist seit ein paar Tagen [etwa 22. Februar] hier, seine Frau nach vielen sehr argen Extravaganzen hat es endlich damit beschlossen, ihm, dem Savigny, dem Arzt und vielen andern weißzumachen, sie habe sich vergiftet; sie wurde zu Bett gelegt und allerlei Gegenmittel angeordnet, wovon sie aber keins nahm, weil sie platterdings sterben wollte, endlich der Comödie selbst müde ward und sich wieder ganz gesund sonder zurückgelassnen Schwächen darstellte. Savigny gab darauf dem Clemens den Rath, Landshut zu verlassen, worauf er hierher kam, ich fürchte nur, sie wird bald nachkommen. Er wohnt gegen mir über bei einem Schneider über drei Stiegen in einem recht hübschen Zimmerchen für 5 fl. den Monat, welches ich recht wohlfeil finde; ich wollte, Du wohntest mir auch so nahe. [...]

Auguste verfolgt den Clemens wie ein böser Geist, er hat bis jetzt noch keine Ruhe gehabt und wird auch keine mehr haben, bis sie beide völlig auseinander sind. Vor ein paar Tagen weckte man mich aus dem Schlaf in der Früh, weil jemand mit mir sprechen wolle; es war ein Abgesandter von Savigny aus

Landshut, der dem Clemens berichten sollte, daß Auguste heimlich nach München in verwichner Nacht war, mit dem festen Vorsatz, sich in seiner Gegenwart zu vergiften. Nun sollte ich einen Paß für ihn bei Graf Stadion holen für Salzburg, allein dazu wars zu früh; er beschloß also, nach Landshut zu gehen und dort den Paß abzuwarten; er bat mich zu ihr zu gehen und sie womöglich von einem bösen Streich abzuhalten. Ich ging mit meinem Mädchen zu ihr, sie that, als wollte sie sich (aber mit der größten Kaltblütigkeit) in meiner Gegenwart vergiften, ich mußte bei einer Viertelstunde mit ihr ringen, bis ich ihr die Flasche nahm; allein die Gewalt, die ich mir anthun müssen, zog mir Krämpfe zu, meine Kleider waren mit Gift überschüttet und ich war in dem elendesten Zustand meines Lebens. Wie viel, wie ungeheuer viele Bosheit dies elende Wesen in diesem Augenblick gegen mich blicken ließ, ist nicht zu begreifen. Indessen bereitete sie sich doch ganz, als würde sie in einer halben Stunde sterben, sie legte sich ins Bett, hatte Ohnmachten, Schlaf und Convulsionen, gab vor, für zwei fl. Opium genommen zu haben. Ich mußte Aerzte holen, sie sollte Gegenmittel nehmen, sie weigerte sich, sie begehrte einen Priester, weil sie gleich sterben müsse. Die Aerzte zeigten es der geheimen Polizei an, sie sollte augenblicklich gezwungen werden; indessen war die Zeit vergangen und keine Wirkung zu spüren. Die Polizei drohte ihr mit dem Narrenhause, dies machte sie etwas stutzig, sie zog ihre Klauen ein und ging nach einem dreitägigen Aufenthalt wieder nach Landshut. Man hat von dieser Aufführung einen Bericht an die Familie gemacht und hofft, daß dieses beide trennen wird. Die Aerzte und Pfarrer und alles, was zu ihr kam, hat sie künstlich mit Schmeichelei und Lügen auf ihre Seite gebracht, man giebt dem Clemens eher unrecht wie ihr, und dies kränkt mich noch am meisten. Kurz, lieber Arnim, es ist die ekelhafteste Geschichte, und ich will davon stillschweigen; aber, siehst Du, so übel gehts dem armen Clemens.

142. Friedrich Karl von Savigny an Clemens Brentano
Landshut, Mitte März 1809

Es ist hier nicht mehr die Rede von ehelicher Uneinigkeit, sondern von einem tollen Weibe, das gezähmt werden soll. Wer soll das tun? Nach dem Buchstaben des Gesetzes allerdings der Clemens; das ist aber absolut unmöglich, schon deswegen, weil die Auguste sich in der Gewalt hat und also überall, wo man Gericht und Polizei gegen sie gebrauchen wollte, den Schein für sich und gegen Clemens haben würde, wie sie jetzt wieder in München viele Menschen gewonnen hat. Die Familie der Auguste kann es, und sollte sie es wohl deshalb verweigern, weil sie nicht gerichtlich dazu gezwungen werden kann? Geschieht nichts, so bleibt dem Clemens nichts übrig, als wegzugehen und sie ihrem Schicksal zu überlassen, denn man kann ihm nicht zumuten, um des blosen Buchstabens willens bei ihr zu bleiben, wo er nichts besser und nur alles schlimmer machen kann. Das hat auch Flavigny erkannt.

143. Jacob Grimm an Friedrich Karl von Savigny
Kassel, 15. März 1809

Über des Clemens fortwährendes Unglück bin ich betrübt, ebenso über das Aufsehen, das die Geschichte in Landshut und München machen muß, denn wie ärgerlich muß Ihnen das sein. Schreiben Sie mir doch, wenn Sie mögen, zuweilen davon, ob sich Ihre Hoffnung bestätigt, daß es zu Ende gehen könne. Sogar meinen Bruder in München hat sie nicht in Ruh gelassen, er schreibt mir eben, nachdem er schon mehrere Briefe von ihr erhalten, worin sie ein Porträt von Cl. verlangt, habe sie ihn kürzlich aus der Academie ins Wirtshaus rufen lassen, jenes abbestellt und ihm Geld und Ringe aufdringen wollen. Er hat ihr aber alles auf den Tisch gelegt und sich fortgemacht, ist auch hernach nicht mehr hingegangen. Er bittet mich, niemand davon zu sagen, sagen Sie es auch dem Clemens nicht.

144. Bettine Brentano an Achim von Arnim
München, März 1809

Clemens hält sich versteckt vor seiner Frau, die wieder in Landshut ist; wo, weiß ich selbst nicht. Kurz, er ist in einem Zustand, als wenn er vogelfrei wäre; ich hoffe sehr, dieser letzte Streich bringt die beiden auseinander.

145. Achim von Arnim an Bettine Brentano
Berlin, 16. März 1809

Arme gequälte Bettine! Die Begebenheiten, die mir Dein letzter Brief gedrängt erzählt, hatte mir Savigny ein paar Tage früher berichtet. Ich hoffe, Bethmann wird sich überzeugen, was er mir ableugnete sowie die Jordis, daß für beide die Trennung nicht blos das Beste, sondern das einzig Mögliche sei, wenn er nicht noch tausend Skandale für sein hohes Haus miterleiden will. Wunderlich denk ich es mir in München, wo jedermann [wegen des drohenden Krieges] nach der österreichischen Grenze sieht, wenn da auf einmal so ein wüthendes Frauenzimmer auftritt und immer von sich spricht und ihrem Gifte, und alle Aerzte der Stadt zusammenlaufen müssen und denken, daß sie bald mit halb so vieler Mühe ein Dutzend brave Leute verbinden und herstellen können. Es ist doch unendlich dumm, wer sich in jetziger Zeit das Leben nimmt, da so viel Gelegenheit ist, drum zu kommen.

146. Clemens Brentano an Friedrich Karl von Savigny
Stallwang, Anfang März 1809

Wenn Du kannst, besuche mich, hier ists herrlich. Lasse meine Sachen bald von München kommen und schicke sie mir. Auguste kann mir hier nichts tun, denn ich bin ganz umgeben von einigen tausend Holzraupen. Der Weg ist sehr romantisch.

147. Bettine Brentano an Friedrich Karl von Savigny
München, 23. März 1809

Kein Geld hab ich, um den Schreiner zu bezahlen; denn ich hab manches auslegen müssen für Clemens, wovon ich Dir die Rechnung schicken werde, dann für Auguste, welches sie auch bezahlen soll, um eine Erinnerung zu haben, daß böse Streiche auch Geld kosten, nämlich die Visiten von Dr. Hartz, ungefähr eine halbe Carolin, und eine Bouteille Essig *à 4 voleurs* für 3-4 f.

148. Clemens Brentano an Achim von Arnim
Stallwang, 2. März 1809

Ich habe Dir auf viele liebevolle und freundliche Briefe nicht geschrieben, aber ich habe niemand geschrieben, ich habe mich geschämt, in einer so elenden niederträchtigen Lage als mit meinem teuflischen Weibe nur meiner lieben und edlen Freunde zu gedenken. Was könnte ich schreiben als daß ich in beständigem Fluchen und Mißhandeln lebe und täglich gleich einem Schinder stumpfer und fühlloser werde. Da nun meine Dame bloß für die Langeweile plötzlich Gift eingenommen haben wollte, zu sterben vorgab, keine Gegenmittel einnehmen wollte und in meiner, Savignys, Gundel[s] und der Ärzte Gegenwart mit verstelltem Kotzen, Testamentmachen etc. einen ganzen Tag zubrachte, sich aber sehr wohl befand, reiste ich den andern Tag nach München, mich bei Bettinen zu erholen. Kaum war ich zwei Tage dort, als mir Savigny einen Freund extrapost schickte, der [am 27. 2.] morgens mich um 7 Uhr aus dem Schlaf rief: »Auf! machen Sie sich fort, Ihre Frau ist heute Nacht hierher gereist und vor einer Stunde gekommen. Sie hat in Landshut verkündigt, daß sie sich im Wirtshaus in Ihrer Gegenwart vergiften wollte.« Ich zog mich schnell an, raffte nur meine Papiere zusammen und eilte zu Bettinen und darauf mit dem Boten (es ist der Poet Loew) extra nach Landshut zurück. Auf den Straßen in München mußte ich zweimal meiner Dame ausweichen, die aus einer Apotheke in die andere lief. In Landshut blieb ich incognito die Nacht und logierte bei Loew im Gebärhaus. Savigny und ein andrer trefflicher Freund mittelten mir eine heimliche Zuflucht im Gebirg, 2 Stunden von Landshut, sehr einsam und abgelegen bei einem Exbenediktiner aus, [der] auf einem adligen Gschlößl, das so groß wie eine Laterne ist, wohnt und von allen Holzarten Bücher macht, worin wie in kleinen Kasten das Blatt, die Blüte, die Insekten ect. sind. Hier sitze ich bereits seit 6 Wochen und helfe teils ihm, seine Kasten voll verschiedener Baumwanzen, Schmalböcke ect. sortieren, teils leimen wir die zerbrochenen Käfer und Schmetterlinge aneinander und ich habe schon manchen *Kukenkreitis* [Verballhornung des Dialektausdrucks »Vogel Gucken g'reut-dich«] gemacht. Savigny und Gundel haben mich schon besucht. Auguste hat übrigens, da sie meine Abreise in München vernahm, sich das Amüsement des Skandals doch nicht versagt und mit blindem Vergiften öffentlich im Wirtshaus eine Scene gratis gemacht und dabei nicht allein sämtliche Gäste, sondern auch die Ärzte der Stadt, den Beichtvater der Königin [Schmidt], den sie zitiert, Sömmering und andere einen Tag lang an der Nase herumgeführt und ihr Unglück zum Stadtgewäsche gemacht. Da sich aber kein gehöriger Effect eingestellt, der Rest in der Bouteille für höchst unschädlich von dem *collegium medicum* befunden worden, ihr auch von geheimer Polizei insinuiert worden, Seine Majestät seien besonders ungalant gegen die *suicides*, hat sie sich in höchstem Wohlsein wieder nach drei Tagen [am 2. 3.] nach Landshut verfügt, allwo sie jetzt Anstalten zur Abreise machen soll, wahrscheinlich wieder nach Allendorf. Übrigens hat Herr Bethmann nach diesen Eclats auf Savignys und Münchner Berichte Vollmacht von mir begehrt, die nötigen Mittel zum Wohl der Dame zu ergreifen, die ich ihm durch Savignys mit obrigkeitlichen Verificationen übermacht. So steht jetzt mein Geschick. Gott gebe, daß die Dame bald von Landshut abgeht, damit ich wieder von dem einsamen Gschlößl herunter kann, auf welchem ich mich ganz in der Lage der Einsiedler vorderöstreichischen von Adel in den lustgen Sommertagen befinde. Ich lebe hier unter dem Namen Bennone, welches ein Mann des Schmerzes heißen soll, wie mir mein Taufpate gesagt.

149. *Clemens Brentano an Joseph von Görres*
Berlin, Anfang 1810

Die kurze Geschichte ist aber: nachdem meine Furia aus einer Tollheit in die andere gefallen war, vergiftete sie sich in Landshut vorgeblich und brachte Aerzte und Pfaffen in Bewegung, warum weiß Niemand. Nach dieser Comödie, den folgenden Morgen, ging ich auf ein paar Tage nach München zu Bettinen, aber sie kam plötzlich dort an, um die Comödie zu erneuern, sie schrieb vorher ein lächerliches Testament; eine Stunde vor ihr kam Dr. Loew als reitender Bote von Savigny an mich, um mich von ihrer Ankunft zu präveniren; ich ging nun schnell nach Landshut zurück, und von da denselben Tag auf ein einsames Walddorf zu einem alten Exbenediktiner, der vom Insektensammeln lebt, bei dem war ich vier Wochen, und diente ihm die Messe. Als die Furia ihren Zweck, mich in München mit ihrer zweiten Auflage der erlogenen Vergiftungsscene zu ängstigen, verfehlt hatte, soff sie den Giftbecher im Wirtshaus vor Bettinen und den Marqueurs aus; das ganze Haus, und bald die Polizei umgab sie, den Aerzten, welche ihr *par force* ein Klistir setzen ließen, las sie meine ersten Briefe und Gedichte vor; sie spie und [schiß] und raste *à la* Ophelia; sie beichtete dem lutherischen Beichtvater der Königin und ließ das letzte Zügenglöcklein für sich läuten, und bei zwei Münchner Mirakelbildern für sich beten – das von 9 Uhr Morgens bis halb 4 Nachmittag. Um 6 Uhr gab sie Theegesellschaft im Bett, und sprach zur allgemeinen Bewunderung mit dem modernen Beichtvater und verschiedenen Aerzten entzückend von der Phädra und Braut von Messina, und von ihrem Clemens, und die Herren beneideten mich um mein Weibchen. Uebrigens wurde der Scandal so groß, daß man ihr von Oben herab insinuirte, sich wegzubegeben oder mit dem Tollhaus vorlieb zu nehmen. Sie ging nach drei Tagen nach Landshut zurück, packte ein, wurde gegen Jedermann und besonders Savigny ochsengrob und wollte *par tout* auf dem Postwagen allein nach Allendorf in Hessen, zu dem Pfarrer, wo ich sie schon einmal hatte, reisen, die Polizei aber versagte ihr den Paß, und zwang sie auf eine schickliche Art, mit einem pedantischen Orgelmacher begleitet Extrapost zu reisen. Kaum war sie fort, so verließ ich meinen Insektensammler und begab mich an meinen verlassenen Herd, wo ich alles verwüstet fand. Die erste Entdeckung, die man in München zu allgemeinem Gelächter und Spott der Aerzte machte, war, daß sie keineswegs Gift genommen, sondern eine Flasche Mallaga mit Zahnpulver ausgesoffen, und daß sie eine halbe Stunde vor ihrem Unternehmen nicht in der Apotheke Gift geholt, sondern in einer Lesebibliothek ihr wöchentlich 20 Bände Romane nach Landshut zu schicken contrahirt hatte; als sie dies gethan, wußte sie nicht, daß ich München schon verlassen. Testament, Priester, Arzt, ja selbst der Tod wurde hier blos zum Narren gehabt, um den armen Clemente zu schinden, welcher unterdessen, unter dem Namen Bennone, Schmalböcke, Blattläuse und Schmeisfliegen mit Gummi in Reih und Glied auf Goldpapier klebte.

150. Bettine Brentano an Achim von Arnim
München, 25. März 1809

Die Auguste ist von Landshut weg, wieder nach Allendorf, mit Bewilligung ihrer Familie; diese ist jetzt auf einer ganz herrlichen Meinung, sie will alles dazu beitragen, die Scheidung zu befördern.

151. Friedrich Karl von Savigny an Clemens Brentano
Landshut, Ende März 1809

Auguste Vorgestern fort, Christian [Brentano] heute angekommen, kommt doch Morgen herein, wenn Ihr bis Morgen Mittag nicht da seyd, so kommen wir hinaus.

152. Clemens Brentano an Achim von Arnim
Landshut, Anfang Mai 1809

Auguste war also mit einem ihr als Adjutant aufgedrungenen hinkenden Orgelmacher nach Allendorf, wo sie der guten Pfarrfamilie die Haut voll gelogen, zurückgereist. Herr Bethmann ist, wie ich höre, jetzt selbst dahin, mit dem Pfarrer zu contrahieren, und wird sich von neuem die Nase drehen lassen. Ich fand hier im Hause alles verwüstet und durcheinander geschmissen.

153. Schülers Bericht über Heinrich Mannel (1927)
[Spätere Aufzeichnung]

Dort im Hause des Pfarrers Mannel, richtete sie [Auguste] auch wieder Unglück an. Dessen Sohn Heinrich war mit der zweiten Tochter Lotte des Kirchenrats Schüler in Hersfeld, einem sehr hübschen und gescheidten, ja geistvollen Mädchen, verlobt; als diese mit ihrer Mutter im Pfarrhause erschien, suchte die Brentano sie alsbald lächerlich und ihren Verlobten ihr abtrünnig zu machen; den hatte sie schon durch eifriges Hofmachen und schönste Geschenke, wie ein prächtiges Reitpferd, für sich zu gewinnen gesucht: als sie abends zu ihm sagte, »Heinrich, tragen Sie mich ins Bett«, und der starke junge Mann dies auch tat, reiste die Braut andern Morgens ab, ohne ihn noch einmal zu sehen.

154. Achim von Arnim an Bettine Brentano
Berlin, 4. Mai 1809

Du schreibst mir kein Wort von Clemens, so lieblos er mich seit Monaten vergessen, ich kann ihm doch nicht Gleiches mit Gleichem vergelten; grüß ihn herzlich und ermahne ihn doch, nur ein paar Worte mir zur Auskunft über sich zu schenken. Sein Hauskobold ist doch fort; was kann ihn noch molestiren? Ich fürchte, daß er dieser Gallenbewegung schon zu sehr gewöhnt war, um sie nicht zurück zu wünschen. Es wird ihm gehen wie den beiden Offizieren, die sich einander duellirten ihr Lebelang, bis einer den andern erstochen, worauf jener in Gram und Langeweile verging.

155. Wilhelm an Jacob Grimm
Halle, 6. Mai 1809

Wie es Savigny und Clemens ergangen, ist mir so oft im Sinn, und an den letztern wird überhaupt so viel gedacht, daß alle Nachricht von ihm willkommen sein wird. In Frankfurt und Heidelberg ist er nicht gern, und nach Kassel kommt er vielleicht nicht, weil er dann der Auguste wieder zu nah.

156. Bettine Brentano an Achim von Arnim
München, 11. Juni 1809

Savigny, Gundel und Kinder hab ich sehr wohl verlassen, auch den Clemens, der von seiner Frauen zurückgelassenen Wein trinkt, der so sauer und schlecht ist wie die Frau selber.

157. Wilhelm an Jacob Grimm
Halle, 15. Juli 1809

Von Arnim sind zwei Briefe angekommen für Dich und mich. [...] In dem meinigen meldet er, daß er von Clemens einen sehr unterhaltenden Brief erhalten, und daß die Bethmännische Familie an der Scheidung arbeite.

158. Wilhelm an Jacob Grimm
Halle, 16. August 1809

Vorgestern abend ist Brentano hier schon angelangt. Ohne meine Antwort ist er von München abgereist, über Nürnberg, und ist nun hier und will einige Zeit sich aufhalten. Er scheint wieder ein wenig lustiger zu sein und macht viel Spaß, er sieht noch aus wie sonst, nur ein wenig magerer. Von der Frau, deren abscheuliche Geschichte er erzählt hat, ist er zwar nicht getrennt, er wird sie aber niemals wieder nehmen, und sie wird nach Frankfurt zu ihren Eltern gehn.

159. Wilhelm an Jacob Grimm
Halle, 6. Juni 1809

Arnim hat die Zeit über nichts hören lassen. Die schottische Geschichte [aus Arnims Novellensammlung *Der Wintergarten*] ist freilich dieselbe. In einer Erzählung von Mistreß Lee scheint eine Anspielung auf Clemens' und Augustens Begebenheit zu liegen, wobei auch der Christian vorkommt. Die Zueignung scheint an Clemens und am Ende ist eine schöne Stelle an ihn gerichtet.

160. Achim von Arnim, Mistris Lee.
Erzählung (1808/09)

Ich überzeuge mich jeden Tag, den ich in den Gerichtshöfen zubringe, daß die Engländer einen Naturtrieb, eine reine Begeisterung zum Gesetzgeben haben, wir Deutsche, in denen die besten Thätigkeiten selten zu einer allgemein geltenden Form gelangen, sollten uns von ihnen die Gesetzgeber, wie die französischen Mamsellen aus Neufchatel, oder wie die Castraten aus Neapel erkaufen, haben wir doch dazu die fleißigen Bergleute, die mit ihrem Bergleder die Gänge der Unterwelt durchkriechen, um alles dazu nöthige Erz an die ungeduldige Sonne zu bringen. Selbst das flüchtige Vergnügen, das sonst wie eine Feder in der Luft schon von dem Gewichte einer Fliege umschlagen kann, muß sich die strenge Form einer großen bürgerlichen Ordnung gefallen lassen, wenn es in England geduldet werden will; die Langeweile, die sich sonst wohl verschweigen aber nicht verbergen läßt, läßt sich auf diesem Wege sehr gut dahinter verstecken. Der Ceremonienmeister in den Bädern, die ängstliche Übereinstimmung im Erscheinen der jüngsten Leute fällt dem Fremden sehr auf, der sie nach dieser strengen Erziehung zu Hause, im Auslande wie im Tummelplatze ihres Muthwillens gesehen. Sah ich doch in der katholischen Kirche zu Dresden junge Lords ihre schmutzigen gestiefelten Beine auf das Pult für die Gesangbücher legen, bis endlich die riesenhaften graugelben Kirchendiener sie mit ihren Stäben berührten. Damit vergleiche man das Gesetz bei der großen italiänischen Oper in London nur Männern in Schuh und Strümpfen und im Rock den Eingang in das Parterre zu gestatten. Welche Umständlichkeiten für einen Fremden, der sich den ganzen Tag zum Sehen befleißigt und Abends noch auf sich selbst sehen muß. Zu dem Gesehenwerden der Zuschauer ist das Opernhaus auch viel besser eingerichtet als zum Sehen; die Dekorationen sind meist abgerieben, das Haus so wie im Innern, so von Außen ohne bedeutende Verzierung, aber zahlreiche Lichter besternen die Logen, und die schönen Frauen wie Sternbilder ruhen im Kreise umher, und die Engländer von Welt, als eine schifffahrende Nation, kennen alle diese Sternbilder, weil sie theils durch *ihre Schönheit, theils durch ihre Männer öffentliche Charactere sind; manche sind auch öffentlich selbst und finden sich wie gefallene Sternschnuppen im Parterre. Heute trat fast mitten im Stück, es wurde* [Paesiellos Oper] *die schöne Müllerin gegeben, noch eine neue Schönheit hervor, wie einer von den Sternen, deren Licht noch nicht angekommen ist, das erregte die Aufmerksamkeit, als würden die Siegeskanonen in Hydepark gelöst; sei die Stimme der Sängerin noch so eindringend, die Zudringlichkeit der Neugierde ist stärker, die Liebe ach die Liebe hat sie so weit gebracht. Die lächelnd eintretende Frau war etwas stark, aber ohne Beschwerde, Fülle ohne Überfluß, ohne jugendlich zu sein, doch noch jung, die Haut sehr klar und schön gefärbt, die Augen etwas tief und verwirrt, ihr Haar blond und künstlich gelockt, aber sehr dick; sie trug einen rothen Shawl. Das sah ich alles genau an, und um nicht immer wieder hinzusehen, drehte ich ihr den Rücken zu und ließ mich von dem anziehenden Gesange aufzehren. Ich durstete am Ende des Stücks als wäre es ein heißer Tag gewesen; ich eilte fort, aber im sogenannten Kneifsaale* [Foyer, von »knäufen« = zuknöpfen]*, wo das Vorfahren der Wagen erwartet wird, stopfte es sich und der Strudel riß mich ganz dicht auf die viel beschaute Schöne hin; was so viele sehnlich gesucht, das trat mir wie ein Hinderniß entgegen. So unangenehm mir dies Drängen war, sie schien sehr behaglich dabei. Ich machte einen Engländer meiner Bekanntschaft, der ihr recht fest in die Augen sah, aufmerksam auf sie; ich erschrak, als er mir fast laut sagte: »Kennen Sie noch nicht die berühmte schöne Mistriss* Lee*?« Engländer lassen sich nur sehr selten zum ganz leisen Sprechen herab, wie sie sich auch nur selten zum Schreien erheben, was aber das Wort berühmt anlangt, so heißt es dort meist nichts mehr, als daß es mehrmals in den Zeitungen gestanden, wie bei gewissen deutschen Gelehrten, und dann meinen sie, daß es die ganze Welt wissen müßte. Ich fragte ihn deswegen im Scherz; ob es nicht die Schwester von* Lukas Kranachs Eva *sei? sie hätten Familienähnlichkeit mit einander. – »Unmöglich,« meinte er, »kein Mensch in England hat das je vermuthet, das muß in ausländischen Blättern gestanden haben.« – Ich lachte und ging mit ihm durch manche Hand der Versuchung, weil ich die Gewohnheit habe die Musik,* *die in meinem Kopfe lustwandelt, vor mir hinzusingen, was in ganz London Abends nur ein Betrunkener thut. Wir traten in der Neubondstraße ins Kaffeehaus und setzten uns zusammen in eine Bucht und tranken einige Gläser Nigus* [Punsch]; *da kamen wir nothwendig auf die schöne Frau, er wußte ihre Geschichte sehr umständlich von ihren Entführern, ich will sie im Auszuge ihm nacherzählen:*

Ich möchte Ihnen voraus meine Ansicht von dem Character der drei wunderlich verschlungenen und verfeindeten, der Mistris Lee, *und der beiden Brüder* Laudon *und* Lockhart Gordon *geben. Über die beiden letztern bin ich ganz einig;* Laudon *ist durchaus gutmüthig, vielleicht etwas zu unentschlossen, dabei von seinen Schicksalen früher gebeugt.* Lockhart *könnte böse sein für jeden andern, dem er gut wäre, dem könnte er auch schlechten Rath geben, weil er ihm seine eigne Überlegenheit zur Ausführung nicht mittheilen kann. Er hat das schlechte Leben der Hauptstadt mitgemacht, ohne gerade schlechter zu sein als die übrige Schaar; von allen Leidenschaften war ihm eigentlich nur die Jagd geblieben, Weiber und Spiel dienten ihm nur zur Ausfüllung müßiger Stunden. Thätigkeit war ihm Bedürfniß; er war allen dienstfertig, ohne einem dienen zu wollen. Beide trugen ihren Charakter im Gesichte und in ihrer Haltung;* Lockhart, *kräftiger und streng gezeichnet, reizt doch viel weniger die Frauen, als die sanfte Schwermuth in dem verbrannten Gesichte des Bruders, dessen Anstand durch das Soldatenleben sich auch besser entwickelt hatte. Mistris* Lee *wurde als Miß* Daschwood *mehrere Jahre bei der Mutter der beiden* Gordons *auferzogen; ihren Charakter zu entwickeln mag die Geschichte dienen, Sie werden bald finden, daß sie in die allgemeine Abtheilung von gut und böse nicht passen will, denn beides hat doch einen festen Grund, aber das Wunderbare in ihr, diese Mischung von Talent und Beschränktheit, von scheinbarer Bosheit und mitleidiger Güte, so etwas ist nur in einer Frau unsrer Tage zu finden, wo der Enthusiasmus früherer Jahre an der kalten Gleichgültigkeit der Mehrzahl aufbrennt, und die Luft, die daraus sich entwikkelt, ist nun einmal wie alle Luft gestaltlos und unathembar, weil sie verbrannt ist. Sie war sehr früh entwickelt und gehörte zu den Mädchen, die man immer schon erwachsen gesehen zu haben glaubt;*

Richardsons *Bücher erhöhten ihre Lebendigkeit zum festen Ideale; sie suchte sich einen bildsamen Stoff, dem sie die zugehörige Rolle übertragen konnte, und keiner war so geschickt dazu, als der nachgebende schöne* Laudon, *den sein Bruder deswegen oft neckte. So trieben sie in gegenseitiger Vertraulichkeit ihr unschuldiges Liebeswesen so lange bis* Laudon, *der ohne Vermögen war, in die Militairschule zu Wolwich gebracht wurde und Miß* Daschwood *fast erwachsen zu ihrer Mutter zurückkehrte. Sie hatte schon zuweilen in ihrer kleinen Geschichte mit* Laudon *Anfälle von kleiner Teufelei mitten in höchster Empfindung gehabt in der ihr alle Wichtigkeiten ihres Zusammenhaltens lächerlich vorkamen, aber gerade diese Unsicherheit, dieses Umschlagen entwickelte sich jetzt sehr auffallend: Sie trat in einen größeren Kreis sehr gewöhnlicher Menschen, die solche Übergänge wie eine Überlegenheit des Verstandes anstaunten und ihre ärgsten Unarten sehr anmuthig fanden. Die Tage wurden gleichgültig ausgefüllt und es kostete ihr wenig sich einem Herrn* Lee *zur vermählen, der alt und abgelebt, ihr wohl durchaus unangemessen, aber durch ein bedeutendes Vermögen sie in die Welt einzuführen versprach. Sie kannte ihn sehr bald und alle seine Schwächen und um ihren Kränkungen vor allen Leuten zu entgehen, trennte er sich durch Übereinkunft von ihr, ohne Scheidung, und setzte ihr 2000 Pfund Sterling jährlich aus.* Laudon *war inzwischen im sechzehnten Jahre in die Artillerie eingetreten und nach Westindien geschifft, wo er bis zum vorigen Jahre blieb. Einer strengen Sorgfalt in seinen Angelegenheiten war seine Nachlässigkeit unfähig; früh, durch die hohen Verbindungen seines Hauses, in der Gesellschaft reicher Leute, hatte er den Sinn für eine ordentliche Haushaltung verloren; ohne zu verschwenden, machte er Schulden und mußte wegen einer solchen Schuld das Regiment verlassen. Er kam im Oktober vor zwei Jahren nach London, um diese Angelegenheit einzurichten; das Regiment gab ihm das Zeugniß eines braven Offiziers. Er wohnte bei seinem Bruder, der inzwischen eine geistliche Pfründe bekommen, und sich bei guter Jagdbewegung und gutem Leben gar stattlich ausgewachsen und gefüllt hatte; doch hatte* Laudons *verbranntes trocknes Gesicht viel Reiz für die meisten Frauen der Gesellschaft; eine seiner ersten*

Fragen war aber nach Miß Daschwood, *an wen sie verheirathet, wovon er nur ein unbestimmtes Gerücht vernommen, doch wußte* Lockhart *ungefähr, daß sie verheirathet, getrennt und in Wolford lebte. Ein unbedeutendes Magenübel führte ihn zu Herrn* Blankett, *der lange seiner Mutter Apotheker gewesen war, er erkundigte sich bei ihm gleichfalls, der erzählte ihm mehrere Umstände ihres Lebens und daß sie jetzt nach Piccadily gezogen wäre. Das war im December, er suchte sie auf, sie nahm ihn mit Vergnügen an, die ersten Ausdrücke hatten die alte Vertraulichkeit; erst nachher wie sie einander gegenüber saßen, sahen sie, wie sie sich beide entwickelt hatten; der sanfte* Laudon *hatte viel ertragen müssen und erst dreiundzwanzig Jahr alt, doch eine gewisse Sicherheit, die ihr in den wunderlichen Launen ihres Wittwenstandes verloren gegangen, in denen sie jeden einmal darauf angesehen, ob er sie wohl aus dem langweiligen Alleine befreien könnte, wenn er sie auch nicht liebte; sich hinzugeben einer Liebe, hatte sie wohl in der Ehe verlernt. So saßen sie einander gegenüber, ihm fiel nichts auf, als wie das kleine Mädchen so schön zugenommen und stark geworden; ihre Hand war so voll und weich, er wog sie in der seinen, es war noch derselbe Eindruck aber stärker, den bei mehreren hundert Meilen mehrjähriger Entfernung die schreckliche senkrechte Sonne nicht hatte ausbrennen können, fast vergaß er der dazwischenliegenden Zeit. Mistris* Lee *schien auch an alle älteren Verhältnisse erinnert zu werden, fragte nach* Gordons *Mutter, nach* Lockhart, *den sie sehr zu sehen wünschte bei seinem nächsten Besuche. Dann sprach sie mit Thränen von* Gordons *in Westindien verstorbener Schwester, ließ von ihrem Kammermädchen, der* Davidson, *einen erhaltenen Brief bringen, den sie wenig Tage vor ihrem Tode geschrieben, zeigte auch ihr Bildniß dem Bruder, sie fühlten sich ordentlich gezwungen einander alles nachzuholen, was ihnen einzeln begegnet, und als er nach zwei Stunden sehr zärtlich Abschied nahm, machte sie es ihm zur Pflicht, recht bald wiederzukommen.*

Als er das nächste Mal kam, schien sie ihm doch im ersten Begrüßen fremdartig; er hatte sich in der Zwischenzeit alles Störende anderer Gewohnheiten weggedacht, er meinte schon, sie wäre nur mit ihm beschäftigt. Nun fragte sie gleich nach Lockhart, *warum der nicht mitgekommen, er sagte, sie wüßte wohl seine Jagdliebhaberei, die ihm zu Besuchen wenig Zeit und Lust übrig lasse. Sie kamen bald auf Bücher, hier war es ihm überraschend, wie er so manches in Westindien versäumt hatte, was ihr besonders lieb, sie führte fast allein das Gespräch, wünschte sein Urtheil über* Vaillants *Reisen unter anderm und lieh sie ihm. Er wünschte auch etwas Gelehrtes zum Gespräche zu geben und ihm fiel nichts Besseres als eine Übersetzung des Anakreon ein, sie versicherte, daß es der einzige Dichter wäre, den sie liebte, er sollte das Buch schicken. Sie versicherte ihm, sie hätte erst nach Bath in diesen Tagen reisen wollen, aber nun könne sie ihn nicht sobald verlassen. Das nächstemal kam er wieder ohne Lock-hart, sie sagte: »Ich errathe den Grund, warum er nicht kommt, ich bin für sceptisch bekannt, doch sagen Sie ihm, daß ich nicht von Religion sprechen will.« Er versicherte ihr, daß sein Bruder wahrscheinlich nichts davon wisse und daß er zu liberal über diese Dinge denke, um daran Anstoß zu nehmen, er hätte aber so viele Bekannte. Sie versicherte ihm darauf, daß sie seit zwei Monaten nicht aus dem Hause gewesen.* Laudon *fürchtete in ihr einen hypochondrischen Zustand, so erschienen ihm ihre Religionsuntersuchungen, rieth ihr Bewegung und schlug vor die Christmeßpantomime zu besuchen. »Recht gern,« äußerte sie, »nur fürchte ich Beleidigungen im Theater.«* Laudon *versicherte ihr, daß er sie wohl schützen wolle; es kam ihm aber ganz sonderbar vor. Sie lachte und sagte, daß sie einen Traum gehabt hätte, was der wohl bedeute; kurz vor dem letzten Meteor, ob er wohl damit im Zusammenhange? Das kam ihm noch sonderbarer vor, davon hatte weder* Clarissa *noch Westindien etwas gewußt. Er bat sich das Blatt aus, worauf sie den Traum geschrieben, er versprach es niemand als seinem Bruder zu zeigen. Als sie ihn hierauf an einen bestimmten Tag wiederbestellte, war es ihm gar wunderlich, er versicherte, daß er mit seinen Freunden nie so gestanden, sondern wie es der Zufall beschert; – aber sie war schön und immer schöner.*

Zu Hause las er gleich, den Hut noch auf dem Kopf, diesen Traum seinem Bruder vor.

»Es mochte ungefähr drei Uhr Morgens sein, wie ich nachher vom Wächter erfuhr, da sah ich nach Südost sich die Sonne glorreich durch die Wolken brechen, deren Ränder vergoldet waren. Indem ich so hinsah, so herrlich hatte ich es nie gesehen, da dachte ich und rief: Es ist erst drei Uhr und auf unsrer Erdseite noch dunkle Nacht, und doch bricht die Sonne durch. Indem ich darüber nachsann, wendete ich mich nach Nordost und sah den Mond bleich und bewölkt, aber an seinen beiden Seiten waren zwei leuchtende Kugeln wie Sonnen, die ihn allmälig erleuchteten und zu einer Feuersäule erhoben, und indem ich ihn so mit Vergnügen betrachtete, erhebt sich daraus das köstlichste Gebäude, was menschliche Kunst nie nachbilden kann. Die Säulen waren ungeheuer und rauh aufgebuckelt mit köstlichen Steinen, der Flur gläsern, aber so hoch, daß ich den obern Theil nicht unterscheiden konnte, die Architectur so zusammengesetzt, daß ich sie nicht benennen konnte, aber alles durchdrungen von einer übermenschlichen Schönheit, Größe und Macht. Ich war in tiefer Betrachtung versunken, als mich der Wächter, der drei ausrief, aus dem Schlaf weckte, ich konnte noch lange nachher den Traum deutlich vor mir sehen, allmälig verschwand erst das Gebäude.«*

Der Bruder lachte und machte eine zotenhafte Auslegung davon, aber Laudon *wurde sehr böse, versicherte ihm, es sei viel eher eine religiöse Schwermuth darin. Da setzte sich* Laudon *hin und meinte mit Siegesgeschrei alles gefunden zu haben, schrieb auch gleich an die schöne Träumerin.*

»Beste Frau. Ehe ich meine Auslegung des Traumes Ihnen mittheile, den Sie mir übergaben, erkläre ich voraus, daß so christlich meine Deutung, ich durchaus nicht als ein Ritter für das Christenthum auftreten möchte, das durch Mißdeutung seiner heiligen Wahrheiten eher könnte gefährdet werden. Die aufgehende frühzeitige Sonne ist das erste Erscheinen unsres Herrn Jesus Christus in Judäa, wie oft ist er genannt das Licht der Welt und die Sonne der Gerechtigkeit. Die mit Gold verbrämten Wolken, zeigen die Dunkelheit der damaligen Welt mit Ausnahme weniger. Der Mond in Nordost bezeichnet die erste Bekanntmachung des Evangeliums, der Nord ist immer zuerst *genannt, er bezeichnet das Beginnen, sein Dunkel die Erniedrigung und Marter unsers Herrn, die beiden Feuerkugeln sind Vater und heiliger Geist, die allmälige Erleuchtung und Vergrößerung des Mondes zeigt den Fortschritt des großen Werks der Erlösung. Daher die Wonne bei diesem Anblick, der mit dem großen Gebäude des Christenthums schloß, das kein Mensch überschauen kann. Die kostbaren Steine bezeichnen die eingeborne Schönheit der Jugend, der gläserne Flur die Heiterkeit eines wahren Christen. Die Architectur war freilich allzusehr zusammengesetzt, um in die Säulenordnungen der Menschen sich zu fügen, denn die Engel streben in ewiger Seligkeit darnach sie zu kennen, die Teufel selbst glauben daran und zittern davor. Möge diese Betrachtung Ihr Gemüth beruhigen, dem ich gleiche Überlegenheit über menschliche Zweifel wünsche, als Ihr Geist über den Verstand anderer Menschen ausübt; dies ist der Wunsch Ihres ergebnen* Laudon Gordon.«

N. S. »Ihrer artigen Aufforderung gemäß, werde ich Ihnen mit meinem Bruder nächsten Freitag meine Aufwartung machen.«

Die Brüder wurden den Freitag angenommen mit den herzlichen Begrüßungen, die zwischen alten Bekannten herkömmlich, sie sagte aber kein Wort von dem Traume und der Deutung, überhaupt erschien sie Laudon *nach den ersten Begrüßungen anders, sie wandte sich viel gegen* Lockhart, *und was sie ihm sagte, hatte immer eine gewisse Beziehung zu dem.* Lockhart *sagte, daß er furchtsam gewesen den Tag zu ihr zu kommen, da er seine Stiefeln sehr beschmutzt. Sie sagte lachend: »Ich dachte nicht, daß Sie je furchtsam wären, da Sie ein Christ sind;« dann fuhr sie fort, »niemand soll wohl so wie ich an eine Vorsehung glauben, ich bin unglaublich unterstützt worden, als ich jede Art Noth, selbst Geldnoth erlitt.«* Laudon *war verwundert, wie sie so sehr unglücklich gewesen, wovon sie ihm nichts bekannt, doch schob er es auf Rechnung ihres Zartgefühls, ihn nicht betrüben zu wollen. Darauf fragte sie nach* Gordon's *Mutter und als sie hörte, daß sie noch wohl sei, erwiederte sie: »Ich freue mich es zu hören, es ist eine ausgezeichnete Frau, aber gestehen Sie, ihre Grundsätze sind allzustreng.«* – »*Wenn Grundsätze je zu streng sein könnten,*« meinte Lockhart. *Ohne bestimmt zu sagen, daß sie beide hier von ihrer Trennung sprachen, fuhr sie doch fort, als wenn sie sich verstanden, ihren Schritt zu entschuldigen, sie erzählte sehr rührend, wie sie von allen verlassen gewesen, welche die Natur ihr verbunden, seit sie Herr* Lee *geheirathet; seine üble Sitten hätten alle zurückgeschreckt, es hätte jeder wohl gefühlt, daß sie recht thäten sich zu trennen, eben deswegen hätte es ihr niemand rathen wollen, sie hätte ihre Tage in Thränen zugebracht um Nachts mit dem verhaßten harten Manne ein freudeloses Lager zu theilen, ihrer Zärtlichkeit und ihrer Verzweiflung hätte er gleich gespottet, ein Rudel Hunde wären seine Vertrauten gewesen! Sie wurden beide gerührt, das drückte ihr* Lockhart *sehr lebhaft aus, da erinnerte sie ihn an die glücklichen Tage ihrer Kindheit, wo sie ohne Ursach stundenlang mit einander gelacht, sie erinnerte ihn, wie er immer so kurz angebunden gewesen, wie er sie immer kurzweg* Dasch *genannt, wie er an die Thür gedonnert, wenn er aus der Schule gekommen, die sie zu öffnen den Auftrag hatte, und geschrieen:* »Dasch *fix, ich will hinein!«* Lockhart, *wie alle rauhe Leute, wenn sie einmal erweicht, so bedauern sie es, nicht immer so gewesen zu sein, ermäßigte seine Stimme und versicherte, es thäte ihm herzlich leid, wie rauh und plump er damals nach Schulbubenart sie behandelt, es wäre aber von ihm gar nicht so böse gemeint gewesen, wenn er sie zuweilen geschlagen, er hatte es ihr nicht anders sagen können, daß er ihr gut gewesen.* – Mistris Lee *antwortete:* »*Sie haben mich nie übel behandelt, ich habe auch alles gut aufgenommen und sie nie verklagt, ich nahm alles als ein Zeichen von Zuneigung, ich hielt Sie für einen großmüthigen, offenherzigen Knaben.*« – Laudon *erinnerte sie an ihr* Richardson*sches Verhältniß, sie schwieg, als wäre es ihr fast vergessen, endlich wiederholte sie, daß sie zu jeder Zeit* Lockhart *sehr gern sehen würde. Die Brüder nahmen Abschied,* Laudon *wollte zuletzt im Zimmer bleiben, sie sah ihnen nach durch die Thüre.* Lockhart *meinte auf der Straße zu seinem Bruder, es sollte ihn recht ärgern, wenn sie glaubte, er hätte sie bis dahin absichtlich vernachlässigt, er wolle künftig gelegentlich immer Karten bei ihr abgeben.*

Laudon *erhielt darauf folgenden Brief von Mistris* Lee, *es war der erste, er untersuchte erst alles daran, er war mit dem Hoffnungsanker besiegelt, die Form war etwas unregelmäßig, dann riß er ihn schnell auf und las:*

»*Ihre Traumdeutung ist voll Geist und gesunder Vernunft, jener in dem Durchschauen der phantastischen Welt, dieses in dem Bekenntniß, daß es nur Wahrscheinlichkeit. Hier muß ich Sie aber warnen gegen dramatische Phantasie, die sich in verschiedne Verhältnisse setzt, was der Eitelkeit schmeichelt, aber den einen natürlichen Eindruck aufhebt. Der Ausdruck, die Sonne der Gerechtigkeit für Christus, wenn gleich nicht neu, ist doch sehr schön, für viele seiner Nachfolger war sie es, aber der größere Theil war unwissend und lasterhaft. Einige mystische Schriftsteller nennen ihn den Tagsquell. Ihre Auslegung von der großen Säule machte mir ein inniges Vergnügen, auch glaube ich, daß Tugend dem Menschen eingeboren, aber im jetzigen Zustande der Welt ist die Heiterkeit, die der Tugend nothwendig, fast unerreichlich. Die natürliche Anziehung zu allen, die unsre Kindheit erfreuten, veranlaßt mich, um ihren Besuch noch diese Woche zu bitten.*«

Er versäumte sie darauf ein paarmal, einmal wegen Beschäftigung, vielleicht auch aus Absicht, weil sie ihn einmal so kurz entlassen; sie schrieb ihm nochmals zu kommen und sie kamen acht Tage darauf zusammen. Die Träume und ihre Auslegung beschäftigten sie beide lange, Laudon *hatte sich von* Lockhart *allerlei Gelehrsamkeit dazu gefischt, er versicherte ihr, daß ihr Traum sicher wahr werden müsse, da* Horaz *nach der Mitte der Nacht die Zeit wahrer Träume setzt; dann erinnerte er an die schönen Worte* Ovids *über Träume, die alles wieder geben, was die Abwesenheit genommen. Er kam auf* Brutus, *daß der sicher geschlafen, als er das Phantom gesehen; endlich auf* Alexander, *der vor dem Anfange des persischen Krieges träumte, ein alter Mann in fremder Kleidung komme ihm vor einer ihm unbekannten Stadt entgegen, aber er werfe sich aus Ehrfurcht vor ihm nieder. Vor Jerusalem sah er diesen alten Mann des Traums, es war der hohe Priester der Juden, und er warf sich vor ihm nieder. – Mistris* Lee *fügte sich endlich in die Meinung, daß Träume wohl zu guten Zwek-*

ken ausgesendet sein können, und fuhr fort: »*Wenn das ist, so habe ich Ihnen etwas Eigenes mitzutheilen, was mir träumte.*« *Laudon fragte. Sie hielte es für Schuldigkeit, fuhr sie fort,* Laudon *in Zeiten zu warnen, sich nicht in sie zu verlieben, sie verlangte deswegen, so oft er käme, möchte er sie gleich als ganz alt und häßlich denken; da sie wenig ihrer selbst bewußt wäre, so möchte ihr Reiz ihr um so gefährlicher sein.* Laudon *ergriff ihre Hand, sah ihr in die Augen und sprach:* »*Es ist zu spät diese Vorsicht, ein Glück für mich, sie ist zu spät; mein Glück ist in Ihrer Hand, und war von meiner Kindheit nur in Ihnen und bei Ihnen. Gedenken Sie, wie ich halbe Nächte vor der Thür Ihrer Schlafkammer ihnen vorgelesen, wie ich für Sie mit dem starken* Lockhart *mich oft geschlagen, und wahrlich, es war der traurigste Tag meines Lebens, der mir anzeigte, daß Sie die Arme eines andern umschlossen.*« *Sie fragte: Wie er diese Nachricht empfangen, es wäre ja nur kindische Anhänglichkeit gewesen zwischen ihnen, wie sie sich darauf hätte verlassen sollen.* Laudon: »*Und doch ist diese ganze Anhänglichkeit noch in mir, und tausendfach andre von diesen Tagen.*« Lee: »*Nun wohlan, so mag ichs gestehen, ich liebe Sie noch wie immer*«, *und da legte sie sich über den Tisch und deckte ihre Augen, ergriff aber* Laudons *Hand:* »*Was haben Sie sich vorgenommen? Wollen Sie mit mir in diesem Hause zusammen leben? Auch wenn Sie es wünschten, es geht nicht, mein Mann wohnt nur zwei Straßen von hier.*« – Laudon *sprang von seinem Stuhle auf, und küßte sie vielfach und sagte:* »*Er habe keinen Plan, aber was ihr lieb, das wolle er unternehmen.*« *Sie schien sehr zufrieden, es war der unschuldigste Augenblick ihres Lebens, es hatte sie alles überrascht, ohne sie zu erschrecken; der Zufall wollte es gut, aber der Mensch thut meist etwas zu viel. So fragte sie: Was die Welt zu ihrer Verbindung sagen würde.* Laudon: »*Die Liebe ist nicht umsonst leicht geschwingt um sich über menschliche Bande zu erheben.*« – *Und da wurde sie unendlich freundlich, legte ihre Hand unter sein Kinn:* »*So ist es wirklich Dein Ernst, daß ich Deine kleine Frau werde?*« – Laudon *seufzte:* »*Noch verbieten die menschlichen Bande, daß Du etwas anders als meiner Seele Herrscherin bist.*« *Da beweinte sie herzlich ihre unbesonnene Heirath und sprach von Ent-*

führung; sie wurden immer lebendiger mit einander, und sie brach mit einer Art Erschrecken ab, ging zum Bücherschrank und holte ein geschriebenes Buch heraus, worin sie manches aus Browns Gedicht von der Unsterblichkeit abgeschrieben, sie las daraus vor und gab es ihm. So schwer es ihm wurde, nahm er Abschied, er ging nach Hause, hatte aber keine Ruhe, er wollte lesen, hatte aber keine Achtsamkeit, er meinte, daß er etwas versäumt habe und lobte sich doch, daß er ihre Güte nicht mißbraucht. Der Tag verging, da sah er Lust an Lust gedrängt, Männer und Frauen auf den Straßen, diesen heimlich, jenen öffentlich, er wollte nur vor ihr Haus schleichen, um zu sehen, ob sie noch wachte. Ganz leise schlich er hin, da sah er Licht, es war eilf Uhr; er klopfte an, der Bediente sagte, die Frau wäre zu Bett. Er wollte es nicht glauben, er sagte, er habe ihr eine wichtige Neuigkeit zu sagen. Der Bediente kam zurück, daß sie schon schlafe; er sagte, daß er den Morgen wieder kommen würde, durchlief die Straßen nach allen Richtungen, und warf sich angekleidet auf sein Bette. Am Morgen war er wieder bei ihr, die Magd öffnete die Thür und gab ihm gleich ein Briefchen in die Hände, er öffnete es heftig und las:

»Ich kann ihre Übereilung der vorigen Nacht nur aus Trunkenheit erklären, ehe Sie sich nicht entschuldigt, kann ich Sie nicht wiedersehen; wenn Sie mich nicht als Freund meiner Kindheit wiedersehen können, so ist es besser, wenn wir alle persönliche Bekanntschaft abbrechen. « – Er konnte nicht antworten, und ging taumelnd zur Thüre hinaus, am Abend gab er im Flur einen Brief ab, der unter hunderten, die er zur Entschuldigung geschrieben, der letzte und der schlechteste war.

»Verehrte Frau. Mit Recht schreiben Sie meinen späten Nachtbesuch der Trunkenheit zu – meine Seele war trunken von einem köstlichen Trank, den meine Lippen auf Ihren Lippen eingesogen. – Den Wein verschmähten Sie seitdem, kein Tropfen war über meine Lippen gekommen, ich aß zu Hause. Vergeben Sie diese einzige Handlung meines Lebens, die Sie geängstiget; bringen Sie mich nicht zur Verzweiflung, sehen Sie mich und mögen Sie mich wie einen Negersklaven, wie einen Hund behandeln, ich will es dulden, ich habe es verdient, aber sehen muß ich Sie.« – Sie las dies und bat Laudon *herauf zu kommen, die Magd war hinausgegangen;* Laudon *kniete zu ihren Füßen und sah sie ernst an. Sie lachte bei dieser tragischen Stellung und meinte:* »Laudon, *es war doch nicht recht von Ihnen, so spät zu kommen, warum nicht früher?«* Laudon *sah jetzt ihre gute Stimmung, küßte ihre Hand und stand auf und erzählte ausführlich, wie ihn seit den Küssen ein eigner Geist umfangen und er seiner fast nicht mächtig gewesen; es wäre der Wein, der so viel Jahre in dem Keller seines Herzens gereift, der sich den Abend Luft machen wollen. Ein Tisch stand zwischen ihnen, sie sagte, er möchte seinen Stuhl rücken; er rückte ihn dicht zu ihr, sie näherte sich ihm auch, sie drängten sich aneinander, und ein Entführungsplan entwickelte sich allmälig zwischen ihnen, von dem eigentlich keiner sagen konnte, wem die Ehre der Erfindung gebühre; nur zeigte sie, was nie sein sollte, mehr Überlegung und Zuversicht dabei als er, kleine Hindernisse brachten ihn gleich außer Übersicht. Er schlug Wallis zu ihrer Zuflucht vor, sie wollte aber in kein Walliser Wirtshaus; er versprach ein Landhaus dort zu verschaffen. Nun fragte er sie, ob sie ihre Leute mitnehmen wollte? –* »O nein,« *rief sie,* »ich kann ohne Bedienung reisen und nachher nehmen wir wälsche Mädchen an.« *Besonders meinte sie, müßte die Entführung ihrem Mädchen, der* Davidson *verheimlicht werden, die wäre lange im Hause des Herrn* Lee *gewesen, sie glaubte, daß die ein Spion von Herrn* Lee, *doch sie hätte sie gerade angenommen, damit niemand ihr einen Vorwurf wegen ihrer Lebensweise machen könne. Die Vorsicht brachte sie auf Betrachtung ihrer künftigen Einnahme, ihr Haus schien ihr zu kostbar; sie nahm ein Buch,* Laudon *meinte, es wäre vielleicht ihr Rechnungsbuch, sie suchte darin und zeigte ihm dann eine Stelle, da stand von ihrer Hand geschrieben:* »Es ist mein Entschluß, den Rest meines Lebens in Gesellschaft eines Mannes zu verleben und mit ihm einer Sekte in Deutschland zu folgen, die mit Ausnahme der Heirathlosigkeit ein mönchisch Leben führt, denen Herrnhutern.« – *Sie wollte ihm damit beweisen, daß es überlegter Entschluß, kein Taumel, darauf sprach sie:* »Sie sehen wie nothwendig es in diesem Falle ist, Haus und Diener abzuschaffen.« – *Dann fügte sie hinzu, daß sie bis zum Februar kein Geld zu einem solchen Unternehmen habe;* Laudon, *dem sein Bruder Geld versprochen, sagte, daß er damit versehen und sie möchte auf morgen den Anfang ihres Glückes setzen. –* »*Warum so im Sturz,*« *fragte sie,* »*haben Sie Ahnung von einem Übel, das mir bevorsteht?*« *–* »*Keine, als daß die längere Vorbereitung zu diesem Unternehmen Ihnen Sorge macht, und unser Glück stört.*« *–* »*Aber ich möchte noch einen treuen Rathgeber fragen, und ich bin so ganz verlassen.*« *–* »*Legen Sie Ihr Haupt auf meine Brust und die Sorge wird sich theilen zwischen zwei Herzen und Sie sind erleichtert.*« *– Sie fiel ihm um den Hals und rief:* »*Ja wohl ist dies Auslegung meines Traums, es muß eine wesentliche Änderung meines Schicksals folgen; Sie werden das Haus mir werden, wo Schönheit, Größe und Macht, mich ganz erfüllt und die Dreie ist Ihre Treue. Aber was wird Ihre Mutter, was wird* Lockhart *sagen? Die Mutter würde es sicher verdammen, sie las immer gegen jeden bösen Willen aus dem neuen Testamente vor.*« *–* »*Ist es denn böser Wille?*« *–* »*Also soll ich wirklich Ihre kleine Frau werden?*« *–* »*Aber ein Zeichen muß ich haben von Ihrem festen Willen zur Entführung!*« *– Erst schien sie nicht darauf zu hören, nachher gab sie ihm ihr Halstuch:* »*Es ist mit neun bezeichnet, eine vollkommene Zahl.*« *– Nach mancher Rede wurde alles auf den zwölften festgesetzt; zwei Tage sollte er nicht wieder kommen, um Argwohn zu entfernen. Um eilf Uhr ging* Laudon *reich an Küssen und an Hoffnungen von ihr fort, das mystische Halstuch vor seinem Munde, um die fremde Luft, die er einathmete, sich werth zu machen. Das absichtlich Geheimnißvolle ist ein schrecklicher Abgrund dem, der sich nicht mit seiner ganzen Natur darin versenken kann und den Eingängen der Kohlenschachten zu vergleichen, wo man ersticken müßte, wenn das Sinken der Herabgelassenen durch die verdorbene ausströmende Luft nicht so schnell wäre, daß jeder noch zur rechten Zeit in der Tiefe anlangt, ehe er das Bewußtsein ganz verloren. War es doch auch ein Tuch was* Othello's *ganzes Gemüth verwilderte, ein Tuch das ganz der Liebe ergeben machen sollte. Kaum war* Laudon *zu Hause, so schrieb er ungeduldig:*

»*Du setzest meine Standhaftigkeit auf zu strenge Proben, zwei Tage von Dir getrennt zu leben; flieht, ihr langsamen Stunden, ich unterwerfe mich eurem Joche, aber ich kann es nicht lassen darunter zu seufzen und Dich zu begrüßen, Du einzig Anbetungswürdige, deren Willen ich mich unterworfen habe.*

Sein Brief war kaum mit der Fußbotenpost angekommen, da überraschte ihn bald eine Antwort von Mistris Lee, die wir uns sehr leicht erklären können. Wir würden ihm gesagt haben: Wer noch lebendige Hoffnungen in sich nährt, kommt leicht zu einem Entschluß, aber nur die Gewohnheit der Thätigkeit und des Handelns giebt ein sicheres Durchführen, eine Frau die meist durch Hülfe andrer die Geschäfte gelenkt hat, kann nicht gut für sich allein bleiben, wo sie auf eine neue Art erregt ist, sie sucht die alten Freunde auf, deren Rathe sie sich durch manchen guten Erfolg unterworfen. Sie ging zu ihrem Sachwalter, der ihre Ehetrennungssache besorgt hatte; wir entschuldigen sie, sie war verheirathet, sehr unglücklich verheirathet gewesen und die Kraft der Unschuld schützte sie nicht mehr. Der Sachwalter sah die Begebenheit einzig aus dem Gesichtspunkte ihres künftigen Unterhalts, ihr eignes Vermögen war nicht groß, Gordon hatte nichts, und das Jahrgehalt von ihrem getrennten Manne mußte nothwendig nach einem solchen Schritte aufgegeben werden; er fragte nachher besorgt, ob sie Gordon näher kenne, kindische Neigung täusche, sechs Jahre unter fremdem Himmel ließen wenig vom alten Menschen übrig, es wäre die Frage, ob er sie nicht einzig zu gewinnen suche, um aus dem Bedrängniß seiner Schuld zu kommen und nachher, wenn er ihren ersten Reiz genossen, wieder als Soldat in die neue Welt zu gehen. Sie zweifelte und war schwach genug diesen Brief von ihm an Laudon sich diktiren zu lassen.

»Sie haben an jenem Abend meine bedrängte Lage treu aufgefaßt, aber Ihr Mittel sie zu erleichtern scheint mir jetzt sehr sonderbar. Sie gewinnen viel dabei und ich verliere das Wenige, was mir übrig geblieben; weder Ihre Lage, noch Ihr Alter versprechen mir den Schutz, der mir nothwendig. Fragen Sie Ihr Herz, Ihren Verstand. Wäre Vergnügen meine Absicht, jetzt wäre weder Geist noch Körper dazu aufgelegt; wir beide müssen das Urtheil der Welt höher achten. Sie nennen sich meinen Freund, zeigen Sie es durch Aufopferung Ihrer Leidenschaft. Als Knabe sah ich Großmuth in Ihnen aufkeimen, zeigen Sie

mir, daß die Zeit und der fremde Himmel sie nicht zerstört haben, sondern gereift. Sie unterwürfen sich meinem Urtheile, sagen Sie, ich fordere die Erfüllung Ihres Versprechens. Mein Entschluß ist gefaßt und wer ihn nicht unterstützt, kann mein Freund nicht sein, dies theilen Sie Ihrem Bruder mit, und glauben Sie, daß ich bin Ihre ergebene Lee.«

Ein kleiner tückischer Geist spielt zuweilen mit den menschlichen Worten und macht oft gerade die zu Schanden, die ihr Leben mit Wortabwägen und Wortverdrehen zugebracht haben. Der Schluß dieses Briefes, den der Sachwalter so deutlich meinte, den Entführungsplan kurz abzubrechen, brachte gerade in dem scharfsinnigeren Kopfe des Liebhabers alles zur Ausführung; der Anfang war ihm wunderlich, aber er erklärte ihn aus einer Vorsicht, wenn der Brief in fremde Hände fiele, vielleicht aus einem Wunsche, ein schriftliches Versprechen seines Entschlusses und der Mitwirkung seines Bruders zu haben, in dessen Charakter sie großer Zutrauen setzte. Hätte im Schlusse nur ein Wort gestanden, daß die Entführung nicht stattfinden könnte, daß er den Tag nicht zu ihr kommen sollte, so wäre noch alles zu retten gewesen. Laudon, dem die Angelegenheit im Ganzen neu war, drängten sich nun mancherlei Schwierigkeiten vor, er theilte diese und den Brief dem Bruder mit, und bat um seine Beihülfe. Lockhart *sagte:* »Ich habe Dich die ganze Zeit beobachtet und finde jetzt den Entschluß in Dir fast räthselhaft, was ich Dir helfen kann, das bleibt Dir sicher, aber bedenke wohl, daß Beihülfe nicht alles allein thun kann, und daß da nicht gut helfen ist, wo nicht einer so etwas auch ohne Hülfe vollbringen kann.« – Laudon *wurde böse.* – Lockhart *fuhr fort:* »Du erinnerst mich an den kleinen Laudon, der sich immer so wild gegen die andern Buben anstellte und dem ich doch endlich immer aus der Patsche heraushelfen mußte, das ist bei dem erwachsenen Laudon der Teufel hol mich nicht möglich, denn Schwerenoth mit dem Manne, mit dem Bruder, und vor den Gerichten mußt Du Deine Sache doch allein ausmachen. Ich will Dir nicht rathen, da müßte ich ja Dinte gesoffen haben, aber was Du nun willst, ich bin dabei.« – Laudon *ging zweifelhaft im Zimmer umher.*

»Es ist zu weit, sie will es, sie schreibt mir, daß sie entschlossen, Du mußt mit.« – *»Gut, Hand darauf,«* sagte Lockhart, *»das Abmahnen von einem tollen Streiche ist so nicht meine Sache, das treibt mir einmal das Blut in andre Adern.«* Da rieb er sich die Hände, ging auf sein Zimmer, brachte ein Paar Pistolen mit einem Zettel dabei an seinen Bruder, der eben einen Brief an seine schöne Herrin geschrieben:

»Meine theuerste Frau. Mein Glück liegt in Deiner Beistimmung, das Vorurtheil hast Du überwunden. Der Schutz, den ich Dir erbiete ist die Stärke meines Körpers und meiner Seele, die der Gefahren gewohnt. Mein Alter hat das Unglück gereift. Meine Glücksumstände, unangemessen meiner Geburt, sind durch ein reines Bewußtsein erträglich. Mein Herz hab ich befragt, ich würde es ausreißen, wäre es Dir nicht ganz ergeben, mein Verstand billigt die Wahl des vollkommensten Wesens. Lust ist nicht die Triebfeder meiner Handlung, aber die Einigung gleichgeborner Geister wird nur in der körperlichen Vereinigung vollkommen; gehorche dem ersten Gesetze Gottes und der Natur. Die Welt ist Deiner unwürdig was solltest Du ihre Meinung fürchten; nein, die darf nicht Deine Treue erschüttern. Mein Bruder wird selbst Dir zusprechen; kaum kann ich ausdrücken, was ich selbst für Dich fühle.«

Lockhart *setzte sich hin und schrieb gleich darunter:*

»Geehrte Frau. Ich billige von ganzer Seele, was mein Bruder Ihnen sagt. Betrügt Sie Laudon, *so schlag ich ihm den Grind ein und dann sind wir beide verdammt, wie wir es dann auch verdient hätten. Starkes Gefühl bricht die Bande des Ceremoniels und wählt die ungebildete Sprache der Natur. Sie finden in* Lockhart *einen Freund, der einen Kopf zum Begreifen, ein Herz zum Fühlen und eine Hand zur Ausführung hat, wo irgend was zu Ihrem Glück geschehen soll.«*
Lockhart.

Laudon *brachte die beiden Briefe selbst. Nachdem sie gelesen wurde er zur Frau hinaufgerufen. Wie überraschte es ihn, als er von ihr mit einer halben zitternden Stimme hörte, sie hätte ihren Rathgeber ge-*

sprochen, der hätte ihr die Entführung sehr abgerathen; sie sollte auf ihrem Grund und Boden halten und bestehen bleiben, würde sie fliehen, so würden sicher alle Höllenhunde auf sie losgelassen. – Doch seine Gegenwart unterdrückte den guten Rath so bald, daß sie bei seinen ersten Vorstellungen ihren Entschluß ganz vergaß, und zum Montag die Entführung verabredete. Laudon *sprach freier, es schien ihr heimlich zu gefallen. Sie sagte, eh er das nächstemal sie besuche, sollte er ihr Bild beim Maler* Cosway *sehen.* Laudon *war wieder verwundert, daß sie noch für den Tag an so etwas dachte; er schwur ihr, daß sie ihn nie wiedersehen würde, wenn die Entführung nicht erfolgte. Sie versprach alles und spielte mit seinen Fingern; für den Sonntag bat sie ihn zum Essen, er sollte* Lockhart *mitbringen, alles sollte dann ins Geleise kommen.*

Er sprach nachher mit seinem Bruder, der die Sonderbarkeiten geradezu für kleine weibliche Ziererei hielt, die nie etwas vollständig zu thun gestattete. Lockhart *selbst war in allem, was er einmal ergriffen, sehr eifrig, er sagte seinem Bruder, daß er durch Nachgiebigkeit gegen solche Grillen ihr Narr würde, er müßte Sonntag dem Faß den Boden ausstoßen, sie müßte entweder Sonntag entführt werden, oder das wäre ein Hund, der ihm nachsagte, daß er weiter was damit zu thun habe. Sonntags um vier kamen die Brüder zum Essen, die Stille der Stadt, die Erinnerung, wie sie mit der kleinen* Dasch *sonst in die Kirche gehen mußten, machte sie alle recht vertraulich. Mistris* Lee *öffnete ein Fenster, sie fand den Tag ungewöhnlich frühlingsluftig, es müsse eine seltene Sternenjunktur am Himmel sein. »Hat Sie sehr überrascht,« fuhr sie zu* Lockhart *fort, »was Ihnen* Laudon *gesagt?« –* Lockhart *versicherte, er wäre schon ein paarmal bei solchen Geschichten gewesen. – »Aber,« sagte sie zweifelnd, »wird nicht* Laudon *in einem Jahre andern Weibern nachlaufen.«* Laudon *fiel ein, daß ihre Schönheit die beste Sicherheit dagegen bleibe.* Lockhart, *der gar nicht daran dachte, daß noch irgend ein Zweifel sein könnte, behauptete jetzt: Es wäre durchaus das Beste noch diesen Abend in einer Postchaise die Stadt zu verlassen. Mistris* Lee *lachte, sie hielt es für Scherz; das Essen war fertig, und während des Essens konnte wenig über die Hauptsache gesprochen werden, da der Bediente immer gegenwärtig blieb. Mistris* Lee *trank* Lockhart *einen Freimaurergruß zu, und wiederholte ihn mit* Laudon, *auch gab es mancherlei Anspielung, man trank mit Lust und also viel; sie saßen bis sieben und sprachen meist über Kleinigkeiten, da zog* Lockhart *seine Uhr heraus und sagte:* »Die Postchaise wird gleich hier sein.« – »Welche Postchaise?« *fragte sie.* – »Die Postchaise in der Sie mit* Laudon *nach Wales reisen.« – Sie lachte ungläubig mädchenhaft:* »Ist es Ernst damit?« – Laudon: »Wie froh bin ich, daß es Ernst ist, unsrer beiden Wünsche werden erfüllt, aber Entschlossenheit ist jetzt durchaus Pflicht.«* – Lockhart: »Gieb doch Dein kleines Geschenk unsrer schönen Wirthin.« – Laudon *hatte schon etwas den Kopf verloren, er hielt einen Ring in Händen und wußte nicht, was er damit machen sollte;* Lockhart *steckte ihr den Ring an und sagte:* »Es ist für jetzt das einzige Zeichen seiner Anhänglichkeit.« *Mistris* Lee, *zwar in heftiger Bewegung, schob doch den Ring zurück, er lag auf dem Tische, sie sprach von Schutzlosigkeit.* Lockhart: »Wir sind völlig bereit zu unserer Reise, wir haben Pistolen zu Ihrem Schutze.« *Die Verwirrung der armen Frau stieg aufs höchste; der ganze Entführungsgedanke war in ihr mehr ein bloßes Rettungsbild gewesen, sie hatte nie an die Gefahren der Ausführung gedacht. Sie griff in* Lockharts *Tasche, holte ein Pistol heraus, besah es und steckte es wieder hinein, dann fühlte sie an* Laudons *Taschen.* Lockhart *bat seinen Bruder nach dem Wagen herunter zu gehen, die Frau bat er ein Reisekleid und etwas Leinen mitzunehmen. Sie wollte es nicht und klingelte dann, und ging in ihr Schlafzimmer; die* Davidson *war darin, sie sagte ihr in höchster Verwirrung, fast als wäre ihre Seele vor Schreck auswendig herausgegangen und sie spräche mit sich:* »Da ist ein Plan mich wegzuführen, sie haben auch Pistolen!« *Zerstreut kam sie zurück, das Mädchen wußte nicht, was sie daraus machen sollte.* Lockhart *ging herunter, als der Wagen in der Nähe hielt.* Laudon *stand einen Augenblick unten in Gedanken, er sagte ihm, daß er Mistris* Lee *nicht sollte allein lassen, um alle Unvorsichtigkeit zu vermeiden. Er trat ins Zimmer und fand sie kniend auf einem Stuhl, das Gesicht gegen die Lehne, sie betete um ihr Gemüth zu sammeln; es war aber nicht möglich, ihre Glieder flogen vor Überraschung, sie* *hatte kaum Athem. Er umarmte sie und bat, daß sie ihr Kleid anzöge, sagte auch was ihm sonst für den Moment wichtig schien. Hätte er sie doch nicht in ihrer Andacht gestört. Sie sagte ihm:* »*Ich kann noch nicht, ich bin noch nicht vorbereitet!*« – *Er faßte ihre Hand, als* Lockhart *ins Zimmer trat und zurief:* »*Alles ist fertig, kommen Sie* Mistris Lee.« *Die* Davidson *und der Bediente stellten sich in den Weg; jene sagte:* »*Unsre Frau soll nicht aus dem Hause gehen.*« Laudon *führte sie aber neben den beiden Leuten vorbei, und als die hinter ihnen Lärm machen wollten, drehte sich* Lockhart *um, und beschwichtigte sie augenblicklich, indem er ein Pistol vorzog. Indem* Laudon *sie zum Wagen führte, der etwa hundert Schritt vom Hause hielt, begegnete sie einem Mann, der sie anblickte, sie fragte ihn erschrocken:* »*Wer seid Ihr, kennt Ihr mich?*« Laudon *beruhigte sie, sie stiegen in den Wagen; da fragte sie, ob ihre Hausthür zugemacht.* Laudon *antwortete,* Lockhart *ist noch dort. Der aber kam mit* Laudons *Überrock, den der vergessen, und indem er das Geschrei der Diener wieder erwachen hörte, sagte er nach seiner Jägerart:* »*Fahr zu, Schwager, oder ich schieß Dich nieder.*« – Mistris Lee *wußte wenig von sich; bald fiel es ihr ein, sie müsse sich stärker zeigen und fragte:* »*Hab ich nicht meine Gegenwart des Geistes gezeigt?*« *Dann fragte sie wieder ganz, als wäre nichts vorgefallen: Ob wohl Feuer im Wohnzimmer angemacht wäre?* – *Ihr Zittern löste sich allmälig in eine fieberhafte Wärme auf; sie umarmte* Laudon *sehr oft, und suchte den Ring von seinem Finger zu ziehen, den sie vorher auf dem Tisch liegen lassen. Er kam ihr zu Hülfe und steckte ihn an ihren Finger.* »*Gott behüte,*« *sagte sie,* »*Du steckst ihn an die unrechte Hand.*« *Sie nahm ihn selbst und steckte ihn an die Linke, wo Trauringe getragen werden:* »*Ich muß mich in die Gewohnheit der Welt fügen.*« – Lockhart: »*Ich hoffe, er paßt gut.*« – Mistris Lee: »*Recht gut.*« – Lockhart: »*Ein gutes Zeichen.*« – Mistris Lee: »*Da hab ich noch einen Ring, eine Schlange, die sich in den Schwanz beißt, es ist eine alte Freundschaft, er wird diesem nichts zu leide thun.*« *Sie ließ darauf ein Fenster nieder.* Lockhart: »*Ich glaube Sie warfen etwas weg?*« – Mistris Lee: »*Mein Halsband, woran eine Kampferbüchse hing mit Zeichen, geweiht gegen alles sinnliche Vergnügen, nun brauch ich sie nicht mehr, hab ich nicht recht sie wegzuwerfen?«* – Laudon *meinte gern, daß sie recht hätte.* – Lockhart *sprach darauf von seiner Rückkehr nach London.* Mistris Lee, *die ihn gar nicht aus den Augen ließ, behauptete, es würde schändlich sein, wenn er sie so verließe, die Welt würde es ihm nie verzeihen.* Lockhart: »*Es war nie im Plan mit Ihnen zu gehn, ich habe keine Kleider, ich habe ein wichtiges Geschäft in London, und muß morgen auf einem Ball erscheinen, allen Verdacht zu entfernen.*« Mistris Lee: »*Ich meine, da werden Sie allen hübschen Mädchen erzählen, daß ich mit* Laudon *davon gegangen.*« Lockhart: »*Wie können Sie so scherzen, es ist ja außerdem viel zu sehr mein eigner Vortheil, daß alles geheim bleibe.*« *Sie stritten sich lange, aber Frauen in Noth hören selten Gründe; sie hatte sein festes Gesicht so nothwendig zu ihrer Ruhe, daß er endlich nachgeben mußte, so sehr es ihn in Ungelegenheit setzen konnte. Als er das zugegeben, wurde sie so aufgeräumt, daß sie jeden darauf ansah, der im Dunkel vorüberstiefelte, was er von ihr denken mochte; dann versteckte sie sich wieder, wenn sie der Laterne von Chausseehäusern sich nahete, sie drückte sich so eng an* Laudon, *daß es* Lockhart *ärgerte, der heilig schwur, er sähe so was im Fahren durchaus nicht gern. Das gleichförmige Rollen des Wagens erregte endlich allgemeines Nachdenken und Stille, sie schlief über die Stille ein und erwachte in Tetsworth, wo die Wirthsleute schon zu Bette waren.* Laudon *suchte ein Schlafzimmer aus, zwei Betten in mäßiger Entfernung, ein einzig Bild in dem ganzen Zimmer, Hoffnung mit dem Anker, Glaube mit dem Buche, Liebe mit dem Kinde: Gottlob, daß es wenig Zimmer in Altengland giebt, wo nicht eine dieser Gottheiten ihren Altar hat.* – *Das Abendessen war gut, aber sie waren einander zu nahe und doch zu wenig geübt um über ihre Angelegenheiten sich auszureden, das Fernste war ihnen das Liebste, und so sprachen sie von ägyptischen Pyramiden, von Hieroglyphen, und die drückten ihnen manches aus. Es ist etwas Wunderliches, die Erwartung kann dem Menschen oft überlästig werden, und er möchte im Buche seines Lebens dann nur erst einmal blättern, eh er es ausführlich zu lesen braucht. Sie gingen auseinander.* Mistris Lee *wollte* Lockhart *etwas Artiges sagen, er sah sie aber so hart an, daß es ihr nicht möglich war.*

Sie ging in ihr Schlafzimmer, wie erschrak sie, als sie sich allein fand, sie hatte nie allein geschlafen, und Abends vor jedem einsamen Zimmer eine Furcht, nun hier in der Fremde, wie viel mehr Schrecknis, die Davidson *hatte nach ihrer Ehetrennung in ihrem Zimmer geschlafen; sie fragte die Magd, ob sie bleiben wolle, der war es unmöglich, weil einige Postkutschen Nachts einsprächen. Sie setzte sich unentschlossen aufs Bett, die Magd ging heraus um in dem Zimmer der Herren aufzuwarten;* Laudon *sagte ihr, sie möge nur die gnädige Frau fragen, ob sie etwas befehle. Die Magd bestellte dies im Namen ihres Mannes, sie glaubte, er wäre es, und die arme Mistris, welche die ganze Zeit im Schrecken der Einsamkeit zugebracht, wußte nichts zu antworten, als daß sie noch nicht zu Bett wäre, weil sie nicht allein schlafen könne. Als* Lockhart *die Antwort hörte, sagte er zu seinem Bruder: »Gehst Du nun nicht gleich, so schieß ich Dich nieder!« – Da sprang* Laudon *herunter; wie war es beiden so wunderbar, und kein Mensch im Hause gab darauf Achtung und neidete die Glücklichen, die für alte Eheleute gehalten wurden. – Da* Laudon *sehr spät aufwachte, so ließ sich* Lockhart *Dinte und Feder geben, arbeitete eine schöne Trauungsrede aus, die er erst gegen Mittag den beiden zu halten Gelegenheit fand.* Mistris Lee *dankte ihm erröthend: »Ich habe heute schon früher Ihre Klugheit zu bewundern Gelegenheit gehabt; ich besah* Laudon's *Pistolen und fand dabei diesen Zettel, Ihr Rath wird uns immer wie Ihre Gesellschaft willkommen sein.« – Auf dem Zettel stand geschrieben: »Zum Schutz Deiner Ehre und einer beleidigten Frau schenke ich Dir diese Pistolen, sie opfert Dir alles, gieb ihr alles in Deiner Liebe und Achtung, vermeide den ersten Streit wie den ersten Überdruß, schlaft in abgesonderten Betten, zieht Euch nicht in selbem Zimmer an, sei auch im Sprechen zarter als ich, brauche, aber mißbrauche nicht die geheimnißvolle Freude: Dies sind die Resultate mancher Beobachtungen.« –* Mistris Lee *vertheidigte gegen ihn das Schlafen in einem Bette, weil es in ganz Altengland für das Zeichen glücklicher Ehen angenommen wird;* Lockhart *widerlegte und wurde fast unhöflich, sie aber tief gekränkt, als er nun fortwollte nach London, äußerte sie wieder den Verdacht, er wolle auf ihre Unkosten die hübschen Mädchen unterhal-*

ten. – Lockhart *konnte sie nicht begreifen, fast wollte sich* Laudon *ein Ansehen über sie geben, er wurde aber abgeführt; wir wollen das Räthsel lösen. Erst hier hatte sich Mistris* Lee *gestanden, nachdem sie mit* Laudon *verbunden, daß sie eigentlich von Jugend auf* Lockhart *geliebt, aber bei seiner Ungeschliffenheit, mit* Laudon *von je die Liebe nur gespielt habe; sie seufzte jetzt über dem Abgrunde wunderbarer tiefer Irrung, in den sie immer tiefer hinabsank; da war kein Ausgang, sie wünschte sich beleidigt zu sein, um sich rächen zu können. Die Launen sind des Teufels Gewalt auf Erden; sie sah voraus, daß sie ohne einen schnellen Entschluß für immer von* Lockhart *getrennt sein würde, der eine Reise nach Ostindien sich vorgesetzt hatte; ihr Gram hatte keine Grenzen, die Ähnlichkeit mit seinem Bruder, und daß er es doch nicht war, machte ihr den hübschen* Laudon *zum Schreckbild, zur Geistererscheinung. Sie ging verwirrt zur Wirthin, zu Mistris* Edmonds, *sie konnte vor einer Frau sich nicht schuldig angeben, sie sagte, daß sie gewaltsam entführt sei.* »*Entführt,*« *ruft eine Stimme, sie hatte niemand im Zimmer bemerkt,* »*entführt? Mistris, sind Sie Herrn* Lee's *Frau; der Sie im andern Wirthshause gegenüber sucht?*« *Mit den Worten springt er zur Thür hinaus, sie will die Brüder retten, den Liebsten und den Vertrautesten, da dringen mit ihr zugleich Herr* Lee *und mehrere Gerichtsdiener herein.* Lockhart *glaubt sich von ihr verrathen, als der Gerichtsdiener ihr zuruft:* »*Sind das die gewaltsamen Entführer, über welche Sie sich beklagen?*« Lockhart *ergreift sein Pistol, drückt es gegen Mistris* Lee *ab, aber das Pulver brennt von der Pfanne. Er und sein Bruder sind von der Menge überwältigt, sie werden gebunden und nach dem Gefängniß gebracht, Mistris* Lee *fährt mit Herrn* Lee *wie im Triumphe nach London, von ihrem Hause wie eine Befreite empfangen, und wie hart liegt sie gefangen; ihr verhaßter Mann ist durch das Auffallende des Vorgangs ihr neu verbunden, sie darf ihn nicht aus dem Wahne reißen, daß alles mit ihrem Wissen geschehen, will sie dem* Lockhart *nützlich sein, der durch den bestimmten Vorsatz sie zu ermorden das Leben verwirkt hat. Was wollen wir die verwickelten Rathschlagungen der besten Rechtsgelehrten durchgehen; so viel Wahrscheinlichkeit die Aussage der Brüder hatte, daß sie mit eigner*

Einstimmung ihnen gefolgt, so waren das doppelte Bekenntniß der Frau an die Davidson *und an die Wirthin, so wie* Lockhart's *Pistolenziehen im Ausfahren und nachher, allzustrenge Beweise gegen sie. Nur durch Herrn* Lee's *Vermittelung, seine Frau veranlaßte ihn dazu nach tausend Liebkosungen, veränderte die königliche Gnade* Lockhart's *Todesstrafe in eine mit seinem Bruder gemeinschaftliche Verbannung nach Botany-Bay. Wie Mistris* Lee *seitdem gelebt hat, es ist wahr, aber kaum glaublich. Nach den ersten Schmerzen schien die Freude, die Hoffnungen ihrer Jugend ausgekämpft zu haben; was sie je mit höherer Gewalt getrieben, ist mit einem Kinde ausgeboren, dem sie alle ihre Zärtlichkeit zugewendet; sie gefällt sich jetzt in der Gewöhnlichkeit ihrer Welt und ihres Mannes. Sie sahen ihr behagliches Wesen in der Oper, sie war zum erstenmale darin. Ihr Mann ist selig bei ihrer gleichen, unveränderlichen Unempfindlichkeit, die Trennung hörte gleich auf, sie hat ihm dies Kind geboren, ungefähr neun Monat nach ihrer Entführung, was ihn sehr freut, da er vorher drei Jahre ohne Kinder mit ihr zusammengelebt; ihr Mann hat sich in diesem bessern Verhältniß zu ihr gebildet, sie ist fast geistlos geworden. Von den beiden Brüdern gehen wunderbare Gerüchte, sie sollen kurz nach ihrer Ankunft in Botany-Bay mit andern Verbannten entflohen sein, und eine Insel unabhängig beherrschen; sie sollen gegen die Gewohnheit jener Länder eine furchtbare Sittenstrenge eingeführt haben, um mit ihrem warnenden Geschicke ein ganzes Volk zu bilden. Da sie einmal der Gegenstand allgemeiner Aufmerksamkeit in London geworden, fabelte jeder über ihr Schicksal, ich aber, weil ich sie lieb hatte (wir saßen unzähligemal hier zusammen, wie wir beide hier sitzen) ich bin über den schmäligen Prozeß, in dem ich als Zeuge mehrmals verhört bin, wie über eine gefährliche dünne Stelle im Eise leise hinübergeeilt ohne Umsehen, ob es hinter mir nachbreche. Ich rede nicht gern davon, das Grübeln der Rechtsgelehrten kann den besten Menschen, wie alles Grübeln und Reflectiren, zum schlechtesten Kerl machen und so kam es, was unglaublich scheinen möchte, bei so treu bewahrter alter Anhänglichkeit, daß* Laudon *in Mistris* Lee *endlich nichts als die schändlichste Wollust sah, die genießen wollte, ohne abhängig zu werden, und, wie* die alten Amazonen der Fabelwelt, nach dem Genusse mordete. *Mistris* Lee *dagegen behauptete gegen ihre Vertrauten, daß* Laudon *sie einzig zur Bezahlung seiner Schulden entführt habe; warum hätte er sonst die Entführung so gewaltsam beschleunigt, ehe ihr Entschluß gereift, warum hätte er gleich das erste Wiedererwachen kindischer Schwärmerei so gemißbraucht. –* »*Es ist ein entsetzliches Geschlecht die Weiber,*« *so schloß der Engländer,* »*und wie sie so prangen in Gesellschaft mit prächtigen Zeugen, leuchtenden Metallen und Steinen, erkennt und seht nur an den schwarzen Haaren, sie mögen sie noch so herrlich mit Perlen durchwinden, die fleischfressenden Raben, die über dem Meeresstrudel schweben, und in anscheinender Gleichgültigkeit auf Opfer warten, die ihnen die Gesellschaft herbeizieht.*«

161. Clemens Brentano an Achim von Arnim
München, 28. Juli 1809

In der Mistris Lee [aus Arnims Novellensammlung *Der Wintergarten*] wollen alle Menschen die Auguste, im Laudon und dem Bruder mich und Christian erkennen! Wenn die Geschichte ganz von Dir ist, so ist sie das Trefflichste, was Du je geschrieben, ich bin erstaunt über die Haltung.

162. Jacob an Wilhelm Grimm
Kassel, 24. September 1809

Noch für den Clemens, daß der Moriz die Auguste mit nach Sachsen genommen hat, auf eine ihm gehörige Kupferhütte, ich glaube Langershausen. Also das Gewitter näher.

163. Wilhelm an Jacob Grimm
Berlin, 3. Oktober 1809

Denk, Bethmann kommt hierher, wir passen auf, kommt die Auguste mit, was immer möglich, so geht Brentano auf eins von Arnims Gütern.

164. Achim von Arnim an Friedrich Karl von Savigny
Berlin, 14. Oktober 1809

Die Auguste Brentano wäre die einzige Gelegenheit das Paket Dir näher zu bringen, ich mag es ihr aber nicht anvertrauen, da sie einen Theil des Weges zu Pferde macht. Vielleicht weist Du es noch nicht, daß sie mit Moritz Bettmann hier angelangt ist, doch mein ich, es Dir schon geschrieben zu haben, sie geht nach alter Art zu Buchhändlern frägt nach Brentanos und meinen Schriften, versichert in den Gesellschaften, daß sie eine *âme de feu* und daß ich nächst Göthe der erste Dichter, daß sie alles thäte, was ihr in den Kopf käme, was aber ganz neu, sie reitet in Männerkleidung mit einem Schako und ihrem Onkel spazieren, besucht in diesem Aufzuge die Restaurateurs selbst die Komödie wo sie die Westenberg (des österreichischen Gesandten Frau) in grosse Verlegenheit gesetzt hat, da hier nur die ärgsten Huren männliche Kleider tragen. Dies halte zusammen mit Brentanos Ehestandsgeschichte, die er vielen Bekannten erzählt, um Dir die Neugierde der Menschen auf diese Curiose Dame zu erklären. Ich habe sie nicht gesprochen, ich hoffte sie würde von Brentanos Anwesenheit nichts erfahren, ich war aber auf jeden Fall bereit, mit Schußlagen geladen, unter der Zeit wäre Clemens zur Hinterthür hinaus. Gestern in der Comödie hat sie ihn unglücklicher Weise durch ihr Fernglas entdeckt, sich weit aus der Loge hinaus gelegt, Bettmanns Jäger hat ihn aufgesucht, er ist dem Meuchelmorde glücklich entkommen, doch einmal ist keinmal.

Es ist heute der trübste Tag des Jahrhunderts vor drey Jahren war die Jenaer Schlacht, man sagt, daß Bettmann hier den Frieden abwartet, Auguste will Entschädigung vom österreichischen Kaiser fordern, weil Stadion dem [Clemens] einen Paß gegeben.

165. *Achim von Arnim an Bettine Brentano*
Berlin 7. Oktober 1809

Jetzt ein neues Feuer hier! Moritz Bethmann und die Auguste sind hier angekommen. Wir begegneten ihm eines Mittags, ich grüßte ihn, er dankte sehr verlegen und sah mir lange nach. Wir vermutheten wohl, daß Auguste ihn begleitet, aber wir erfuhren aus Nachlässigkeit nichts davon. Nun hatte ich Clemens zu Ehren eine Fahrt nach Potsdam mit einer Gesellschaft verabredet, wir blieben aber spät Abends in einer andern bis

1 Uhr; um 4 Uhr stand ich auf, weckte Clemens, zündete ihm sein Licht an, nach zehn Minuten bläst er es aus, ich steck es wieder an, er bläst es wieder aus, er schickt nach dem Wagen, daß er bei uns vorfahre, kann aber noch nicht heraus, als er ankommt, kurz er bleibt zu Hause und ich fahre mit Grimm, dem ich die Bekanntschaft mit manchem wünschte, das Potsdam auszeichnet. Unterweges erzählt mir der Buchhändler Reimer, daß eine Dame bei ihm nach meinen und Clemens Schriften gefragt, nach tausend andern Geschichten ihm gesagt, daß er im Wirthshause abzugeben an Herrn Bethmann schicken sollte; kurz sie hat sich so bestimmt charakterisirt, daß wir über den närrischen Zufall den ganzen Weg lachen mußten, der ihn von den Fußstapfen des großen Friedrichs zurückgehalten, um ihn der Auguste in die Klippen zu führen. Wir kamen gegen 10 Uhr Abends von Potsdam zurück, er war gegen seine Gewohnheit nicht zu Hause, nichts schien uns gewisser, als daß er ihr entflohen war. Endlich kam er ganz ruhig nach Hause und erzählte, daß sie ihm nicht begegnet, daß er aber auch von andern Leuten ihre Ankunft erfahren. Wir sehen den größten Ereignissen entgegen.

166. Johannes Baptista Diel, Clemens Brentano.
Ein Lebensbild (1877/78). [Späterer Bericht
aus mündlicher Überlieferung]

Im November [recte Oktober] 1809 erschien Moritz Bethmann mit seiner Base [recte Nichte] in Berlin. Beiden war es unbekannt, daß der Dichter in der Residenz verweilte, indessen erfuhren sie es bald, und Auguste suchte darum ihre Ankunft geheim zu halten, um Brentano zu überraschen, denn sie hoffte noch immer durch eine neue Scene ihn zur Rückkehr zu bestimmen. Mit ihrem Vetter ritt sie in Mannskleidern als Ulane in der Stadt herum. In diesem Aufzuge wurde sie von Clemens bemerkt und trotz der Verkleidung sofort wieder erkannt. Brentano war überrascht, er fürchtete Scandal und hielt sich darum verborgen; doch Auguste stöberte seine Wohnung auf, und ohne die Geistesgegenwart von Frau Pistor, welche den Dichter verläugnete, wäre es zu einem Zusammentreffen gekommen. Schließlich entdeckte Auguste ihren Gatten wieder im Theater, und »eben als sie anhob, sich leidenschaftlich zu bewegen, und ihr Schnupftuch nach mir werfen wollte,« erzählt Clemens, »entfloh ich zur rechten Zeit aus dem Haus«. Brentano hatte unterdessen Bethmann schriftlich davon unterrichtet, daß er auf seinem Entschlusse beharre und nicht mehr zurückkehren werde, daß er sich aber für immer gebunden erachten wolle, möge auch seine Frau thun, was ihr gefiele. Auf dieses hin reiste Bethmann mit seiner Base ab; die Scheidung ward eingeleitet und nach wenigen Monaten [vermutlich 1814] zum Abschlusse gebracht.

167. Bettine Brentano an Achim von Arnim
Landshut, 16. Oktober 1809

Augustens Ankunft in Berlin hat uns einen allgemeinen elektrischen Schreckensschlag gegeben; ich muß Dir sagen, daß mich nichts grimmiger und wilder gegen Clemens machen könnte, als wenn er uneingedenk seines eignen Verderbens, nehmlich daß sein Geist bei lebendigem Leibe vermodert, wieder mit ihr zusammen käme. Ich bitte Dich, lieber Arnim! mir zu lieb halte ihn mit allen Kräften ab, leichtsinnig hergebrachter Maßen sich wieder hinreißen zu lassen.

168. Achim von Arnim an Bettine Brentano
Berlin, 5. November 1809

Lächerlich bleibt mir eine Geschichte eines Vetters von mir, der sich wegen täglicher Zänkerei von seiner Frau scheiden ließ. Ueber ihre drei Kinder waren beide einig, sie wurden ihm überlassen; aber ein artiges Hündchen, das beiden gemeinschaftlich, verzögerte die Scheidung ein halbes Jahr, keines von beiden wollte sich davon trennen. Endlich starb das eheliche Thier, und sie wurden beide vergnügt geschieden. Beim Scheiden gedenk ich der Auguste. Wie kannst Du fürchten, daß sich Clemens mit ihr wieder beladen werde! Nur einmal sah er sie in der Comödie und sie ihn. Er glaubte zu bemerken, wie sie ihren Jäger nach ihm geschickt; da drückte er sich und hat nichts weiter von ihr vernommen. Wahrscheinlich hat Bethmann Bestellungen an ihn unterdrückt. Sehr wunderlich war es, daß Bethmann mich ganz eigen vermieden; bei Westenberg hat er ganz besonders nachgefragt, ob ich auch nicht dort sei. Wahrscheinlich schämt er sich, weil ich ihm die ganze Geschichte vorausgesagt, wie es kommen würde und was er dabei thun würde; was er mir damals ganz ableugnete. Beide sind ruhig fortgezogen; nur sie hat einmal auf dem Theater gespukt, die hiesige [Schauspielerin] Bethmann-Unzelmann hat sie in ihrer Reitkleidung abgebildet.

169. Wilhelm an Jacob Grimm
Berlin, 28. Oktober 1809

Auguste ist hiergewesen und glücklich wieder fort, sie ist in Mannskleidern herumgegangen und hat so an der öffentlichen Tafel gespeist. Eine satirische Zeichnung, die hier verfertigt ist, stellt vor, wie ihr der Bethmann mit einem Wechsel von 1000 Tr. die Hosen am Leib abwischt. Von Arnim und Brentano tausend Grüße, von mir soviel als Sterne am Himmel sind.

170. Clemens Brentano an Joseph von Görres
Berlin, Dezember 1809

Vor ungefähr zwei Monaten ist mir eine rechte Ueberraschung zugestoßen: Bethmann erschien, ohne zu wissen, daß ich hier sei, plötzlich allhier mit meiner Frau; sie ritt mit ihm in Mannskleidern als Uhlane in der Stadt herum, und ich hatte die größte Angst, sie möchte mich antreffen und Skandal machen. Einmal entdeckte sie mich aus ihrer Loge im Parterre, und eben als sie anhob sich leidenschaftlich zu bewegen und ihr Schnupftuch nach mir werfen wollte, entfloh ich zur rechten Zeit aus dem Haus; Bethmann reiste nachher schnell mit ihr ab, jetzt ist die Scheidung bereits eingeleitet.

171. Clemens Brentano an Johann Georg Zimmer
Berlin, 12. Dezember 1809

Nun zu unsrer eignen Unterhaltung; ich bleibe den Winter wenigstens hier; daß ich meines infamen Weibes, nachdem sie sich *per comoedia* in Landshut *privatim* und in München *publice* im Wirtshaus vergiftet hatte, seit acht Monaten los bin, werden Sie wissen; sie scheint mich auch für die Zukunft verschonen zu wollen, denn sie war vor einigen Wochen mit Bethmann hier, ritt in Mannskleidern mit ihm herum und trieb allerlei Skandal, machte aber dennoch gar keine *efforts* mich zu sehen, was ich sehr befürchtete, obschon sie und er mein Hiersein wußten und auf der Straße und im Theater wir uns oft begegneten. Gott sei Dank!

172. Clemens Brentano an Friedrich Karl von Savigny
Berlin, 22. Dezember 1809

Es tut mir sehr leid, daß ich Dir noch mit all meiner Bagage lästig bin, aber bedenke, daß ich ein sehr armer Teufel ohne Dach und Fach und eigne Familie bin. Hast Du irgend schon etwas von Frankfurt über Augustens Hausrat gehört, was damit werden soll? Ueberhaupt ist es seltsam, daß man auch gar nichts mehr vernimmt, ob sie sie behalten oder mir wieder aufhängen wollen. Wenn sie das letzte nur denkbar fänden, so wäre es ganz toll, daß Bethmann und sie hier mich auch ganz verschont haben. Hast Du irgend etwas vernommen, so melde mir ein paar Worte. Es ist als wäre ich ein Geächteter, so stille ist alles gegen mich von Frankfurt und ich habe sie alle doch mehr geliebt als sie mich.

173. Moritz Bethmann an Achim von Arnim
Frankfurt am Main, 18. Dezember 1809

Sie werden sich erinnern, daß Sie mich in meinem Cabinet aufforderten Clemens Ehescheidung von Auguste zu bewürken.

So leichtsinnig dieses Band von beiden Theilen geknüpft wurde, so hoffte ich damals immer noch, es soll unauflöslich bleiben.

Da aber nun Clemens Augusten beinahe ein Jahr verlassen hat, und Auguste nunmehr auch lebhaft fühlt, daß sie n[ie] wieder durch Clemens glücklich werden kann, so bin ich bereit zur gerichtlichen Trennung dieser unseligen Bänder zu würken.

Vertrauensvoll in Ihre rechtlichen Gesinnungen, Herr Graff, wende ich mich an Sie, um daß Sie als Clemens Freund ihn bei diesem Anlaß vernünftig leiten. Sowohl der Brentanoischen Familie als auch mir hat es als den gemessensten Weg geschienen zum vorhabenden Zweck zu gelangen daß Auguste beim Sec[ret]ariat in Aschaffenburg die Desertionsklage anbringe, und auf Scheidung dringe.

Clemens, wenn ihm dies als citation mitgetheilt wird, hat dabei nichts zu thun, als Stille zu schweigen und er wird mithin *in contermaxiam [contumaciam]* erkant werden.

Sie werden ihm leicht begreifflich machen – daß dieß das sanfteste Auskunftsmittel ist, und daß ich hoffe er wird diese Schonung gehörig zu Schätzen wissen.

Verzeihen Sie Herr Graff, daß ich Sie mit einer Familien-Angelegenheit belästige, die Ihnen in dieser Hinsicht fremd ist, nur Ihre Verbindung mit Clemens konte mich dazu berechtigen.

174. Clemens Brentano an Friedrich Karl von Savigny
Berlin, 28. Dezember 1809

Soeben erhält Arnim einen Brief von Bethmann, in dem er Graf tituliert wird. Bethmann meldet ihm, daß er und meine Familie für das beste Scheidungsmittel hielten, daß Auguste in Aschaffenburg die Desertionsklage eingebe; wenn mir sodann die Citation zukomme, solle ich mich stille verhalten und sodann würde ich *in contumaciam* erklärt werden. Dieses möge er mir insinuiren, denn Auguste wünsche geschieden zu sein, weil sie nicht mehr mit mir glücklich zu werden hoffe etc. – – Ich bin über diese Art und Weise in nicht geringer Bestürzung, besonders, da der Brief schier lautet, als hätte man in aller Seelenruhe die Klage bereits eingereicht. Die Geschichte käme am Ende heraus, daß ich mit Schande und Strafe von außen belegt und von innen einer Lüge und Comoedie vor den Gerichten beschuldigt würde, so daß meine elende Ehe mit Unrecht begönne und mit Lüge schlösse. Was bliebe mir am Ende übrig als mich öffentlich vor dem Publikum zu rechtfertigen, wenn diese Klage hinter meinem Rücken geschähe; und nun, da ich die Comoedie mitspielen soll, bliebe mir auch diese

Rechtfertigung nicht rechtlich. Ich bin über alles dieses in nicht geringer Verlegenheit und Sie selbst werden sehen, daß ich keine Zuflucht und keinen Rat hierin habe als Sie. Was Sie darüber entschließen und nach reifer Ueberlegung für gut achten, will ich tun, denn dies kann nichts Ehrenrühriges sein. Am Ende müßte ich zu meinem Elend noch öffentliche Schande und große Unkosten tragen, da doch meine Entfernung höchstens eine Sicherstellung meiner Person vor einer Giftmischerin und Unsinnigen war! Sie haben mich in Frankfurt in Händen und können mir das bißchen, was ich noch, wie Franz gemeldet, als Stadt-Caution für den 10ten Pfennig dort habe und zur Tilgung der Contributionen, ganz zernichten. Nach meiner Empfindung kann ich mich, wie ich das Ganze jetzt einsehe, zu keiner Lügencomoedie entschließen und zur Kostentragung ebensowenig. Ich weiß nicht, was ich tun soll, und bitte Sie daher um schleunigen und bestimmten Rat, damit wir bei unsrer weiten Entfernung nicht viel mehr darüber capitulieren brauchen. Am Ende käme es noch bei dieser Art des Prozesses als Großmut heraus, wenn sie keine lebenslängliche Alimenten von mir verlangt. Doch ich verstehe gar nichts davon als daß ich keine Lüge mitspielen und keine ungerechte Schande tragen will, und sollte ich auch öffentlich vor die Gerichte treten und alles mündlich ausmachen. – Arnim schreibt soeben an Bethmann, daß dies ohngefähr meine Gesinnung sei, daß ich übrigens dann erst handlen würde, wenn ich Ihren Rat erhalten, und diesen geben Sie mir gleich, lieber Savigny, auch schreiben Sie, wenn es nötig, darüber nach Frankfurt. Ist mir ein Advocat nötig, so schlagen Sie mir einen vor und melden mir, wie und wozu ich ihn zu instruieren habe. – O mein unglückliches Gedächtnis! ich erinnere mich zwar, eine Vollmacht, in der Ehescheidung zu verfahren, bei dem Holzbibliothekar [in Stallwang] ausgestellt zu haben, aber wie sie gelautet, weiß ich nicht mehr; kann eine solche Vollmacht aber bei einer Desertionsklage gebraucht werden? das kömmt mir unwahrscheinlich vor. Wie kann ich jemand bevollmächtigen zu sagen, ich sei böslich weggelaufen? das ist ja toll – Gott weiß, was das alles ist, aber ich laufe lieber nach Frankfurt und schreibe die Akten selber als daß ich öffentlich ehrenrührig angeklagt werde. – Ich bitte Sie um alles, tun Sie das Mögliche und reißen Sie mich schnell aus der Verlegenheit und Ungewißheit. Habe ich irgend etwas nach Frankfurt zu schreiben oder zu melden, an wen es sei, und Sie glauben, ich würde es vielleicht nachteilig abfassen, so senden Sie mir die Concepte, die ich abschicken will. Arnim antwortet Bethmann, daß ich in alles einwilligen werde, nur in keine Lüge und keine Schande, und daß ich Ihren Rat erwarte. Arnims Brief an Bethmann ist sehr schön. Wie kann eine Frau, welche, nachdem sie ihren Mann 3 Wochen lang nicht erwartet hat, auf Desertion klagen, um so mehr, wenn sie nachher zu Pferde mit ihm in derselben Stadt Berlin ist und auch nicht einmal nach ihm fragt? Doch ich bescheide mich ganz in Ihren Willen, soll ich in die Citation einwilligen, wenn sie geschehen ist? und schweigen? oder was soll ich antworten?

175. Achim von Arnim an Friedrich Karl von Savigny
Berlin, 29. Dezember 1809

Was uns nun näher berührt ist die Bethmannische Scheidungsgeschichte, worüber Dir Clemens ausführlich wird geschrieben haben, hier nur die Stelle seines Briefes an mich in Abschrift, die das eigentlich Juristische seines Verfahrens enthält. »Sowohl der Brentanoschen Familie, als auch mir hat es als der gemessenste Weg geschienen zum vorhabenden Zweck zu gelangen, daß Auguste beym Vicariat in Aschaffenburg die Desersionsklage anbringe und auf Scheidung dringe. Clemens, wenn ihm dies als Citation mitgetheilt wird hat dabey nichts zu thun als stille zu schweigen und es wird mithin *in contuma matiam* erkannt werden.«

Ich hab ihm geantwortet, daß dieses Verfahren den Namen

des Clemens, der schon durch die Verführungsgeschichte gelitten, vor den Augen der Welt schände, daß Auguste vor den Augen der Welt durch die Skandale in Cassel Landshut und München als schuldiger Theil stehe, daß diese hinlanglich wären um eine Trennung, vielleicht auch Scheidung zu veranlassen und daß eben darum, weil sie bekannt, kein neuer Skandal wie bey einer Citation gemacht würde, daß Clemens übrigens sich allein Deinem, des Herrn Bruders Hofraths und Professors, Rathe überlasse, weil Du sowohl mit den Rechten, als mit der Auguste Unrechten bekannt wärest. – Also habe ich Dir wieder ein angenehmes Geschäft verschafft, Deine anfangende Praxis dadurch zu bereichern.

*176. Moritz Bethmann an Achim von Arnim [Abschrift]
Frankfurt am Main, 18. Januar 1810*

Ihr Geehrtes vom 28ten Dezember vorigen Jahres enthält, um gleich in die Hauptsache einzugehn, eine Mißbilligung der eingeleiteten Desertionsklage und ich halte es für Pflicht, Ihnen hierüber eine nähere Erklärung zu geben, die, wie ich mir schmeichle, Ihre völlige Billigung erhalten wird. Ohne mich über das, was zwischen beiden geschehen, weiter auszulassen und ohne Ihnen beizustimmen, ob Auguste oder Clemens der schuldige Teil ist, was in mancher Hinsicht noch nähere Erörterungen erleiden dürfte, so scheint es mir hauptsächlich darauf anzukommen, daß wir nur den Zweck, der unvermeidlich erreicht werden muß, fest im Auge behalten und nur auf *die* Art, wie derselbe am sichersten erreicht werden kann, Rücksicht nehmen. Ein Beisammenbleiben beider ist, wie Sie sich selbst überzeugt haben, ohnmöglich, folglich muß Trennung statthaben. Diese Trennung kann durch die stattgehabten Auftritte und Öffentlichkeiten nie erreicht werden, weil dies keinen legalen Scheidungsgrund darbietet, besonders da beide alle gegenseitigen Empfindungen noch nicht ganz verloren zu haben scheinen und da eine Aufzählung aller einzelnen die Unzufriedenheit betätigenden Tatsachen einen nur zu weitschichtigen und für beide mit größten Kosten verbundenen Rechtsstreit erheischte, bei dessen nicht wohl abzusehenden Ende doch der Zweck der Trennung nicht erreicht werden würde, weil doch eigentlich genommen diese Thatsachen und besonders jene von Ihnen bemerkten Vorfälle zu München, Kassel und Landshut nur die Persönlichkeit der Auguste angingen und durch Clemens streng genommen veranlaßt worden sind, mithin auf keinen Fall geeignet sein können, ihn zur Klage auf Trennung zu befähigen, noch weniger aber zum schuldlosen Teil zu machen. Gewiß muß jeder Versuch auf diesem Wege scheitern und unter Sachverständigen ist hierüber nur eine Stimme. Der andere Weg des Desertionsprozesses scheint Ihnen aber nur darum nicht angenehm zu sein, weil Sie glauben, Clemens würde durch öffentliche Citation und Contumazerklärung compromittirt. Nie kann dies der Fall sein, denn beides ist zu vermeiden, weil die Citation demselben nur durch den Privatweg der Requisition einer amtlichen Behörde verschlossen zugestellt und gleicher Weg mit der Contumazialerkenntnis beobachtet werden kann, wozu die Einleitung ganz füglich zu treffen ist. Es wird Clemens weder beschimpft noch als schuldiger Teil, weil man in die Sache selbst nicht eingeht, dargestellt, noch weniger an seinem Vermögen und Credit geschwächt oder beschädigt und überhaupt demselben nicht nur kein Nachteil, sondern der doppelte Vorteil, Ersparung großer Unkosten und Entledigung eines ihm beschwerlichen Bandes, zugewendet und dadurch alle Interessen am schicklichsten, unschädlichsten und sichersten miteinander vereinigt. Von dieser Seite die Sache des Clemens von Ihnen als seinem Busenfreund dargestellt, kann sie ihren Zweck nicht verfehlen, und die Wahrheit und Einfachheit derselben ist auch ganz geeignet begriffen und angenommen zu werden, da hier keine Nebenabsichten denkbar sind, die Verhinderungs- oder Aufhaltungsursachen darbieten könnten. Nach erhaltener Citation durch eine Berliner Behörde muß Clemens ganz untätig bleiben und nichts von sich hören lassen, alsdann wird nach Ablauf eines festgesetzten Termins aus der Ursache, weil Clemens nicht erschienen ist, die Ehe getrennt und die ganze Sache ist definitiv abgemacht. Welche Nachteile könnten dabei möglich sein, da es hier nicht auf zeitliche Güter und das Mein und Dein ankömmt, sondern nur eine Formel ausgesprochen wird, welche ein priesterliches Band auf immer trennt, und sogar keine andere Ursache als die Abwesenheit zum Grunde gelegt wird, welche durch das Nichterscheinen auf die Ladung eine Verstärkung und die Vermutung, daß man die Trennung stillschweigend bestätige, begründet, die keine Nachteile nach sich ziehen kann?

177. Clemens Brentano an Friedrich Karl von Savigny
Berlin, 1. Februar 1810

Diesen Brief erhielt Arnim soeben von Bethmann, der Brief ist nur von Bethmann unterschrieben und scheint seiner ganzen ausbeugenden Umsichtlichkeit und Consequenz nach von einem Advocaten. Es scheint daraus hervorzuleuchten, daß sie die ganze Geschichte schon eingeleitet haben und ihnen besonders an der Vertuschung der Scandale liegt. Ich sende Dir augenblicklich die Abschrift, um Dich *ebenso schnell* um Deinen Rat zu bitten. Leicht möglich wäre es, daß, wenn ihnen ihr Plan contracarriert würde, sie mir aus Rache einen weitläufigen Prozeß mit größten Kosten anhängten, wobei mir ihre sehr sicheren Künste mit der dortigen Justiz in der Tasche zu spielen, die aus obigem Schreiben hervorleuchten, sehr heiß machen könnten. Ich weiß eigentlich nicht, was ich zu tun habe. Nach obigem Brief soll ich nicht als schuldiger Teil erklärt, sondern nur in einer fingierten Anklage eine leichtere Teilung durch Stillschweigen zu Stande bringen. Wäre ich bei Euch in Landshut, so wüßte ich, wie ich mich anstellen sollte, nun aber hier bin ich ganz ohne Rat und in der Sorge, ich könnte den ganzen Handel verderben. Wie wäre es denn, wenn ich Bethmann erklärte, daß ich nur unter der strengsten Bedingung, ohne Kosten und ohne alle Oeffentlichkeit loszukommen, auf die Citation schweigen und die Scheidung vor sich gehen lassen würde, sobald aber mich irgend Schaden oder Beschimpfung treffen sollte, mir eine öffentliche Rechtfertigung mit Bekanntmachung aller meiner ehlichen Verhältnisse und der ganzen Scheidungsmanier im Druck vorbehielt[e]? Das würde ihn freilich in den Schultern ziehen. Überlegt ja die Sache, die nach obigem Schreiben doch anders motiviert zu sein scheint, wohl und meldet mir Euren letzten Rat, damit Arnim Bethmann bestimmt antworten kann, und besonders damit ich weiß, was ich tun soll, sobald die Citation mir hier übermacht wird; denn mir scheint aus obigem Brief, daß Bethmann die ganze Sache schon so weit eingeleitet, daß er nicht gut mehr zurückkann ohne sich zu blamieren; vielleicht ist die Klage schon gar ergangen. Die [in] der Zeile + des Briefs gemachte Äußerung der noch nicht von beiden ganz verloren scheinenden Empfindung (gegenseitigen) drücket entweder die Sorge aus, die Comoediantin affektiere noch Liebe und möge wieder spektakeln, oder soll mir nur damit gedroht sein, obschon ich den Concipisten zu letzterer List für zu knollicht halte? Sollte die Äußerung, daß Sachverständige die Scheidung auf anderem Wege für schwer oder ganz unmöglich halten, wahr sein oder ihr solches Dafürhalten bloß aus nicht genug genauer Kenntnis der Umstände hervorgehen? Das bleibt mir zwar ungewiß; daß aber alle Sachverständige, die Bethmann in Frankfurt fragt, die Sache nicht anders verstehen werden, als er es will, das bin ich gewiß und der Vorteil wird ihm dadurch stets bleiben. Glaubt Ihr wohl, daß, wie aus obigem Briefe herausgeht, auf dem vorgeschlagenen Weg wirklich verfahren werden könne, ohne daß eine Öffentlichkeit oder eine Strafe erkannt werde (welches beides Herr Bethmann in der Tasche vermitteln zu wollen scheint), so gibt es noch eine Ansicht, nämlich: Auguste klagt bei den Gerichten, ich habe sie verlassen, und die Gerichte melden mir, ich solle zu ihr gehen, ich aber mag nicht zu ihr [gehen], und sodann scheiden mich die Gerichte und überheben mich [ganz] einem weitern Zu-ihr-gehen, wozu ich freilich keine Lust habe. Wenn der Prozeß so läuft und so gemeint ist, dann ist er [frei]lich commod. Wie aber, wenn nun eine Strafe erkannt würde und die Unkosten, und Franz zahlte sie brüderlichst gesinnt aus? vielleicht, daß er, um es noch zu können, aus weiser Vorsicht bereits meine Tratten so ängstlich sich verbeten hat! O schreibt mir ja sobald als das letztemal! und zwar: glaubt Ihr, daß ich mit Vorbehalt gänzlichen Verborgenbleibens und Freiheit von allen Unkosten und nach der Erklärung, daß, so das Gegenteil nur irgend eintritt, ich mir die Rechtfertigung meiner Ehre und den Ersatz der Unkosten durch eine detaillierte Bekanntmachung der ganzen Geschichte fest vorgenommen hätte, die Geschichte ihren Gang könnte gehen lassen? Oder was soll ich, sobald *citatio* kömmt, alsdann vornehmen, wenn dies Eure Meinung nicht ist? Ich bitte Euch bald, sehr bald um Antwort. [...] Sollte von Frankfurt irgend etwas über Augustens *Mobilia* verfügt werden, so müssen wir, glaube ich, nicht darauf eingehen, denn sollte ich doch noch in Unkosten kommen, so muß ich mich an jenem etwa schadlos halten.

178. Clemens Brentano an Friedrich Karl von Savigny
Berlin, 28./30. Januar 1810

Ich habe Deine zwei letzten Briefe in Sachen *divortii* mit vielem Troste und Profit gelesen, übrigens ist seit der Zeit nichts mehr von Frankfurt verlautet. Von Franz [Brentano] habe ich einen todangsten Brief erhalten, in dem kein andres Wort steht als ich soll ja nicht einen Heller mehr von ihm beziehen, ich müßte alles von Bukowan [einem Familiengut der Brentanos in Böhmen] beziehen; was ich noch in Frankfurt hätte, sei bloß zur

Contribution bestimmt – und weswegen dies Geschrei? wegen 600 Gulden, die ich seit dem 1. August von ihm empfangen, und in solcher Angst ist er, daß er mir weder von Melinens Heurat [mit Friedrich von Guaita am 8. 1.] noch von meiner Scheidung eine Silbe schreibt. Oder ist er vielleicht die Brentanoische Familie nicht, die nach dem Brief des Moritz in die saubere Desertionsklage als das einfachste Mittel einwilligte?

179. Auszüge aus dem
Protocollum archiepiscopalis Generalis
Vicariatus Ratisbonensis in causis pastoralibus et
jurisdictionalibus cum clementissimis
inscriptis *(1810)*

betr. den Eheprozeß Magdalena Margaretha Augusta Brentano geb. Bußmann in Frankfurt am Main gegen ihren Gemahl Clemens Brentano.

Aus dem Sitzungsprotokoll des Generalvikariats in Aschaffenburg am 15. Januar 1810.
Anwesend: Generalvikar, Geheimer Rat, Offizial und Direktor Chandelle, die geistlichen Räte Boegner, Scheidel, Ladrone, Kopp, v. Kieningen, Ries, v. Tautphaeus junior.
Abwesend: die geistlichen Räte v. Tautphäus sen. und Menninger.
§ 93 *Betr.:* »Magdalena Margaretha Brentano gebohrene Bußmann zu Frankfurt contra ihren Ehemann Clemens Brentano puncto dissolutionis matrimonii a vinculo ob malitiosam desertionem.

Dr. Koch qua mandatarius der Implorantin übergiebt Vorstellung samt Vollmacht und einer Beilage.
Conclusum: Ad. D. C. i. O. et C. Chandelle.«

Aus dem Sitzungsprotokoll vom 5. Februar 1810.
Anwesend: Chandelle, Boegner, Scheidel, Ladrone, Kopp, v. Kieningen, Ries, v. Tautphaeus jun.
Abwesend: v. Tautphaeus sen. und Menninger.
»Remittatur cum appbrobatione Aschaffenburg, 7. Febr. 1810 ex mandato Emminentissimi (gez.) Kolborn«.

§ 229 *Betr.:* »Magdalena Margaretha Augusta Brentano gebohrene Bußmann protestantischer Religion von Frankfurt gebürtig contra ihren abwesenden Ehemann Clemens Brentano katholischer Religion ebenfalls von Frankfurt puncto dissolutionis matrimonii quoad vinculum ob malitosam desertionem.

Tracta relatione D. C. i. O. et C. Chandelle.

Conclusum: Cum voto, und wäre ad manus clementissimas in separato einzuschicken und wären derselben auch die Ordinariats-Schreiben beizulegen. Exped. eodem. «

Aus dem Sitzungsprotokoll vom 6. und 8. Februar 1810.
»Remittatur cum approbatione Aschaffenburg 10. Febr. 1810 ex mdto. Emmi. (gez.) Kolborn«

§ 238 *Betr.:* »Magdalena Margaretha Auguste Brentano gebohrene Bußmann protestantischer Religion von Frankfurt gebürtig gegen ihren abwesenden Ehemann Clemens Brentano katholischer Religion ebenfalls von Frankfurt gebürtig puncto dissolutionis matrimonii quoad vinculum ob malitiosam desertionem.

Emminentissima sua Serenitas remittiren die ad manus clementissimas in separato eingeschickte Relation vom 5ten Febr., wie auch die miteingeschickten Ordinariats-Antworten cum clementissimo inscripto:

Remittatur cum approbatione in Beziehung auf den gegenwärtigen Fall. Sollte ein ähnlicher von dem erzbischöflichen Ordinariate entschieden werden müssen, so dörfte es allerdings nicht anderst als nach den Grundsätzen des befragl. Rescripti apostolici geschehen, weil es in der Gewalt eines einzelnen Bischofes nicht stehet, einem so allgemeinen Gesetze der lateinischen Kirche, wenn es auch blos disziplinarisch wäre, besonders in materia sacramenti, entgegen zu handeln. Aschaffenburg am 6.ten Febr. 1810 ex mdto. Emmi. Kolborn.

Conclusum I: Dem Mandatario der neben bemerkten Implorantin Doctori Koch wäre zu erkennen zu geben, daß, wo nach Maaß der überreichten Imploration beide Eheleute die Stadt Frankfurt verlassen und mit dem beiderseitigen Wunsch, animo, fern von ihrer Vaterstadt zu wohnen und nach einigen Wechseln endlich zu Landshut ihr Leben zuzubringen und auch in Landshut ihr domicilium aufgeschlagen zu haben und von diesem domicilio aus der Ehemann die Implorantin verlassen hat, diese Sache zu der diesseitigen geistlichen Behörde nicht geeigenschaftet seie. Exped. eodem.

Conclusum II: Wäre man der weiteren unterthänigsten Meinung, daß dem erzbischöflichen geistlichen Gerichte jedoch unter dem Rubro die vermischte Ehe in specie die Klage des protestantischen Theils gegen den katholischen Theil cum petito pro dissolutione matrimonii quoad vinculum ob malitiosam desertionem, adulterium etc. des katholischen Theils, folgendes zugeben möge:

Conclusum III: Dem erzbischöflichen geistlichen Gerichte dahier wäre anzuverhalten, daß, wenn bei demselben in casu matrimonii mixti der protestantische Theil gegen den katholischen Theil, welcher vi sui domicilii zur diesseitigen geistlichen Jurisdiction geeigenschaftet ist, eine Imploration oder Klage cum petito pro dissolutione matrimonii quoad vinculum ob malitiosam desertionem, adulterium etc. des katholischen Theils einreichen sollte, dasselbe sogleich diesen Fall einzuberichten habe, wo demselben alsdann per vicariatum die höchste Weisung und Vorschrift Emminentissimi als höchsten Fontis Jurisdictionis, wie sich hiebei zu benehmen seie, zukommen werde.«

Aus dem Sitzungsprotokoll vom 12. Februar 1810.
Anwesend: Chandelle, Boegner, Scheidel, Ladrone, Kopp, v. Kieningen. Ries, v. Tautphaeus jun.
Abwesend: v. Tautphaeus sen. und Menninger.

§ 256 »Das Protokoll betr.: Emminentissima sua Serenitas remittiren das Protokoll vom 6ten und 8ten Februar cum clementissima approbatione. «

§ 257 *Betr.:* »Die vermischte Ehe, in Specie die Klage des protestantischen Theils gegen den katholischen Theil cum petito pro dissolutione matrimonii quoad vinculum ob malitiosam desertionem adulterium etc. betr.

Conclusum: Expediatur conclusum tertium ad § 238. Exped. eodem.«

Aus dem Sitzungsprotokoll vom 5. Juli 1810.
Anwesend: Chandelle, Scheidel, v. Tautphaeus sen., Ladrone, Kopp. v. Kieningen, Menninger, Ries, v. Tautphaeus jun.
Abwesend: Bögner
»Remittatur cum approbatione.
Aschaffenburg 6ta. Julii 1810
Ex mdto. Emoe. ac Reg. Serenitatis (gez.) Kolborn.«

§ 1211 *Betr.:* »Brentano contra Brentano puncto separationis matrimonii quoad vinculum. Dr. Koch qua Mandatarius der Implorantin übergiebt eine Vorstellung.

Conclusum: Ad C. C. i. O. et D. Chandelle cum prioribus.«

Aus dem Sitzungsprotokoll vom 7. und 9. Juli 1810.
»Remittatur cum approbatione.
Aschaffenburg 10ma Julij 1810. Ex mdto. emae. ac reg. Serenitatis. (gez.) Kolborn.«
Anwesend: Chandelle, Bögner, Scheidel, v. Tautphaeus sen., Ladrone, Kopp, v. Kieningen, Menninger, Bies, v. Tautphaeus jun.

§ 1240 *Betr.:* »Magdalena Margaretha Brentano gebohrene

Bußmann zu Frankfurt contra ihren Ehemann Clemens Brentano puncto dissolutionis matrimonii a vinculo ob malitiosam desertionem betr.

Tracta relatione D. C. i. O. et D. Chandelle.

Conclusum: Cum voto und wäre ad manus clementissimas in separato einzuschicken.

Exped. eodem Menninger Secret.«

Aus dem Sitzungsprotokoll vom 10., 11., 12., 14. und 16. Juli 1810
»Remittatur cum approbatione ...
Aschaffenburg am 19ten Juli 1810
Ex mdto. Emae. ac reg. Serenitatis
(gez.) Kolborn.«

§ 1243 *Betr.:* »Magdalena Margaretha Brentano gebohrene Bußmann von Frankfurt contra ihren Ehemann Clemens Brentano puncto dissolutionis matrimonii a vinculo ob malitiosam desertionem
betr.
Emminentissima ac regalis Serenitas remittiren die in separato ad manus clementissimas eingeschickte Relation cum clementissimo inscripto:
Remittatur cum approbatione conclusi.
Aschaffenburg 10ma. Julij 1810
Ex mdto. Emae. ac reg. Serenitatis
(gez.) Kolborn.

Conclusum: Es wäre dem erzbischöflichen geistlichen Gericht dahier die von Procurator Koch sub pres. d. 15ten Jänner 1810 I mit der beigebogenen Vollmacht II übergebene Vorstellung, sodann die Abschrift des an den Procurator Koch den 8ten Febr. 1810 erlassenen Conclusi, ferner die weitere Vorstellung des nämlichen Procurationis Koch VI sub praes. 5ten Juli 1810 zu zuschicken, mit dem Auftrag, das Gutachten darüber zu erstatten, ob auf den Fall, daß Clemens Brentano Frankfurter Bürger geworden seie und es noch seie, welches annoch um deswillen zweifelhaft scheinen kann, weil nach Maaß des gleichfalls beiliegenden obgleich privat-Schreibens des Geistl. Raths und Stadtpfarrers in Frankfurt es scheine, daß beide heimlich fortgegangen seien und sich auswärts haben copuliren lassen (wenn ferner bewiesen werden sollte, daß bei auswärts wohnenden Frankfurter Bürgern) denn was in der Vorstellung VI von momentanen Abwesenheiten und Reisen gesagt wird, entspricht nicht der Imploration I, worin gesagt wird, daß sie Frankfurt verlassen haben, mit dem beiderseitigen Wunsch, fern von ihrer Vaterstadt zu wohnen und zu Landshut das Leben hinzubringen, (dasjenige, was in der weiteren Vorstellung VI von der Competenz gesagt wird, eintreffe, dem diesseitigen geistlichen Foro die Competenz dergestalten zustehe, daß durch dessen Einschreiten die geistliche Behörde von Landshut nicht beeinträchtiget werde und der Implorat die Exceptionem fori declinatoriam nicht machen und gegen ihn in contumacia verfahren werden könne. Exped. eodem.«

Aus dem Sitzungsprotokoll vom 16. Juli 1810.
Anwesend: Generalvikar Chandelle, Bögner, Scheidel, v. Tautphaeus sen., Ladrone, v. Kieningen, Menninger, Ries, v. Tautphaeus jun.
Abwesend: Kopp »excusato«.
§ 1272. *Betr.:* »Magdalena Margaretha Brentano gebohrene Bußmann contra ihren Ehemann Clemens Brentano
Das erzbischöfliche geistliche Gericht überschickt das abgeforderte Gutachten cum remisione communicatorum

Conclusum I: Wäre in separato ad manus clementissimos einzuschicken, mit dem unterthänigsten Bemerken, daß man mit dem Gutachten einverstanden seie, besonders um dessentwillen, daß die Frage de competentiae als Praejudicial-Frage voraus verhandelt und entschieden werden solle und sollte dieses genehmiget werden, wäre als denn: Exped. eodem
Conclusum II: Remittatur: die Vorstellung des Mandatarii

Koch vom 15ten Jan. 1810 I samt dessen Vollmacht II wie auch dessen weitere Vorstellung sub praes. 5ten Juli VI dem erzbischöflichen Geistlichen Gerichte mit dem Onverhalten, daß dasselbe nach Maaß seines anhero geschickten Gutachtens fürfahren könne, wobei man bemerken wolle, daß von hier aus dem Mandatario Koch die Nachricht zugegangen, daß die Sache dem erzbischöflichen geistlichen Gerichte übergeben und zu dem Ende seine anhero übergebene Vorstellung samt Vollmacht demselben zugeschickt worden seien.

Conclusum III: Dem Mandatario Dri. Koch wäre zu eröffnen, daß die Sache dem erzbischöflichen geistlichen Gerichte übergeben worden und zu dem Ende seine anhero übergebene Vorstellung samt der Vollmacht dem gedachten geistlichen Gerichte überschickt worden seien, er sonach sich dahin zu wenden habe.«

Aus dem Sitzungsprotokoll vom 18. Juli 1810.
§ 1295. *Betr.:* »Magdalena Margaretha Brentano gebohrene Bußmann contra ihren Ehemann Clemens Brentano.
Eminentissima ac regalis Serenitatis remittiren das ad manus clementissimas in separato eingeschickte Conclusum vom 16ten Juli cum clementissimo inscripto remittatur cum approbatione.
Aschaffenburg 17. Juli 1810
Ex mdto. ema. ac reg. Serenitatis (gez.) Kolborn.
Conclusum: Expediantur nummehro die zwei conclusa ad Paragraphum 1272 protocolli vom 16ten Juli nämlich an das Geistliche Gericht und an den Mandatarium Koch.
Exped. eodem.«

180. Achim von Arnim an Bettine Brentano
Berlin, 2. Februar 1810

Clemens hat noch Lust, zur Besorgung seines Bildes, Auction der Bethmann-Busmann-Flavignyschen Effecten, nach Landshut zu gehen. [...] Erinnere doch Savigny, über Clemens Scheidung zu schreiben.

181. Bettine Brentano an Achim von Arnim
Landshut, März 1810

Den Clemens grüße ich und stelle ihm hiermit vor, daß seine Moeble nicht das Geld verlohnen, das ihm die Reise kosten würde. Savigny will nach Clemens seiner Verfügung alles für ihn besorgen und ihm in Bukowan Rechenschaft darüber geben; transportiren läßt sich doch nichts und würde immer den Werth der Sachen übersteigen. Seine Bilder, Bücher usw. kann man bringen lassen, wohin er will, er soll also ausführlich darüber schreiben.

182. Achim von Arnim an Friedrich Karl von Savigny
Berlin, 15. März 1810

Wie es scheint muß ein Brief von Clemens an Dich verloren seyn, ich begriffe sonst nicht, wie Du ihn so ganz mit Stillsch[weigen] übergangen. Moritz Bethmann erneuerte mir nämlich den Antrag wegen der Scheidung, es solle nichts kosten, auch keine öffentliche Zitation sey nothwendig, die Aufforderung vor dem Aschaffenburger Gerichte zu erscheinen werde ihm hier durch die Gerichte abgeliefert, er brauchte nicht zu antworten und die Scheidung erfolge, weder sein Vermögen noch seine Ehre könne dadurch gefährdet werden, alle übrigen Wege seyen kostspielig und lermmachend, schreib recht bald darüber, bis zu diesem Augenblicke habe ich noch nicht geantwortet. In dem Briefe, der von einem Juristen zu seyn schien, machte er auf die Schwierigkeit in der andern Art von Ehescheidung aufmerksam, die ich nicht beurtheilen kann.

183. Clemens Brentano an Gundel von Savigny
Berlin, Ende März 1810

Von dem Hausrat, Meubeln und Küchenwerk der Auguste ist ein Inventarium zu machen und eine Auktion, denn man kann die Sachen doch nicht stehen lassen und ganz verderben, und gedenke ich mich des Geldes zu einer Entschädigung des teuren Hinbringens von Frankfurt oder zu einer Deckung der mich etwa treffenden Scheidungskosten zu bedienen, oder sollte es begehrt werden, es nach gerichtlichem Ausspruch auszuliefern; kurz die Sachen müssen zu Gelde verwandelt werden. – Davon sind auszunehmen meine Federbetten, die ich noch von Sophien habe und die die Fränz, wenn sie noch bei Euch, alle kennt; aus denselben ist mir aus den besten und leichtesten *ein so gut als mögliches Bett* zu rechte zu ordnen und die übrigen auch zu verkaufen. Eben fällt mir ein, daß Auguste gar keine Federbetten hatte und sie alle [meine] sind, Du kannst mir daher ein gutes Unterbett, ein gutes leichtes Deckbette und einige gute Kopfküssen daraus verfertigen lassen, ebenso will ich um Gotteswillen meine lumpichte braune seidne und meine alte grüne [Decke] behalten wissen, sie sind mir immer Gebetbücher gewesen, auf denen ich mein Abend- und Morgengebet abgelesen und ich will sie drauf ablesen bis zum Tod.

184. Friedrich Karl von Savigny an Johann Christian Bang
Landshut, 13. April 1810

Clemens ist in Berlin, Bethmann selbst hat den Antrag gemacht, eine radikale Scheidung zu bewirken. Die Leute mögen die Auguste loben, *ich* sage Euch, daß sie durch und durch nichts taugt, obgleich ich nicht läugne, daß auch mit einer bessern Frau der Clemens vielleicht nicht hätte leben können. Die scandalöse Selbstvergiftungsgeschichte der Auguste im Wirthshaus in München ist das widerlichste der Art was sich denken läßt.

184 a. Clemens Brentano an Wilhelm Grimm
Berlin, 8. Mai 1810

Lieber Wilhelm!

Herzlichen Dank für ihre beiden lezten Briefe, besonders für die wichtigen Nachrichten über *Augusten!*, wenn Sie mir nur mehr Gewißheit drüber geben könnten, besonders über ihre Schwangerschaft, die für mich äußerst wichtig ist, weil Sie [sie] erstens meiner Scheidung eine ganz andere Richtung giebt, und weil, sollte Auguste sterben, und das Kind irgendwo unter meinem Nahmen existiren, dasselbe auf das Meinige Anspruch machen könnte. Diese Sache muß ernsthaft untersucht werden, und ich fordere Sie und Jakob, als meine einzigen Freunde, auf die ich mich verlassen kann, daher recht dringend auf, sich über diese Sache einige Gewißheit zu verschaffen, und weder Reise noch Geld dabei zu sparen, damit ich nachher einen gerichtlichen Akt darüber kann aufnehmen laßen, um mich dessen bei meiner *Scheidung* zu bedienen, besinnen sie Sie sich ja schnell, auf welchem Wege, dahinter zu kommen, irgend ein Advokat von ihren Bekannten wird am besten darüber rathen, denn wie leicht kann sie auf dem Lande heimlich niederkommen, und mich betrügen, oder nach dem verlohrenen Hufeißen gar wieder Pretensionen an mich machen, da ich das Interesse des alten Mannels bei der ganzen Geschichte nicht kenne, so wage ich es nicht, an ihn selbst zu schreiben. Wie wäre es, wenn Sie etwa eine Spazierreise nach Ziegenhain für mich durch den Frühling machten, und dorthin den alten *Mannel* einlüden, und selbst mit ihm sprächen, oder wenn Sie dort oder auch sonst in der Nähe sich jemand fänden, der uns Gewißheit verschaffte; ich bin in großer Unruhe über die Geschichte, Sie können den alten Mannel versichern, daß ich in der Sache über alle Möglichkeit seiner Familie schonen werde, daß ich alles zu seinem und der Seinigen Vortheil bei der Scheidung thun wolle, weil ich würklich eine große Liebe und Achtung für ihn habe. – Es kann sein, daß Sie [sie] die Schwangerschaft verbirgt, und nach der Scheidung erst den Mannel [junior] heurathet und das Kind unter der Bank herfür zieht. In Drais [Treysa] lebt glaube ich ein junger galanter Arzt, der das Mannelsche Hauß bedient, und auch Augusten, den Nahmen habe ich vergessen, sie können ihn leicht erfahren, an diesen wäre vielleicht am besten zu kommen, sie können etwa dem Pfarrer eröffnen, daß bei freiem Geständniß ich bereit bin, das Ganze so sehr als möglich zu verbergen, wenn ich es aber auf gewaltsamem Wege erfahre, die Sache mit der größten Strenge zu behandeln. Sollten sie große Verstärkung des Gerüchts erlangen, und Ihnen unmöglich sein irgend Gewißheit zu erlangen, woran ich doch zweifle, wenn Sie als mein treuer Freund alles Mögliche in dieser mir so wichtigen Sache thuen, so muß ich wahrlich selbst hinreißen und mit ehelichem Recht und Consistorialmaaße vor den Riß treten [mich verteidigen]. Vor allem untersuchen Sie die Quelle, durch die sie die Nachricht haben, nochmals genau, und halten Sie sich an Sie [Auguste], und suchen auf diesem Weg auch der Sache nachzuforschen, alle Unkosten, die sie in der Sache haben werden, sollen Ihnen augenblicklich bei Jordis vergütet werden. Recht dringend bitte ich Sie sogleich und ohne Verzug zu Werke zu gehen.

185. Clemens Brentano an Friedrich Karl von Savigny
Berlin, 30. Mai 1810

Ich habe an Grimm geschrieben, sich über das Gerücht von Augustens Schwängerung durch den jungen Mannel, das er mir mitgeteilt, womöglich gerichtliche Sicherheit zu verschaffen. Das Stillschweigen Bethmanns scheint dafür zu beweisen. Auch ist bereits die Nachricht auf andern Wegen hier eingetroffen; denn sie ist mir von Wessenbergs [des österreichischen Gesandten in Berlin] Haus aus auch zugekommen. Vielleicht gibt sie gar den Moritz selbst an. Was den Wein betrifft, will ich noch mit Dir reden, ich denke den guten an mich zu kaufen, um mich auf diese Art mit Bethmann zu berechnen und sicherzustellen, wenn der Prozeß losgeht; kömmt er zu hoch, so kann ich ihn immer dem, der weniger geboten, nachher wieder ablassen oder ihn hier mit Vortheil verkaufen.

186. Wilhelm Grimm an Clemens Brentano
Kassel, 26. August 1810

Ich hörte hier, die Auguste sei mit dem Bethmann nach Wien gegangen, nachdem sie sich mit dem Mannel gezankt und sich ganz von ihm losgemacht; betreibe aber nichts desto weniger ihren Scheidungsprozeß in Frankfurt eifrig. Der Ruhl konnte mir nichts weiter sagen, weil er sich ihre Visiten verbeten, wenigstens ihres Gauls, und so schrieb ich an den Mannel, der mir eben folgendes zur Antwort meldet: »Am 23. Juli ist Mad. Auguste von uns geschieden und mit der nunmehrigen Frau Ludwig, ehemals M. Nagel in die Gegend von Hammelburg nach Hadlos (im Fuldaischen glaub ich gelegen) gezogen. Ob sie ganz kürzlich mit Bethm. nach Wien ist, weiß ich nicht, da ich mich fast zu Todt freue, aus aller Connexion mit ihr zu seyn.«

*186a. Clemens Brentano an Wilhelm Grimm
Berlin, 3. September 1810*

Waß meine Scheidung anbetrifft, so ist auch noch nicht der geringste Schritt in der Sache gethan, und daher alles, waß Auguste irgend von Akten und dergleichen sprechen mag, die helle Lüge, denn ich weiß kein Wort davon, und ist mir nicht eine Zeile davon communiciret worden. Bethmann schrieb, eher ich an Sie geschrieben wegen ihrer Schwangerschaftsberichte, an Arnim, ob ich einwilligen wollte, in die Desertionsklage, und auf die Citation [Vorladung] schweigen wollte, so könnte die Scheidung bequem statt finden, da mir aber seine plötzliche Eile und ihre Schwängernouvelle und die Unbilligkeit seines Vorschlags das Ganze verdächtig machten, blieb die Sache bei seinem Vorschlag ruhen. Und ist alles nach wie vor. – Ich selbst denke nicht wieder zu heurathen und nach meiner jeztigen Lage kann ich mich kaum ernehren, indem ich kaum eine Einnahme von 400 r [Reichstaler] habe, und waß Sie [Auguste] mir in der Welt an meiner Ehre schadet, das thut mir nicht weh, ich habe grade Freunde genug, um mich hinreichend geehrt zu finden, waß mehr ist von Ehre, geht doch vor die Hunde. – Doch werde ich in diesen Tagen an Herrn Bethmann schreiben und sehen, waß draus wird. – Zu den vielen Mirakeln der Auguste gehört noch, daß Sie [Auguste] in Böhmen auf den Bethmannschen Gütern Hirsche und Hasen geschoßen, Sie [Auguste] die doch so blind ist, und in Prag zum Erstaunen aller Husaren auf einer so steilen Straße als irgend eine in Marburg Carriere bergab geritten. – Man möge ein Narr werden, wenn man all dies Zeug in eine solche Luegensuppe kombinirt.

187. Jacob an Wilhelm Grimm
Napoleonshöhe, 12. September 1810

Savigny kam erst allein mit Clemens und Arnim aus Böhmen nach Berlin und wohnte auf Deiner Stube; nach drei Wochen reiste er wieder weg, und nun kamen Clemens' Bücher an. Zur Scheidung ist von seiner Seite nichts geschehen. Auf Bethmanns desfallsigen Antrag hat er sich nicht eingelassen, »er denke nicht wieder zu heiraten und könne sich kaum mit seinen 400 rh. ernähren, was ihm dadurch in der Welt an Ehre geschadet werde, tue ihm nicht weh«. (Das gefällt mir nicht ganz und liegt doch so im Clemens. Die Armut ist wohl übertrieben.)

188. Wilhelm an Jacob Grimm
Marburg, September 1810

Der Clemens ist doch in jedem Wort zu erkennen. Das ist nicht recht, daß er die Scheidung nicht will; begeht sie eine Schlechtigkeit, so kann er dadurch immer in Verlegenheit kommen. Am Ende steckt doch ein ökonomischer Grund dahinter. Dieser eigne Zug in seinem Charakter ist wenigen nicht aufgefallen. Der Bang [ein mit Brentano und den Grimms befreundeter Pfarrer aus Goßfelden bei Marburg] sprach gleichfalls davon, ja er meinte, er habe die Auguste bloß Geldes halber genommen, was doch nicht ist. Betrifft es nicht eine Kleinigkeit oder eine Knauserei, so sieht er nicht so sehr aufs Geld.

189. Wilhelm Grimm an Clemens Brentano
Kassel, 25. Oktober 1810

Auf meinem Weg von Marburg nach Hersfeld war ich eine Stunde zu Allendorf bei dem Mannel. Er wußte gar nichts von der Auguste. Sie war mit allem abgezogen.

190. Notiz in der Zeitung Hamburger Correspondent
Oktober 1810

Edictales.

Es hat die Ehegattin des Bürgers Clemens Brentano von Frankfurt a. M., Magdalena Margaretha Auguste, geborene Bußmann daselbst, bei unterzeichneter Stelle angezeigt, daß ihr genannter Ehegatte sie im März 1809 böslich verlassen habe, und daß, ungeachtet aller geschehenen Erkundigung, ihr dessen Aufenthaltsort unbekannt sei. Dieselbe hat mit dieser Anzeige die Klage auf Ehescheidung vom Bande der Ehe vereiniget; und desfalls wird der Bürger Clemens Brentano hiermit vorgeladen, um sich binnen einer peremptorischen Friste von 3 Monaten, worin die gegenwärtig laufende Ferien mit einbegriffen sind, auf die erhobene Klage vernehmen zu lassen: widrigenfalls nach fruchtlosem Ablaufe dieses Termins gegen ihn wird erkannt werden, was Rechtens.

Aschaffenburg den 29. Sept. 1810.

      Erzbischöfliches geistliches Gericht.
      J. F. Lack, Sekretarius.

191. Clemens Brentano an Jacob und Wilhelm Grimm
Berlin, 2. November 1810

Was Augusten anbetrifft, steht die Sache so: vor ungefähr zwei Monaten schrieb Bethmann an Armin, der kürzeste Weg zur Scheidung sei, wenn Auguste zu Aschaffenburg aus *desertio malitiosa* gegen mich klagte. Ich erklärte, sobald keine Art von Oeffentlichkeit statt finde, wäre es mir recht; er erklärte mir hierauf, die Klage solle mir blos voll den hiesigen Gerichten zugestellt werden, und ich hätte nur zu schweigen. Dies erwartete ich nun, aber vor acht Tagen erscheinen im Hamburger Correspondent die *Edictales*, und ich bin nun gezwungen, dies als eine ehrenrührige gerichtliche Lüge erst zu Aschaffenburg, dann öffentlich niederzuschlagen, sodann werde ich hier in Berlin, wo jetzt mein Forum ist, eine neue Scheidungsklage eröffnen.

192. Clemens Brentano, Wohlan! so bin ich deiner los *(1811)*

Wohlan! so bin ich deiner los
Du freches lüderliches Weib!
Fluch über deinen sündenvollen Schoß
Fluch über deinen feilen geilen Leib,
Fluch über deine lüderlichen Brüste
Von Zucht und Wahrheit leer,
Von Schand' und Lügen schwer,
Ein schmutzig Kissen aller eklen Lüste.
Fluch über jede tote Stunde
Die ich an deinem lügenvollen Munde,
In ekelhafter Küsse Rausch vollbracht,
Fluch über jede gottvergeßne Nacht,
Die ich in deinem frechen Bett erhandelt,
Die ich in toller Liebe überwacht,

Wohl unter deinem Fenster hingewandelt,
Wenn du mit andern in dem Werk befangen,
Mit andrer Lüg' an anderm Mund gegangen.
Mein Gott, mein Gott, er will sich mein erbarmen,
Mein Herr hat mich befreit aus deinen Armen,
Wohin dein Gott, der Satan mich geführt;
Drum hab' ich nimmer dir dein Herz gerührt,
Und wie ich mochte bitten, mochte flehen,
Kein edles Wort hört' ich von dir erstehen,
Du drohst, du elend Weib, dich zu ermorden,
O könntest du's, es stürb' dein ganzer Orden,
Doch spar' die Mühe nur, denn du bist längstens tot,
Längst faulst du in dir selbst, in Sünd' und Lügenkot.
Schneidst du den Hals dir ab
Und springst du in die Spree,
Du findest nie ein Grab
Die Spreu schwimmt in der Höh'.
Des Todes heiliger Traum
Wird nimmer dich erlösen
Es stirbt ein grüner Baum,
Doch nie ein dürrer Besen.
Zur eignen Rute wirst du noch an deinem Rücken,
Und höchstens reicht dein Leib dir einstens schlechte Krücken.
Wohlan, du elend Weib, nun sind wir auf der Stelle
Wo wir zuerst uns sahn, ich, du, und dein Geselle,
Ich mein' den Teufel, Weib, der deine Seele reitet,
Hör' wie sein Flügel rauscht, den über dir er breitet,
Ich hör' den dunklen Fluß, es tönt die dumpfe Welle,
Du Lügnerin leb wohl, leb schlecht, hier ist die Schwelle,
Wo sich mein reuig Herz, von dir du Hexe scheidet,
Verdorren mag der Fuß, der je dein Bett beschreitet,
Ich hab' dich nie gekannt, ich hab' dich nie gesehen,
Es war ein böser Traum, er muß hinuntergehen,
Das lüderliche Buch, um das du mich betrogen,
Aus dem du geile Brunst für andrer Lust gesogen,

Ich werfe es hinab in diese schmutz'gen Wogen,
Und mit ihm werf' ich hin, was ich für dich gefühlt,
Daß sich die böse Glut, die mir das Herz zerwühlt,
In dieses Flusses trüber Welle kühlt.
Nimm hin den Scheidekuß,
Ich geb' ihn ohn' Verdruß,
Von mir sei dir verziehn,
Wend' dich, zu Gott dahin,
Und fleh', daß er verzeih',
Dem Sünder steht es frei.
Er ist für dich, für mich, für alle uns gestorben,
Ich habe im Gebet mir Trost von ihm erworben.
Ich gab des Heilands Bild in deine schnöden Hände,
So bin durch dich ich auch zu einem Judas worden,
Den Herrn hab' ich verkauft, an die, die ihn ermorden,
Erbarm' dich meiner Seel', und zu dem Kreuz dich wende,
O mache, daß an dir dies Bild ein Wunder tut,
Und daß er dich erlöst mit seinem heiligen Blut,
So darf ich ruhig sein, daß ich so fromme Gabe
An dich, du elend Weib, so schnöd vergeudet habe,
Nun wend' ich mich von dir, ich will in Friede gehn,
Ich will unschuldig nun die Sterne wiedersehn,
Ich will zu Gott dem Herrn um Hülfe für dich flehn,
Daß dich die Gnade sein barmherzig mög' anwehn,
Daß einen Engel er, zu dir ermahnen sende,
Daß er dein elend Herz wie meines zu sich wende,
So gehet nicht mein Schmerz, doch Leid und Lieb' zu Ende.

193. Wilhelm Grimm an Friedrich Karl von Savigny
Kassel, 13. Juni 1811

Denken Sie, die Auguste ist es auch in Wien bald überdrüssig gewesen und, wie ich gestern Abend vernommen, wieder hier. Sie hat sich in einer Hauptstraße in der Frankfurter ein Logis zu 6 Louisd'or monatlich gemietet und lebt ganz allein auf ihre Hand. Sie wird ihrem Ziel wohl immer näher kommen.

194. Achim von Arnim an Friedrich Karl von Savigny
Frankfurt am Main, 28. September 1811

Wir assen gestern bey ihr [Meline von Guaita, geb. Brentano] zu Mittag, wo ich Deine alte Liebschaft die Bernus kennen lernte, ein niedlich muthig Weibchen, auch die junge [Louise Friederike] Bettmann hab ich gesehen, eine stunme Schönheit holländischer Natur, er war sehr freundlich, von Auguste habe ich nichts gesprochen, auch weiß niemand etwas davon. Gueita meinte, das geistliche Gericht könne nicht scheiden, da die Nichtexistenz von Clemens durchaus unerwiesen sey, ich glaub es selbst, auch scheint es, daß die Familie, seit sie in Cassel mit allerley Gardeoffizieren lebt, die Trennung nicht mehr wünscht, sie sehen keinen Vortheil dabey, wenn ich den Namen des Clem[ensschen] Advokaten in Aschaffenburg erfahren, will ich an ihn schreiben und mich näher unterrichten.

195. Clemens Brentano, Der schiffbrüchige Galeerensklave vom Toten Meer
Drittes Buch: Nachthimmel
Zweiter Abschnitt. Morgenstern, der freundliche freigebichte Kavalier *(1811)*

Ich dachte bereits, meine häßliche Raserei mit der schönen kleinen Perdita, die ich noch immer nicht vergessen kann, deren kleiner Schlupfwinkel mir noch deutlicher vor Augen steht als die Peterskirche, deren geniale Gottlosigkeit natürlicher und wahrhaftiger war, als die stoische Philosophie meines architektonischen Freundes Bonascopa, würde diesen Teil meines Lebens beschließen, das zweite böse Gestirn meines Nachthimmels. Ich ließ meinen Hut hängen, wo die Eidechse Perdita ihn hingehängt hatte, nämlich an dem Knie des päpstlichen Hauptmanns, der in der Vorstube neben seiner Frau schlief und des glühenden Hundsgestirnes wegen sein rechtes hageres Bein aus dem Bette heraushängte; auf seinem Fuße saß ein großer englischer Hahn schlafend, den Kopf unter einem Flügel, zuckend und träumend von dem beizenden Tabaksbade, das er am Abend gegen das Ungeziefer erduldet hatte. Das Tier war auf seinen Fuß geklettert, weil Perdita eine große Badewanne voll Wasser umgestürzt hatte, um ihren Buhler, den Kammerdiener des russischen Gesandten, darunter zu verstecken. Perdita im Hemde, barfuß, weinend mit zerstreutem Haar, schön wie Desdemona, hatte in der einen Hand ihre papierne Laterne, worauf ich selbst den Amor gemalt, ihre andere schlang sie um meinen Nacken, und indem sie mich heftig fortzog, um, wie sie sagte, den Kapitän nicht zu erwecken, flüsterte sie: »O ihr himmlischen Sterne, bekennet meine Unschuld! Nie mehr will ich den Leib des Herrn empfangen, nie soll mir das kleine Jesuskind meine Sünden verzeihen, nie soll die heilige Magdalena für mich bitten, wenn deine Eifersucht wahr ist.« Da ich aber nicht von der Stelle wollte, ohne meinen Hut mitzunehmen, sagte die Verräterin: »O lasse ihn hängen, mein Süßer, er könnte erwachen«; ich aber sagte: »Gut, ich schenke dir den Hut und du wirst ihn morgen um 20 Lire verkaufen, er hat mich gestern 40 gekostet.« Und somit trat ich dem versteckten Russen auf einen Finger, den er unter der Wanne hervorstreckte. Er begann einen heftigen russischen Fluch auszustoßen. Perdita, auf den Tod erschrocken, ließ den Amor in der Papierlaterne anbrennen, nahm den Hahn von dem Fuße des Kapitäns, warf ihn dem schlafenden Ehepaar ins Gesicht, und da sich der Russe vor Schmerz mit großem Getöse unter der Wanne hervormachte, warf sie die Laterne an den Boden voll Wasser und sich darauf, das Licht zu verlöschen, dunkel ward es, der Kapitän fluchte, der Hahn flatterte und schrie, alle die englischen Hennen begannen ein rasendes Geschnatter, der Russe suchte die Tür und ergriff mich, Perdita schrie und schimpfte den Kapitän, daß er die Badewanne mitten in die Stube gestellt, da sie sie umgeworfen habe und beinah ersaufe, ich aber machte dem Russen die Türe auf und führte ihn selbst hinaus; vor der Türe sagte er mir in gebrochenem Italienisch, Perdita sei doch eine unendlich feine Canaille, und wir verließen uns friedlich. –

Als ich in meine Wohnung, die kaum hundert Schritte von der Höhle Perditas war, kam, bemerkte ich mit Verdruß, daß ich meine Schlüssel bei ihr liegen gelassen. Zurück wollte ich nicht, ich ging also nach dem Hause eines Freundes, der auf dem Spanischen Platze wohnte, aber man sagte mir, er sei heute ausgezogen, wohin sei unbekannt. So ging ich dann wieder nach meiner Wohnung, willens, meinen Hausherrn aufzupochen, aber ich fand das Tor nur angelehnt, meine Stubentür war nicht verschlossen, und ich freute mich, daß ich es heute grad vergessen hatte, sie zu verschließen. Ich entkleidete mich ohne Licht und legte mich zu Bett. Der Mond schien nur wenig in meine Kammer, aber ihr Götter! als ich mich niederlegte, was fand ich, wer umarmte mich – und erstickte mich mit Küssen? Perdita, die Verräterin, die schöne, falsche, nackt und glatt wie eine Schlange, umwand mich, wie einen Laokoon, ich aber machte mich los recht wie Wolfdieterich im Heldenbuch:

> *Da gab der Held elende*
> *Ihr einen Faustenschlag*
> *Mit seiner freien Hände,*
> *Bis daß sie stille lag – –*

Nein, schlagen konnte ich sie nicht, aber beinahe hätte ich sie geküßt, mehr aus Coquetterie als Ernst sprang ich auf und schlug Licht, während sie mir unter dem artigsten Gelächter eine Schilderung von der Verwirrung ihres Hauses machte. Der verborgene Liebhaber, sagte sie, sei der Schauspieler Fiorillo, der Geliebte der Hauptmännin, gewesen, die, als sie gemerkt, daß er gerettet sei, ihren Mann beruhigt habe, der aber bei dem Hut auf seinem Knie geschworen, es sei ein Mann dagewesen, und er wolle künftig schon auf seiner Hut sein; die Frau aber habe ihn so weit gebracht, daß er auf seine Knie gekommen, und ihr den Verdacht abgebeten, und für den Hut gedankt habe, von dem sie ihm weisgemacht, sie habe ihn damit als einem Geschenk überraschen wollen, weil morgen sein Geburtstag sei. »Ich aber,« sagte Perdita, »schlich mich fort wie ich war, im Hemd zu dir; deine Schlüssel hatte ich auf meinem Bette gefunden, als ich mich niederlegen wollte. Ich war recht böse auf dich; du hast all das Elend mit deiner tollen Eifersucht hervorgebracht, und deine verdammten Schlüssel sind allein schuld, daß ich zu dir komme. Sieh, was dein grober Hausschlüssel mir ein blaues Mal in die Seite gedrückt! Als ich die bösen Schlüssel fand, da konnte ich nicht mehr ruhen; ich hielt es für einen Befehl des Himmels, zu dir zu kommen, nun bin ich da, komm, ich liebe dich unendlich, ach wie lieb ich dich, laß das dumme Lichtschlagen, nein, kein Licht, komm, küsse mir den blauen Fleck von dem fatalen Schlüssel, bis er verschwindet.« Ich aber, stumm über die unendliche Kombination von Lüge in einem sechzehnjährigen schönen, eigentlich guten Kind, brachte mein Licht zum Brande und setzte mich an mein Lager. Perdita hatte, wie ich nun sah, einen Blumenkranz auf dem Haupte von Orangeblüte, den ich ihr gestern morgen gebracht, er duftete süß, und rückte gegen die Wand, und sagte: »Komm, Lieber, ich will dich nicht vertreiben.« Ich aber sprach: »Nein, schöne Perdita; denn ich muß dich vertreiben, dich, die mir alle Sinnen bestricket, dich, um derentwillen ich alle Freunde, irdische und göttliche, verlassen, o Perdita, wie bist du schön und lebendig, und gemacht, Siegeskronen auszuteilen! und so schlecht du bist, so lügenhaft, treulos und verräterisch, so lebt doch kein Mann, der es verdiente, dich zu umarmen; aber du wirfst den Segen der

Götter vor die Füßen, und giebst dich dem Teufel umsonst. O du armes verlorenes Kind, vaterlos, mutterlos, ehrlos, lieblos, gottlos, und schön, schön, wie die Sünde nicht ist – stehe auf! gehe weg!« Und somit begann ich heftig zu weinen – Perdita weinte auch, und stand auf, und kniete vor mich hin und legte mir ihr Haupt voll Duft auf den Schoß; dann aber reichte sie mir ein kleines Kruzifix, das ich ihr einstens geschenkt, und sprach: »Nimm, mein Lieber, zurück, was ich nicht verdiene, ich muß es morgen sonst versetzen, ach ich bin so blutarm, ein Jude will mich heuraten, und verläßt du mich, so verlasse ich meinen süßen Jesus und heurate den Juden, er will mir auch meine Mutter begraben lassen, die zu Tivoli todkrank liegt.« Mir war das Herz zerschnitten, ich wollte sie in meine Arme schließen, aber der Hahn krähte im Hof, und ich sah die Augen des kleinen schwarzen Pudels, den mir Perdita geschenkt, neben seiner Gebieterin hell funkeln, Petrus der Verleugner fiel mir ein, und der schwarze Hund des Zauberers Abano, da sprang ich plötzlich auf, und nahm ihr das kleine Kreuz hinweg, und schrie, daß sie erschrak und zitterte: »Fort, fort, du Satanas, du bunte Schlange, fort, ich wecke sonst das ganze Haus und zeige dich in deiner Schmach!« Sie aber sprach: »Wohlan, so ist es aus, ich will gehn, ich will mich in die Tiber werfen!« – »Wie du willst,« sprach ich, »Hexen schwimmen, du läufst nicht Gefahr, fort!« – »So in diesem Aufzug, es naht der Tag, wie kann ich so zurück, o leih mir deinen Mantel, Wüterich!« – Ich warf ihr meinen Mantel um – »Ich schicke ihn dir morgen wieder«, – das Licht aber hatte sie ausgeblasen, um nackt von mir nicht gesehn zu werden; nun raffte sie ihr Hemd und ihre Schuhe von der Erde, und bat mich, die Türen zu öffnen, und zu sehn, ob niemand in dem Vorhause sei, daß sie entwischen könne. Dann eilte sie fort, und sprach: »Du wirst mich nie vergessen!« Zornig aber nahm ich den kleinen Pudel, der mich immer an dem Rocke zerrte, und warf ihn seiner Gebieterin nach. Nun war ich ruhig und legte mich zu Bette, schlafen konnte ich nicht, und etwa nach einer halben Stunde weckte mich der Klang einer Guitarre unter meinem Fenster, ich lauschte und hörte die Stimme der kleinen Perdita, sie sang ein Lied, das ich sie gelehrt:

Bös bin ich gefangen,
Denn ein blondes Mädchen
Mit roten Wangen
Macht, daß ich fast vergeh.
Weh! ich verderbe,
Mich sendet in den Tod
Ein L ein I ein E ein B ein E!

Ich suchte meine Laute, um ihr zu antworten, aber ich konnte sie nicht finden. Da kratzte sie mit ihrem Fingerchen an meinem Laden, ich öffnete zankend, sie warf mir den kleinen Hund herein, der mir die Füße leckte. Ich sagte: »Was willst du?« – »Ach,« sagte sie, »zu Hause ist Not und Jammer, ach, meine Mutter ist gestorben, es ist ein Bote da. Ach, ich kann vor Elend nicht ruhn, nun habe ich keinen Menschen auf Erden als dich, und du verstößt mich, ach lasse mich zu dir, ich kann nicht ohne dich leben.« Schon ward mein Herz von Mitleid bewegt und ich wollte gehn, ihr das Haus zu öffnen, als mich das fatale Lecken des Hundes ungeduldig machte und ich nach ihm trat; aber er nahm es übel und biß mir in den Fuß, das nahm ich nun auch übel und nahm den knurrenden Dämon, und warf ihn zum Fenster hinaus. Mein Mitleid aber flog zugleich mit ihm hinaus: »Packe dich,« sagte ich zu Perdita, »ich mag dich nicht mehr.« Sie aber sagte: »Mein Schatzkind, sieh, wie der Morgenstern so freundlich funkelt wie ein freigebichter Kavalier, o gieb mir doch noch einige Taler, daß ich mir Trauer anschaffen kann für meine Mutter. Ich will auch zum Abendmahl morgen gehn zu Tivoli, wenn die Mutter begraben wird; ich kann doch nicht in meinen bunten Kleidern gehn, Lieber, wenn ich dir je Freude gemacht, wenn du mich je geliebt hast –« Ich aber sagte: »Gleich«, und nahm zwanzig Taler römisch, und gab sie ihr einzeln, um immer ihre liebe Hand zu berühren, und fragte bei jedem: »Ist es genug?« und sie sagte stets: »Nein, wer kann dich genug lieben, du Engel!« und da sie alle Taler hatte, sagte sie: »Kommt nichts mehr, giebst du mir nichts mehr?« – »Nein,« sagte ich, und sie erwiderte, indem sie den Mantel frech öffnete: »Sieh, mein Kind, ich wußte wohl, daß du meine Liebe nicht bezahlen könntest, du hast ja immer gesagt, was ich dir gäbe, könnte kein Mensch bezahlen, es sei ein unschätzbares Kleinod. Sieh, drum habe ich dir vorhin deine Laute unter dem Mantel mitgenommen, und nackt lag ich im Bette, weil ich hier in mein Hemd deine silbernen Spornen und Messer, Gabel und Löffel und deine Uhr eingewickelt, auch Papier, Federn, Schere und dein Lustspiel und der Roman von Manon Lescaut, alles steckt in meinem Hemd. Nicht wahr, ich bin doch ein tolles Tierchen, für deinen Mantel dank ich auch, ich lasse mir ein Winterkleid draus machen!« – »Pfui,« sagte ich, »und das alles an dem Tage von deiner Mutter Tod, und morgen willst du zum Abendmahl!« – »Ei behüte,« sagte sie, »ich habe gar keine Mutter hier, ich war das Kammermädchen einer deutschen Schriftstellerin, die hier viel schuldig und katholisch geworden; ich aber will nicht katholisch werden, dazu habe ich zuviel Religion.« – »Woher bist du dann?« – »Ei, von Berlin!« – »Und was willst du jetzt machen?« – »Jetzt? den Juden heiraten, und den Messias zur Welt bringen; er meint, ich sei schwanger von ihm.« – »Wie viele meinen das?« – »Ach, wenn der es glauben wollte, der es ist!« – »Wer ist es dann, der schuld dran ist?« – »Ei du, Engel, du!« – »Ich?« – »Ja, du, aber leider bin ich gar nicht schwanger, das wäre fatal, wo sollte ich dann Brot für den Balg hernehmen!« – »Du verwirrtes satanisches Geschöpf! nun packe dich!« – »Sieh, der Morgenstern, gleich wie ein Held, will uns den Tag verkünden, leb wohl! leb wohl! Was wirst du nun machen, wenn du die kleine schöne liebe verlorene nichtsnutzige Perdita nicht mehr hast?« – »Noch eins, Mädchen! Wer ist dann schuld an deiner verdammten Seele?« – »Ei, das Katholischwerden der verzwickten Dichterin, die sich hier für eine Gräfin ausgibt, sie lügt und ziert und schraubt, da muß man es ja lernen, und doch hat sie mich weggejagt, weil ich keinen Sinn für höhere Kunst habe, aber sie war eigentlich eifersüchtig auf mich – ho, ho!« – »Nun gehe in Gottes Namen, du wunderlich liebe verfluchte Seele, fort, fort!« – und somit lief die Eidechse mit dem Hündchen und ihrem Raub singend ab: »Ich bin ja so geschwinde als ein Mädchen kann sein!« – Ich aber blieb zurück, und als ich das kleine Kreuz, das sie mir zurückgelassen hatte, ergriff, durchdrang mich eine namenlose Rührung, ich war fest entschlossen

Rom auf einige Zeit zu verlassen, wenige Kleider packte ich zusammen, steckte meinem Hausherrn einen Brief an die Türe und begab mich zu meinem Freunde Bonascopa. Ich fand ihn vor der Haustüre einpackend. »Wollen Sie mit nach Neapel?« fragte er, da er mich ankommen sah, als wäre die Zusammenreise unter uns verabredet. »Um Gottes willen, ja!« sagte ich – wir stiegen ein, und schon schien die Morgensonne in unsern Wagen, als wir uns erst über unser Zusammenreisen, über den erwünschten Zufall, und über das tolle Abenteuer der Nacht unterhielten.

196. Achim von Arnim an Clemens Brentano
Frankfurt am Main, 26. Oktober 1811

So bin ich denn zu der Auguste durchgedrungen, von der ich Dir Nachricht geben wollte. Sie ist noch in Cassel, man giebt ihr Liebschaften mit allerlei Offizieren schuld. Zur Lulu ist sie einmal in einem schlechten Anzuge gekommen, daß der Bediente sie kaum eingelassen, hat sich ganz demüthig angelassen, hat gesagt, sie wolle jetzt alle ihre Extravaganzen aufgeben, es komme nichts dabei heraus. Die Lulu frägt, wo sie gewesen sei. Da erzählt sie, daß sie von einer Hetzjagd komme, und begeistert sich in dem Vergnügen, einen Hasen todt zu hetzen. Da keiner von allen Deinen Verwandten etwas Bestimmtes von Deiner Ehescheidung wußte, ging ich zu Euler [Augustens Anwalt], und der sagte mir, daß das geistliche Gericht in Aschaffenburg gegen seine Erwartung die Ehescheidung nicht wegen der Desertion vollendet habe – er fand es sonderbar, mir schien es natürlich, da sie sicher erfahren, daß dies nur Maske gewesen – und einen defensor matrimonii angestellt hätte, der jetzt die Klageschrift Eulers untersucht. Er meinte aber, daß die Scheidung nicht fehlen könne.

197. Achim von Arnim an Clemens Brentano
Berlin, 5. März 1812

Die Auguste habe ich nicht gesehen, sie ist Kinderspott geworden, möge Gnadegott dazu kommen. Sie hatte kurz vorher ihre Bibliothek verauktioniren lassen; die Grimms hattens gleich entdeckt an der Vollständigkeit unsrer beiderseitigen Werke und manches erstanden. Um Dich über Deine Scheidungsangelegenheit ganz ins Klare zu setzen, lege ich den Brief des Advokaten ein.

198. Georg an Clemens Brentano
Frankfurt am Main, 17. März 1812

Noch ist dein Scheidungs Prozeß nicht zu Ende, das ist warrlich recht fatal und traurig, so bald ich deßen Beendigung erfahre theile ich dir es mit, denn alsdann stehet deiner Anwesenheit hier nichts im Wege, und du kanst sicher seyn, daß sie mir eine grose Freude seyn wird.

199. Clemens Brentano, Ich träumte hinab (1812?)

Ich träumte hinab in das dunkle Tal
Auf engen Felsenstufen
Und hab' mein Liebchen ohne Zahl
Bald hier, bald da gerufen.
Treulieb, Treulieb ist verloren!

Mein lieber Hirt nun sage mir,
Hast du Treulieb gesehen,
Sie wollte zu den Lämmern hier,
Und dann zum Brunnen gehen,
Treulieb, Treulieb ist verloren!

Treulieb in meinem Schoße saß
Dort oben an den Klippen
Und weil die Wangen ihr so blaß,
So küßt' ich ihre Lippen.
Treulieb, Treulieb ist verloren!

Ich blies die Flöte, ich flocht den Kranz
Ich gieng ihr Blumen zu pflücken,
Ich wollte sie zum Abendtanz,
Als meine Buhle schmücken.
Treulieb, Treulieb ist verloren!

Da hört sie ein schallendes Jägerhorn
Da tät sie die Öhrlein stellen
Und schwang sich hinüber durch Distel und Dorn
Und folgte dem Waldgesellen.
Treulieb, Treulieb ist verloren!

Ich träumte hinab in den dunklen Wald
Auf engen Felsenstufen
Und habe mein Liebchen, daß es schallt
Bald hier, bald da gerufen.
Treulieb, Treulieb ist verloren!

Mein lieber Jäger nun sage mir
Hast du mein Lieb gesehen,
Sie wollte in das Waldrevier
Zu Hirsch und Rehen gehen.
Treulieb, Treulieb ist verloren!

Treulieb lag heut in meinem Arm
Im Schatten kühler Eichen
Wir herzten uns, es ward ihr warm,
Sie gieng ins Bad zu steigen.
Treulieb, Treulieb ist verloren!

Der Mühlbursch hell ein Liedlein pfiff
Da tauchte Treulieb unter,
Und tauchte auf, sprang in sein Schiff,
Ohn' Hemd doch frisch und munter.
Treulieb, Treulieb ist verloren!

Ich träume hin an Mühlbachs Rand
Auf engen Felsenstufen
Und habe in schallender Klippenwand
Mein Liebchen oft gerufen.
Treulieb, Treulieb ist verloren!

Nun lieber Müller nun sage mir
Hast du mein Lieb gesehen
Ich gab ihr Korn sie wollte hier
Bei dir zur Mühle gehen.
Treulieb, Treulieb ist verloren!

Treulieb ist heut auf weichem Pfühl
In meinem Arm entschlafen,
Es klang die Schelle es klappte die Mühl',
Das Auffüllen hab' ich verschlafen.
Treulieb, Treulieb ist verloren!

Und als mich morgens die Reuter geweckt
Die hier vorbei gezogen
Hat sie der Trompeter in Mantel gesteckt
Und mich um sie betrogen.
Treulieb, Treulieb ist verloren!

Ich träumte hin auf der Reuter Zug
In Staub erkannt' ich die Hufen
Und wo das Herz mir lauter schlug
Hab' Treulieb ich gerufen.
Treulieb, Treulieb ist verloren!

Mein lieber Reuter willst du mir
Wo Liebchen ist wohl sagen
Ich weiß sie hat geholfen dir
Dein Zeltlein aufzuschlagen.
Treulieb, Treulieb ist verloren!

Treulieb bei mir im Zelte lag,
Das Pulfer hat sie gerochen
Die ganze Nacht, doch früh am Tag
Da ist sie aufgebrochen.
Treulieb, Treulieb ist verloren!

Es zog der Bettelstudent vorbei
Und spielte auf der Leier
Sie guckt hinaus, was es wohl sei
Und folgt dem neuen Freier.
Treulieb, Treulieb ist verloren!

Ich träumte, ich folg' der Leier Klang
Hinab viel Felsenstufen
Und habe auf dem bittren Gang,
Mein Liebchen noch oft gerufen.
Treulieb, Treulieb ist verloren!

Mein lieber Schüler sage mir
Hast du Treulieb gesehen
Sie wollt', ich weiß es wohl, bei dir
Zur Singeschule gehen.
Treulieb, Treulieb ist verloren!

Treulieb fraß mit mir auf einmal
Wohl Bettelbrot zwei Pfunde
Den Wein den sie dem Reuter stahl
Trank ich aus ihrem Munde.
Treulieb Treulieb ist verloren!

Doch als ich an der Schmiede stand
Ums Abendbrot zu singen
Viel größre Freude sie empfand
An kräft'gem Hammerschwingen.
Treulieb, Treulieb ist verloren.

Mein lieber Meister wohlgestalt
Sprach sie zum ruß'gen Mohren
Beschlag mich lieber warm als kalt
Viel Eisen hab' ich verloren.
Treulieb, Treulieb ist verloren!

Ich träumt' zur Schmiede den schwarzen Gang
Hinab so viele Stufen
Und lauter als der Hammer klang
Hab' ich Treulieb gerufen.
Treulieb, Treulieb ist verloren!

Der Meister sprach sie hat der Knecht
Der Knecht, sie hat der Bube
Der Bube wies mich dann zurecht,
Zu Todengräbers Stube.
Treulieb, Treulieb ist verloren!

Ich träumt' hinab ins Totental
Wohl tausend dunkle Stufen
Und hab' mein Lieb wohl tausendmal
Mit bittrer Angst gerufen.
Treulieb, Treulieb ist verloren!

Mein Todengräber nun sage mir
Hast du mein Lieb gesehen
Auf ihrer Mutter Grab allhier
Wollt' sie die Blumen säen.
Treulieb, Treulieb ist verloren!

Treulieb lag bei mir manche Nacht
Und sang mir freche Lieder
Und wenn ich ein Fräulein zu Grab gebracht
Da stahl sie ihr den Mieder.
Treulieb, Treulieb ist verloren!

Sie stiehlt der Braut den Jungfernkranz
Die schwarzen Todenschuhe
Die zieht sie an und gieng zum Tanz,
Und nimmt den Leichen die Ruhe.
Treulieb, Treulieb ist verloren!

Und als sie nach goldnen Ringen sucht
Und in den Sarg tät langen,
Der tote Jude der tief verflucht
Hat zärtlich sie umfangen.
Treulieb, Treulieb ist verloren!

Wo ist des toten Juden Grab,
Wo ruht der böse Bube
Der Totengräber zur Antwort gab
Geh nach der Schindergrube.
Treulieb, Treulieb ist verloren!

Ich träumte zum dunklen Galgen hin
Hinauf viel tausend Stufen
Und hab' mein Lieb mit wildem Sinn
Wie Raben und Geier gerufen.
Treulieb, Treulieb ist verloren!

Nun toder Jude sage mir
Hast du Treulieb gesehen,
Sie wollte ganz allein zu dir
Um dich zu taufen gehen.
Treulieb, Treulieb ist verloren!

Sie lag bei mir zur zwölften Stund,
Und hat mir's nicht gedanket
Es heulte zum Mond des Schinders Hund
Der Gehenkte im Galgen schwanket.
Treulieb, Treulieb ist verloren!

Da läßt sie die edle vertrauliche Gruft
Und stiehlt mir meine Geschmeider
Und steigt herauf zu dem luftigen Schuft,
Auf der dünnen Galgenleiter.
Treulieb, Treulieb ist verloren!

Ich träumte hinauf ins leere Schloß
Wohl auf der Leiter Stufen
Und habe auf jeder Galgenspross'
Nach meinem Lieb gerufen.
Treulieb, Treulieb ist verloren!

Nun sag' mir mein gehenkter Schuft
Hast du Treulieb gesehen,
Sie schöpfte hier wohl frische Luft
Und wollte um sich sehen.
Treulieb, Treulieb ist verloren!

Sie hat mit mir im Mondenschein
Ein Stündchen sich geschaukelt,
Da hob sich Lärm und wildes Schrein
Da kam es heran gegaukelt.
Treulieb, Treulieb ist verloren!

Zuerst der Hexen Troß voran
Auf Gabeln und auf Besen,
Und dann der Meister Urian
Der hat sie sich erlesen.
Treulieb, Treulieb ist verloren!

Er faßt die Jungfer sich aufs Korn
Mit angenehmen Sitten
Sie faßt den Teufel bei dem Horn
Zum Blocksberg sie dann ritten.
Treulieb, Treulieb ist verloren!

Ich träumte hinauf die steile Höh'
Auf engen Felsenstufen,
Und hab' mit Ach und hab' mit Weh
Nach meinem Liebchen gerufen.
Treulieb, Treulieb ist verloren!

Nun lieber Teufel sage mir
Hast du Treulieb gesehen
Sie kam allein herauf zu dir,
Dich kämpfend zu bestehen.
Treulieb, Treulieb ist verloren!

Treulieb sie küßte mich unterm Schwanz,
Ich war ihr wohlgewogen,
Doch hat sie mir beim wilden Tanz
Ein Ohr schier abgelogen.
Treulieb, Treulieb ist verloren!

Geh nimm sie wieder da sitzet sie,
Auf einem Katzendrecke,
Bist du Treulieb ich laut aufschrie,
Als ich das Luder entdecke.
Treulieb, Treulieb ist verloren!

Mein lieb Treulieb, nun sage mir
Hast du Treulieb gesehen
Sie soll nun mir in dir allhier
Wahrhaftiglich bestehen.
Treulieb, Treulieb ist verloren!

Treulieb, Treulieb sie sitzt allhie
Auf mir dem falschen Schwure.
Treulieb ist Dichterphantasie
Und ich bin deine Hure.
Treulieb, Treulieb ist verloren!

200. Clemens Brentano, Die Welt war mir zuwider *(1812?)*

Die Welt war mir zuwider
Die Berge lagen auf mir
Der Himmel war mir zu nieder
Ich sehnte mich nach dir, nach dir,
O lieb Mädel, wie schlecht bist du!

Ich trieb mich wohl durch die Gassen
Zwei lange Jahre mich
An den Ecken mußt' ich passen
Und harren nur auf dich, auf dich.
O lieb Mädel, wie schlecht bist du!

Und alle Liebeswunden
Die brachen auf in mir
Als ich dich endlich gefunden
Ich lebt' und starb in dir, in dir!
O lieb Mädel, wie schlecht bist du!

Ich hab' vor deiner Türe
Die hellgestirnte Nacht,
Daß dich mein Lieben rühre
Oft liebeskrank durchwacht.
O lieb Mädel, wie schlecht bist du!

Ich gieng nicht zu dem Feste
Trank nicht den edlen Wein
Ertrug den Spott der Gäste
Um nur bei dir zu sein.
O lieb Mädel, wie schlecht bist du!

Bin zitternd zu dir gekommen
Als wärst du ein Jungfräulein,

Hab' dich in Arm genommen
Als wärst du mein allein, allein.
O lieb Mädel, wie schlecht bist du!

Wie schlecht du sonst gewesen
Vergaß ich liebend in mir
Und all dein elendes Wesen
Vergab ich herzlich dir ach dir,
O lieb Mädel, wie schlecht bist du!

Als du mir nackt gegeben
Zur Nacht den kühlen Trank
Vergiftetest du mein Leben,
Da war meine Seele so krank so krank,
O lieb Mädel, wie schlecht bist du!

Bergab bin ich gegangen
Mit dir zu jeder Stund,
Hab' fest an dir gehangen
Und gieng mit dir zu Grund.
O lieb Mädel, wie schlecht bist du!

Es hat sich an der Wunde
Die Schlange fest gesaugt
Hat mit dem gift'gen Munde
Den Tod in mich gehaucht.
O lieb Mädel, wie schlecht bist du!

Und ach in all den Peinen
War ich nur gut und treu
Daß ich mich nannt' den Deinen
Ich nimmermehr bereu', bereu'.
O lieb Mädel, wie schlecht bist du!

*201. Zwischenurteil des
Geistlichen Gerichts
zu Aschaffenburg vom 15. Dezember 1812*

Sententia. In Sachen der Frau Magdalena Margaretha Brentano, gebohrene Bußmann zu Frankfurt Implorantin, wider ihren abwesenden Gatten Clemens Brentano, und *respe* den aufgestellten *Defensor matrimonii* Hn. Hofprediger und Professor Dr. Fischer dahier Imploranten, wird allem Vor- und Anbringen, auch der Sache wohlerwogenen Umständen nach, zu Recht erkannt, daß das Gesuch um Ehetrennung und Erlaubnis der weiteren Verehligung nicht Statt habe: Es sey dann, Frau Implorantin stelle binnen 3. Wochen den Beweis her, daß Beklagter Sie in der böslichen Absicht verlaßen habe, um ferner nicht mehr in ehelicher Verbindung mit ihr zu leben; und daß Sie keine Gelegenheit dazu gegeben, und also ganz unschuldig sey: Wie wir zu diesem Erzbischöflichen geistlichen Gerichte verordnete Director und Assessores hiemit zu Recht erkennen und zu beweisen auflegen.

V. R. W. Insinuetur Sententia partibus publicationis loco.

Lack Secretar.

*202. Der bischöfliche Generalvikar Kolborn
an Carl Theodor von Dalberg
Aschaffenburg, 15. August 1814*

Eurer Königl. Hoheit erstatte ich in Betref der Ehescheidungsklage der Auguste Brentano den gnädigst befohlnen Bericht dahin, daß am 18ten dieses die *Sententia interlocutoria* publizirt worden ist: »würde Klägerinn *Suppl[emen]torie* beschwöhren, daß sie den Aufenthalt ihres Ehemanns nicht gewust habe, und nicht wiße, ergehen werde, was Rechtens.« – Leistet sie nun diesen Eid, so wird sie *per sententiam definitivam*

a vinculo frei gesprochen, und ihr eine anderwärtige Verehlichung gestattet.
Ich bin mit tiefster Ehrfurcht
Eurer Königl. Hoheit
unterthänigst treu gehorsamster
Kolborn.

203. Carl Theodor von Dalberg an Moritz Bethmann
Regensburg, den 28. August 1814

Hochwohlgebohrner Hochgeehrter Herr Staats-Rath!

Beyliegende Antwort in Betreff der geistvollen und schon so lange nach Entscheidung seufzenden Dame habe ich erhalten. Auf mein ernstliches Zudringen, daß die Sache nach so langer Zeit endlich entschieden werde: ist endlich Entscheidung erfolgt; nach welcher, wie *Euer Hochwohlgebohrn* selbst einsehen werden, die unglückliche eheliche Verbindung aufgelöst ist, und zu neuer ehlicher Einverständniß geschritten werden kann, wenn sie beschwört, daß sie den Aufenthalt ihres Ehemanns nicht gewußt habe.

In solchen Fällen unglücklicher ehlicher Verbindungen ist freylich eine rechtlich begründete Scheidung zu wünschen.

Für das mitgetheilte Verzeichniß der eingegangenen Rheinschiffahrts-Gelder dank' ich verbindlichst. Ich ersuche *Euer Hochwohlgebohrne* Ihre vortrefliche Gemahlin von meiner aufrichtigen Verehrung zu versichern. Jede Gelegenheit wird mir angenehm seyn, in welcher ich Beweise der Dankbarkeit und Hochschätzung geben kann, mit welcher ich verbleibe

Euer Hochwohlgebohrnen
aufrichtig ergebener
Freund Carl

204. Scheidungsurteil des
Geistlichen Gerichts zu Aschaffenburg
vom 22. Dezember 1814 [Abschrift]

Judices sanctae Ratisbonnensis Sedis, Christi nomine invocato, pro tribunali sedentes, solum Deum et justitiam prae oculis habentes, in Causa appellationis tertii Judicii Ecclesiastici Aschaffenburgensis Magdalenae Margarethae Brentano, natae Bußmann francofurtensis appellantis ex una contra maritum Suum Clementem Brentano francofurtensem appellatum ex altera & defensorem matrimonii ex officio constitutum tertia partibus, puncto separationis quoad vinculum ex capite malitiosae desertionis, praestito ab appellante in vim Sententiae interlocutoriae de 8va Augusti a. c. juramento et allato desuper documento, audito quoque praevie defensore matrimonii ac allato documento ab illo ceu legali & juramento Sententiae interlocutoriae omnino conformi recognito, dicimus et pronunciamus, quod appellato malitiosa desertio nunc juridice probata habenda et parti appellanti vi confessionis Suae & secundum ea quae in illa obtinent principia, quamvis à Nobis hoc ipso non approbata, pro jure quod inde ipsi competit, prioris matrimonii quoad vinculum dissolutio & alterius ineundi facultas concedenda sit: prout hisce dicimus, definitive pronunciamus, pro probata habemus et vi principiorum Confessionis appellantis prout dictum dissolvimus et concedimus. Publicabatur in loco Judicii solito Aschaffenburgensi die vigesima secunda mensis Decembris, anno millesimo octingentesimo decimo quarto.

Ex mandato Dominorum Sanctae Ratisbonnensis sedis Judicum

M. G. Chandelle.
Secret. subst.

[Übersetzung. Als Richter des Heiligen (Erzbischöflichen) Stuhls zu Regensburg haben wir, nach Anrufung des Namens Christi, zu Gericht sitzend und nur Gott und die Gerechtigkeit vor Augen, in der dritten Instanz des Kirchlichen Gerichtshofes zu Aschaffenburg und in Sachen (1) der Magdalena Margaretha Brentano, geborenen Bußmann aus Frankfurt als Klägerin, gegen (2) ihren Ehegatten Clemens Brentano aus Frankfurt als Beklagten, und (3) gegen den von Amtswegen bestellten Ehebands-Verteidiger als Parteien, wegen Auflösung des Ehebandes auf Grund böswilligen Verlassens, wie es die Klägerin laut Zwischenurteil vom 18. August 1814 eidlich vorgebracht und durch ein beigefügtes Dokument bekräftigt hat, nach vorheriger Anhörung des Eheband-Verteidigers, und nachdem dieser das genannte Beweisstück als rechtmäßig und den Eid als dem Zwischenurteil gänzlich entsprechend anerkannt hat, beschlossen und verkündet: daß, nachdem das böswillige Verlassen der Beklagten nunmehr als rechtlich erwiesen gelten muß und nachdem der Klägerin auf Grund ihrer Konfession und der Grundsätze, die für diese gelten, auch wenn wir sie nicht billigen, nach einem Recht, das ihr bereits vor ihrer Eheschließung zugestanden hat, sowohl die Auflösung des ehelichen Bandes, als auch die Fähigkeit, eine neue Ehe einzugehen, zu gewähren ist. Somit beschließen und verkünden wir endgültig, auf Grund der Beweislage und auf Grund der Prinzipien der Konfession der Klägerin, beides, sowohl die Auflösung wie auch die Gewährung. Ausgefertigt am ständigen Gerichtsort, zu Aschaffenburg, am 22. Dezember 1814.

Auf Anordnung der Herren Richter des Heiligen (Erzbischöflichen) Stuhls zu Regensburg

      M. Chandelle, Stellv. Sekretär]

205. *Marie d'Agoult,* Memoiren (1877)
[Bericht über die Jahre 1815-1817]

Die Tage, die ich bei meiner Schwester Auguste verbrachte, waren mir immer viel zu kurz. Lange hatte ich vom Vorhandensein dieser Schwester nichts gewußt, niemals hatte man in meiner Gegenwart von ihr gesprochen. Unsere Mutter [Maria Elisabeth de Flavigny, geborene Bethmann, verwitwete Bußmann] verzieh, uneingedenk ihrer Erinnerungen, die sie nachsichtiger hätten stimmen sollen, ihrer Tochter nicht, daß sie ohne ihre Einwilligung geheiratet hatte.

In ganz jungen Jahren hatte Auguste Bußmann eine erwiderte Leidenschaft zu dem katholischen Dichter Clemens Brentano gefaßt und ihn geheiratet. Drei Monate später sahen beide ein, daß sie nicht zueinander paßten, und ließen sich scheiden. Frau Brentano hatte damals Frankfurt verlassen und war nach Paris gekommen. Der Onkel Bethmann hatte den Verkehr mit ihr stets aufrechterhalten, trotz der abseitigen Existenz, die sie sich dort begründet hatte, und der von ihr bevorzugten seltsamen Umgebung, sogar trotz ihrer exaltierten politischen Ansichten, die sie in die Journalistik gedrängt und sogar in die Komplotte der liberalen Bonapartisten verwickelt hatten. Im Jahre 1815 hatte Auguste um die Vergünstigung nachgesucht, zu der kleinen Schar von Getreuen zählen zu dürfen, die dem Kaiser nach St. Helena folgten. Das allein genügte, um sie in unserem royalistischen Milieu unmöglich zu machen.

Mein Onkel Bethmann, der ebensowenig wie wir die Meinung seiner Nichte billigte und deren Folgen fürchtete, unternahm es, sie nach Frankfurt zurückzubringen, und um dies zu erzielen, überredete er sie zu einer zweiten Heirat. Er hatte einen Gatten zur Verfügung, der in allen Bankgeschäften erfahren war, und dem er die Fähigkeit zutraute, als Teilhaber in die Firma Bethmann einzutreten: Herr August Ehrmann aus Straßburg, einen Neffen des Gesandten der Hansastädte am französischen Hof. Nach den ersten Besprechungen, die zur Billigung des Heiratsprojektes von seiten meiner Schwester geführt hatten, führte er den zukünftigen Neffen im Winter des Jahres 1817 bei uns ein.

Ich war elf Jahre alt, und eines Tages rief ich, verdrießlich über die endlosen Besuche, die Herr Ehrmann meinen Eltern abstattete und die jedesmal das Signal zu meiner Entfernung aus dem Salon bildeten, aus: »Nein, wie dieser Herr mich langweilt, ich wünsche ihn hundert Meilen weit weg von hier!«

Mein Vater lächelte. »Das wäre schade«, antwortete er mir. »Dieser Herr ist sehr liebenswürdig und von nächster Woche an wird er dein Bruder sein!«

»Mein Bruder?«

»Meine Schwester?«

»Ja. Du hast nicht gewußt, daß du eine Schwester hast. Sie war lange auf Reisen. Morgen kommt sie zum Speisen hierher, du mußt sie umarmen und ihr sagen, daß du sie sehr liebhaben wirst!«

Ich hatte soviel Respekt vor meinem Vater, daß ich mir keine Frage erlaubte. Aber man kann sich vorstellen, wie diese vom Himmel herabgefallene Schwester meine Neugierde erregte.

Am selben Abend hörte ich meine Mutter und meinen Onkel darüber debattieren, ob man mich in die protestantische Kirche mitnehmen solle, wo die Trauung stattfinden sollte. Meine Mutter schien dazu geneigt, mich zu Hause zu lassen, und das verdroß mich. Mein Onkel löste die Frage scherzend, wie es seine Art war. »Soll Marie nicht sehen, wie es dabei zugeht?« meinte er, mir einen kleinen Klaps auf die Wange gebend, »sie kommt ja bald selbst dran!«

*206. Protokoll einer Verhandlung vor den Frankfurter
Stadtbehörden, Johann August Ehrmanns
Bürgerrechts-Gesuch betreffend.
Frankfurt am Main, 26. Februar 1817*

Actum Frankfurt am Main Mittwochs den 26^(ten) Febr.: 1817
In Gegenwart Sr Hochwohlgebohren des jüngeren
Herrn Bürgermeisters *Senatoris Cleynmann*

Erschiene anheute der hiesige Bürger Herr D^r. Jur: und Advoc: ord: Euler – deßen als Anwald des Secretairs Johann August Ehrmann aus Strasburg gebürtig – für solchen auf Ehelichung der abgeschiedenen Ehegattin des hiesigen Bürgers – Herrn Profeßores Clemens Brentano – Magdalena Margaretha Auguste – geborene Bußmann – eingereichtes Bürgerrechts Gesuch durch hochverehrlichen Rathsbeschluß von 17^(ten) Jan: b. J. zur Instruirung anher verwiesen worden, und erklärte derselbe auf Befragen:

Sein Gewaltgeber [Mandant] seye nach dem Taufschein Anlage A – den 15^(ten) Merz 1786 – zu Strasburg ehelich geboren worden – derselbe seye nicht, wie in der Vorstellung von ihm irrig angegeben worden – als Secretair bey der Fürstl. Thurn- und Taxischen Post, sondern als Privat Secretair bey dem Herzoglich Sach: Gothaischen Herrn Gesandten von Treutingen zu Paris angestellt – in welch letzterer Stadt er zugleich auch Advocat wäre.

Derselbe seye noch ledigen Standes – und habe zu Ersetzung der sonsten dahier angesprochen werdenden *Dimißoralien* [amtlichen Erklärungen], welche in Frankreich zu geben nicht in Übung wären, nach den beyden *sub Lit*: B. und C. anher registrirten beglaubten Urkunden – zur Genügung der hierüber in Frankreich bestehenden gesetzlichen Vorschrift seine erforderliche *Declaration* von der Mairie zu Paris gemacht – daß er nemlich auf die politische und bürgerliche Rechte daselbsten verzichte – um sein Haupt*domicilium* anher nach Frankfurt zu verlegen, wo er das Bürgerrecht zu erwerben gedenke –.

Aus diesen eben benannten beyden Urkunden seye zu entnehmen – daß sein Gewaltgeber in Paris Advocat gewesen, und da nun derselbe dahier vorerst auf keinen besondern bürgerlichen Nahrungsstand reflectiere – so solle er der Herr Bevollmächtigte gehorsamst bitten, solchem mit dem Prädicat eines Gelehrten das hiesige Bürgerrecht zu verleihen.

Nach dem Todesschein Anlage D. seye seines Gewaltgebers Vater bereits verstorben – und dessen Mutter habe durch die Urkunde Anlage E. ihre Einwilligung zu der fraglichen Verehelichung ihres Sohnes gegeben.

Sein Gewaltgeber – besitze ein Vermögen – um dahier die höchste Schatzung [Einstufung als Steuerzahler] zu übernehmen – derselbe werde so nach der Leistung des sonsten bey geringerem Vermögen üblichen Vermögenseydes überhoben bleiben – und habe ihn den Herrn Bevollmächtigten durch die Special Vollmacht Anlage F. – authorisirt den Bürgereyd dahier in seine Seele abzuleisten – da er bey seiner und seiner Verlobten dermaligen Anwesenheit in Paris – sich verhindert sehe – solchen Bürgereyd dahier selbsten und persönlich zu schwören. Und so seye er der Herr Bevollmächtigte dann auch beauftragt – für benannten seinen Gewaltgeber die Erlaubniß zu erbitten, sich mit seiner angegebenen Verlobten in Paris trauen laßen zu dürfen.

Derselbe seye übrigens der lutherischen Religion zugethan, und deßen angegebene Verlobte – eine hiesige Bürgerstochter, welche an den hiesigen Bürger Herrn Profeßor Clemens Brentano verehelicht gewesen sei – durch das *sub Lit: G.* anher registrirte Urtheil des geistl. Gerichts des Erzbischöflichen Stuhls zu Regensburg aber bereits schon seit dem 22ten Dezember 1814 – von solchem wieder geschieden wäre – um eine andere Ehe – da sie der lutherischen Religion zugethan wäre – wieder eingehen zu können. Dieselbe habe nach dem dahier producirtem Schatzungsbuch seit dieser ihrer Scheidung von ihrem vorhinnigen Ehegatten, und da sie ihr elterliches Vermögen noch nicht in Nutzniesung habe, einstweilen f 300 – dahier verschätzt, wovon sie keine Abgaben restire [schuldig geblieben sei] – und habe sich bis jetzt in Paris aufgehalten, wo ihre verwittwet gewesene Mutter mit ihrem jetzigen Ehegatten dem ebenfallsigen hiesigen Bürger Herrn Alexander Victor Franz von Flavigny wohne.

Die ebenbenannte Eltern der Verlobten seines Gewaltgebers hätten endlich durch die *sub Lit:* H. anher registrirte beglaubte Urkunde ihre Einwilligung zu der fraglichen Verheyrathung ihrer Tochter auch bereits schon gegeben, und bitte er der comparirende [hier erschienene] Herr Bevollmächtigte schlieslich nochmalen gehorsamst – dem vorliegenden Bürgerrechts Gesuch seines Gewaltgebers hochgeneigtest zu willfahren; so wie denn auch beyden Verlobten die auswärtige Trauung zu verstatten und ihm dem Herrn Bevollmächtigten zu erlauben – nach der überreichten Vollmacht Anlage F. den Bürgereyd im Namen und in die Seele seines Herrn Gewaltgebers ableisten zu dürfen.

Praelecto Protocollo dimißus & Resolutum
[Nach Vorlesung des Protokolls verabschiedet
und beschlossen]: An Einen HochEdlen Rath
zur hochgefälligen Verfügung –. In fidem
Fr Bingel Actuar. Praes. den 1ten Merz 1807

Lect: in dem Engern Rath d: 6 März 1817 & *concl.:* [Vorgelesen und beschlossen:] Es wird dem Johann August Ehrmann aus Strasburg bey Ehelichung der abgeschiedenen Ehefrau des Bürgers Dr. Clemens Brentano gebne Bußmann das hiesige Bürgerrecht als Gelehrter *pr:pr:* ertheilt, und demselben die Bürgereydsablegung *per procuratorem specialiter instructum* [durch einen eigens beauftragten Bevollmächtigten] und die Vollziehung der Ehe im gegenwärtigen Aufenthaltsorte der Verlobten zu Paris nach der weitern Begnehmigung *[sic]* des würdigen *Consistorii* verstattet, wenn beide Verlobte zuvor wegen ihres einstweiligen auswärtigen Aufenthalts unter Beibehaltung des hiesigen Bürgerrechts die ihnen dagegen verwilligt wird, bey l[öblichem] Schatzungsamt [Steuerbehörde] und l[öblicher] Rechnungs Commißion die erforderliche hinreichende Sicherheit geleistet haben werden.

Jüngeren Bürgermeister Amts Protocoll
vom 26ten Febr.
1807 –

207. Johannes Baptista Diel, Clemens Brentano.
Ein Lebensbild *(1877/78)*
*[Späterer Bericht aus mündlicher Überlieferung,
der sich auf das Jahr 1817 bezieht]*

Als Brentano nach einiger Zeit die Dichterin [Luise Hensel] wiederum mit einem Eheantrag behelligte, und diese ihm, wie das erste Mal, eine entschieden verneinende Antwort gegeben hatte, begann er für sich über den Grund dieser Antwort nachzugrübeln. Da er den einfachen Grund Luisens nicht gelten lassen wollte, marterte er seinen Geist mit allen möglichen Voraussetzungen und den wunderlichsten Annahmen ab. Ein eigenthümliches Ereigniß bestärkte ihn in derlei Gedanken und brachte seine guten Vorsätze völlig in's Schwanken.

Um diese Zeit nämlich wurde er von dem Kaufmann *Servier* zu einem großen Diner geladen. Ein Gast aus Frankfurt erzählte ohne alles Arg den Pomp und die Festlichkeiten, welche unlängst in der Vaterstadt bei Gelegenheit der Verheirathung einer vornehmen Dame stattgefunden hatten. »Wer war diese Dame?« fragte Clemens neugierig. »Die Frau Brentano«, entgegnete der Fremde, ohne den Fragesteller zu kennen. »Was, meine Frau!« rief Brentano, und wurde dann plötzlich ganz stumm und traurig. Das Diner war ihm verleidet und so bald als möglich ging er nach Hause. »Meine Frau,« sagte er sich,

»kann heirathen, weil sie protestantisch ist, und ich nicht, weil ich katholisch bin!«

208. Marie d'Agoult, Memoiren (1877)
[Bericht über die Jahre 1817-1823]

Nach der Eheschließung [am 30. März 1817] kam das junge Paar Ehrmann zu uns, aber nur ab und zu, und trotz der Liebenswürdigkeit meines Vaters gegen seine Stieftochter schmolz das Eis nie vollständig.

Während meines Aufenthaltes im Kloster lagen die Dinge ganz anders. In Abwesenheit unserer Mutter fühlte sich Auguste behaglicher und war voller Zärtlichkeit gegen mich. Da sie sehr viel Geist besaß und ungemein heiter war, ging ich gern zu ihr. Ihr Haus war bescheiden, aber keineswegs banal. Es lag im Hof eines Hotels in der Rue de Saint-Pères, genau gegenüber der Rue Taranne, es hatte einen hübschen Garten, den meine Schwester und ihr Gatte in müßigen Stunden bestellten, und einen ländlichen Anstrich in seiner ruhigen Zurückgezogenheit, der mir nach dem geräuschvollen glänzenden Sacré-Cœur wohltuend war. Ich fand dort einen Flügel, eine Bibliothek und illustrierte Revuen. Auguste verfehlte nie, sich für meine Ausgangstage eine lehrreiche Unterhaltung auszudenken: einen Besuch im Museum oder im Jardin des Plantes, ein Konzert.

Bei der Rückkehr unterhielt man sich mit den Kindern. Sie hatte zwei Söhne, Moritz und Leo, die sie abgöttisch liebte. Der jüngere Leo war sechs Jahre alt und das hübscheste Kind, das ich je gesehen habe. Er war für gewöhnlich schweigsam, liebte es nicht, mit seinem Bruder zu spielen, und war scheu gegen seine Eltern, aber für mich hatte er seit meinem ersten Besuch eine Art Leidenschaft gefaßt. Er nannte mich »Marie-Tante«, und von dem Augenblick an, als ich erschien, klammerte er sich an meinen Rock und war nicht mehr davon loszubekommen. Abends, wenn es zum Abschiednehmen kam, gab es Tränen, Schluchzen und Verzweiflung. Seine Mutter klagte, daß er die ganze darauffolgende Nacht nicht einzuschläfern war!

Ach, was ist von diesem Heim geblieben, das damals einige bevorzugte Wesen beherbergte, die glücklich waren? Der Sturmwind hat alle zerstreut, das Unglück ist eingekehrt, der Tod hat sein Werk verrichtet. Von diesen fünf Menschen, die einander teuer waren, haben zwei das Leben von sich geworfen, da sie seine Leiden und Widerwärtigkeiten nicht mehr zu ertragen vermochten. Von den drei anderen, die für immer getrennt wurden, habe ich vielleicht als einzige die Erinnerung an die erloschene Freundschaft getreulich bewahrt.

209. Achim an Bettine von Arnim
Frankfurt am Main, 16. Oktober 1820

Die Auguste hat jetzt zwei Kinder, eins aus der Zwischenzeit [vermutlich von Heinrich Mannel], eins von ihrem jetzigen Manne, man hört nichts mehr von Extravaganzen.

210. Katharina Bethmann an Auguste Bußmann
Frankfurt am Main, 5. Januar 1822

Liebe Enkelin
dein liebevoller Brief vom 28ten v. M. machte mir viel Vergnügen. Danckbar erkenne ich dein und deines würdigen Mannes kindliche Theilnahme an meinem Wohlbefinden und die guten Wünsche für dessen Fortdauer. Die Vorsehung wolle auch dich und deinen Gatten stets gesund erhalten, das fröhliche Gedeihen meines lieben Urenckels zur Freude seiner Eltern und Angehörigen segnend fördern und alles abwenden was die Zufriedenheit stöhren könnte, welche Euere Verbindung bißher beglückt hat.

Sehr angenehm hat mich deine Erzählung von der häußlichen Feyer des Christ Abends unterhalten, und die Art womit die dem kleinen Moritz [Augustes Sohn] gewidmete Geschenke aufbewahrt werden, [findet] meinen ganzen Beifall. [...]

Dir – liebe Auguste, deinem achtungswerthen Gatten und meinem kleinen Urenkel bleibt meine Grosmütterliche Liebe und Zärtlichkeit fortdauernd gewidmet.

211. Bettine an Achim von Arnim
Berlin, Anfang Oktober 1823

Er [Moritz Bethmann] hat mir auch von Clemens erzählt, alles sollst Du mündlich erfahren, die Auguste wird mit ihrem Mann in Frankfurt erwartet, wo sie ins Künftige wohnen wird, Clemens wird sich also bald aus dem Staub machen müssen, wenn er sich nicht in einer Stadt mit ihr wissen will.

212. Auszug aus dem Standesregister
der Stadt Frankfurt am Main vom April 1832

N° 380,	Laut ausgestellter Sterbe-Urkunde des Herrn D^{ris} Varrentrapp, d. d. 20. April 1832 Starb: Dienstag den 17. April 1832 Morgens
Ehrmann,	Frau Magdalena Margaretha Auguste, des hiesigen Bürgers und Advocatens zu Paris Herrn Johann August Ehrmann Ehegattin vorher verehel. gewesene Brentano gebor. Bußmann, Weyl. Herrn Joh. Jacob Bußmann hiesig gew. Bürgers und Banquiers nachg. ehel. Tochter

(die Verst. geb. den 1. Jan. 1791.
hat sich 1. Procl. den 9. Aug. 1807. – Abgeschieden
ertränkt) 2. Procl. den 30. Mart. 1817 – †
alt 41 Jahr 3 Monat 16 Tage

213. Clemens an Christian Brentano
Frankfurt am Main, 21. April 1832

Die unglückliche Auguste hat sich am Dienstag in der Charwoche ihrem Hause gegenüber an der Kleeblatt'schen Schwimmanstalt [im Main] ertränkt; man hat sie am Mittwoch Morgen am sogenannten Knöpfchen, der Spitze des Wehrs, mit zwei Gewichtsteinen am Hals gefunden, sie in einem Kahn gegen den Kringelbrunnen gefahren und gleich auf den Kirchhof in die Bethmännische Familiengruft gebracht, wo zwei Monate vorher die Frau des jungen Grunelius hingebracht worden die sich in Melancholie (nach Milchversetzung) mit der Pistole ihres Mannes das Hirn zerschmetterte. Auguste hinterläßt 4 Kinder, die sie mit Affenliebe liebte. Die Geschichte ist ganz in ihrer alten Art. Ihr Mann hatte ihr gesagt, wenn sie ihre Kinder nicht vernünftiger behandelte, so müsse er sie in Pension tun; da wurde sie still; Dienstag Mittag quälte sie ihn wie gewöhnlich mit übertriebener Sorge beim Essen, er solle seine Gesundheit schonen, dies und jenes liegen lassen, diese, jene Arznei nehmen, er sagte ihr, wenn du mich nicht ruhig essen läßt, gehe ich in den englischen Hof essen; da sie nicht aufhörte, ging er aus. Nun setzte sie sich in ihren Einspänner und fuhr bis in die Dämmerung den Gaul schier zu Tode in der Gegend umher, kam nach Haus, lief durch alle Stuben, riß und schlug die Türen, begehrte zwei Gewichtsteine einen Shawl zu beschweren, ging dann und rennte in der Dämmerung am Quai herum; sie kam nicht mehr nach Haus. Ihre Kinder waren Abends in der Prüfung des Bunsen'schen Instituts. Sie wurde dort erwartet, schickte Champagner und

Confekt hin, kam nicht. Ihr Mann, der bei Basset war, glaubt sie dort, kommt ½ 10 Uhr heim, schickt nach ihr an alle Orte vergebens, wird Angst; man hat sie am Quai spät gesehen; ihr Pultschlüssel lag an ihn versiegelt da; er öffnet; er findet ihren Schmuck zusammengelegt; sonst keine Zeile; er läßt Doktor Claus seinen Freund und Pfarrer Stein rufen; man beginnt zu suchen mit Tagesanbruch, findet bei Kleeblatt ihren Mantel und Hut zusammengelegt, ein Papier draufgesteckt, Adresse Frau (ihren Namen) und 15 Xz für den Überbringer. Nun suchte man mit Schiffen und fand sie. Greulich!

Nachrede

Hinterher, heißt es, sei man klüger. Verehrte Unmögliche, liebe Auguste Bußmann, ich bezweifle das. Eben so wohl könnte man das Umgekehrte behaupten. Wie aber Sie, gut hundertundfünfzig Jahre nach jenem Dienstag im kalten Main, über Damaliges und Heutiges dächten – das kann keiner von uns erraten.

Dies ist der Grund dafür, daß ich, den mich die Lust anwandelte, Ihre Geschichte nachzuerzählen, alles beim alten gelassen habe, ohne ein Wort wegzunehmen, ohne eins hinzuzufügen. Auf diese Weise hat sich Ihr Leben unter der Hand in einen »dokumentarischen Roman« verwandelt: eine ungeschickte, eine fragwürdige Bezeichnung, die das zwanzigste Jahrhundert erfunden hat. Ich gebe es zu. Aber das Verfahren kommt mir besser vor als die schmutzigen Kunstgriffe der *biographie romancée* und nützlicher als jeder interpretatorische Diskurs, der klüger sein will als der Text.

Mag das Vergilbte für sich selbst sprechen: also Ihre Ausbrüche und Beschwörungen, die Verwünschungen Ihres Mannes, die üblen oder wohlmeinenden Nachreden der allzuvielen andern, ihre Warnungen und Bedenken, der Klatsch, sublim oder grobschlächtig, auch die bürokratischen Verhandlungen und die gewundenen Maßregeln Ihres Onkels, Ihres Stiefvaters, alles, was ich finden konnte, sogar die Zettel, die Sie sich damals, da das Telephon noch nicht erfunden war, unter die Tür schoben, einer dem andern, dreimal am Tage, als Sie sich nicht mehr imstande fühlten, Sie und Clemens, miteinander zu sprechen. Ja, es ist wahr, ich spiele dabei, ein paar Menschenalter später, die Rolle des Lauschers an der Wand. Für diese Indiskretion möchte ich Sie um Verzeihung bitten. Sie bedarf der Rechtfertigung.

Gewöhnlich forscht die »Nachwelt« die Toten aus, weil sie an den Ruhm glaubt, nach wie vor, und an den Dichter, der ohne Rücksicht auf seine Geheimnisse einbalsamiert und ausgestellt werden muß. Hier aber geht es gar nicht in erster Linie um den berühmten Herrn Brentano, sondern um Sie, Auguste. Wenn Sie wüßten, wie die Geschichtsschreiber mit Ihnen umgesprungen sind! In den Augen dieser Herren sind Sie nur eine Fußnote, und keine zierliche, in der Biographie Ihres Geliebten. »Verkrampft«, ›überspannt‹, »exaltiert«, das ist noch das wenigste; eigentlich sind Sie die »perfekte Hysterikerin«, eine »schamlose Person«, mit einem Wort, der Mühlstein um den Hals des Romantikers. Sie haben ihn beim Dichten gestört. Darauf und nur darauf kommt es an.

Ist das fair? Sollen wir es dabei bewenden lassen? Ich glaube kaum. Hätten Sie nicht gewünscht, daß wir uns Ihrer erinnern, so könnten wir lange suchen und würden nie und nimmer fündig. Sie selbst, Ihre Freunde und Ihre Feinde haben dafür gesorgt, daß nichts verlorenging. Tief unten in Ihren Schubladen, mit seidenen Bändern gebündelt, haben Sie alle diese endlosen Briefe aufbewahrt, in denen Sie mehr sahen als flüchtige Mitteilungen. Es fällt uns heute schwer zu begreifen, woher Sie die Zeit nahmen, einander so vieles anzuvertrauen. Es ist, als hätte jeder aus ihrem Kreis seine Abende damit zugebracht, an jeden andern zu schreiben. Eine Manie muß das gewesen sein, ein Taumel der Gefühle, ein Kult... Und nichts davon durfte vergessen werden, nicht einmal jene Zeugnisse des täglichen Krieges, den Clemens gegen Sie, den Sie gegen Clemens führten.

(Allerdings – verschwunden sind jene Zeilen, mit denen er Sie verführt und hörig gemacht hat, seine besinnungslosen Schwüre und Beteuerungen. Er konnte das, denn er war ein Virtuos nicht nur der Klage und des Selbstmitleides, sondern auch der leidenschaftlichen Hingabe. Und nicht Sie haben diese Briefe verbrannt, das ist undenkbar; vielleicht war es Ihr zweiter Gatte, der brave Ehrmann, der es nicht ertragen konnte, soviel Zündstoff in seinem ordentlichen Haus zu wissen... So fehlt in diesem Zwist eine Stimme, eine betörende

Stimme, und Clemens – ich mache mir keine Illusionen über ihn – kann ungestraft behaupten, er wäre, wie ein wehrloses Lamm, überrumpelt, überwältigt worden vom »entsetzlichen Charakter dieses Mädchens, das sich mit solcher Gewalt liebend zeigt«. Ich glaube ihm kein Wort davon.)

Aber auch abgesehen von diesen Briefen, die Ihnen, Auguste, so teuer waren – er macht keine sonderlich gute Figur, unser Dichter. Ausgerechnet er gibt sich als Sittenwächter, beanstandet das verschobene Halstuch, wirft Ihnen Ihre Lektüre vor, beschwert sich über »obszöne« Romane und beklagt Ihre unberechenbaren Launen. Er, der die Mitwelt mit den wildesten Grillen vor den Kopf stieß, dem sein Dämon die bizarrsten Sprünge eingab, dieser alte, selbstzerstörerische Egoist will in Ihnen die sparsame, ordentliche Hausfrau gesucht haben? Das wäre lächerlich, wenn wir es nicht zum Weinen fänden. Es war im Gegenteil Ihr entschlossenes Verlangen, Ihre *Hemmungslosigkeit*, was ihn hinriß und was ihn verrückt machte, was er fürchtete, was er liebte und was er nicht ertragen konnte. Und so wurde er vor dem Unbedingten, das er begehrte, zum Pharisäer. Zucht und Gehorsam – nun auf einmal! »Wenn ich frage was denn meine Verbrechen sind so heißt es: der Teufel ist in dir. Ja, der Teufel«, immer wieder der Teufel, anders konnte er sich nicht ausdrücken, der alte Katholik, der alte Adam. Und wenn es nicht anders ging, darin waren sich alle einig, mußte Ihnen der Teufel »mit offenbarer Gewalt« ausgetrieben werden: »gefangen nehmen«, »einsperren«, »in ein Kloster bringen« – das waren die Ratschläge der romantischen Umgebung.

Aber da war man an die Unrechte geraten. Denn an Selbstbewußtsein, liebe Auguste, hat es Ihnen nicht gefehlt. Das ist merkwürdig. Ziemlich allein, mit Ihren siebzehn Jahren, umgeben von dieser Meute, haben Sie lange standgehalten. Die Versuchung, Ihrer Mitwelt recht zu geben, muß groß gewesen sein. Auch fiel es Ihnen leichter, an sich selbst zu zweifeln als am guten Willen des Geliebten. Und so haben Sie sich immer wieder zu jenen Gesten der Unterwerfung verstanden, die man Ihnen abverlangte. Doch Ihre »Natur« war stärker als Ihre Absichten; Sie brachten es nicht fertig, Ihren Willen auszulöschen. Daher die jähen Schwankungen, die niemand begreifen konnte: einmal gaben Sie sich demütig bis zum Masochismus, dann wieder kam etwas schwer Besiegbares in Ihnen zum Vorschein, das sich nicht brechen ließ und das sich die andern nur als Hochmut, Verstellung, Arroganz erklären konnten. Dazwischen die Tage, die Wochen, die Monate des Waffenstillstandes mit Ihrem beredten Schweigen. Es bezeugt, daß Sie einander verfallen waren, immer von neuem. Über Nacht vergaß Ihr Clemens alle seine Verwünschungen; der Teufel, vor dem er sich fürchtete, steckte in ihm selbst. Nach dem Kampf bis aufs Messer die Versöhnung, »das Freudenbett – die Bahre«.

Liebe unglückliche Auguste, Sie können nicht ahnen, was Sie angerichtet haben, Sie und eine Handvoll Ihrer Zeitgenossinnen und Zeitgenossen. Ich übertreibe kaum, wenn ich behaupte, Sie (eine Handvoll Menschen zwischen dem achtzehnten und dem neunzehnten Jahrhundert) hätten »die Liebe« erfunden – oder sagen wir lieber das, was man in Europa bis auf den heutigen Tag darunter versteht. Denn was war das schon vordem? Man wurde verheiratet, machte gute oder schlechte Partien, suchte Arbeitskraft, zeugte Kinder und zog sie auf, nahm sein Unglück oder sein Glück, wie es kam, lebenslänglich hin. Dann erst, ziemlich spät, seid Ihr auf die Idee gekommen, etwas mehr möchte doch zu erlangen sein, über das Kindbett, die Arbeit, das Vermögen hinaus: so als könnte man sein Leben, auch in dieser Hinsicht, selber in die Hand nehmen. Eine höchst riskante und folgenreiche Idee! Das Ich in seiner vollen Größe, und das Du. Die Seele und der Leib, daraus sollte eine kleine Unendlichkeit werden. Eine Emphase war das, eine Erwartung, ein Glücksverlangen, von dem sich frühere Generationen nichts hatten träumen lassen – und zugleich eine gegenseitige Überforderung, die ganz neue Möglichkeiten des Unglücks heraufbeschwor. Die Enttäuschung war die Kehrseite Eurer Utopie, und Eure neuen Einverständnisse gaben auch dem alten Kampf zwischen den Geschlechtern eine neue, radikale Wendung.

Ich könnte viele Seiten an die Schilderung der Folgen wenden, doch fürchte ich, Sie würden mir keinen Glauben schenken. Daß Ihr Roman zum Vorbild, ja zum Schema einer unabsehbaren Literatur wurde, und daß Ihr Liebeskampf in tausend Varianten bis heute unsere Theater füllt, ist die geringste dieser Konsequenzen. Was Sie noch viel weniger für möglich halten werden, Auguste: Ihre Geschichte ist alltäglich geworden, platt, trivial, auf den Hund gekommen in millionenfacher Wiederholung, aber auch zur Quelle millionenfachen Leidens. Ganze Wissenschaften haben sich über sie hergemacht; ein Heer von Experten, Beratern und Scharlatanen beschäftigt sich mit dieser endlosen Geschichte und mit ihrer bürokratischen Verwaltung, und jeden Tag von neuem wird sie vor den Schranken unserer Gerichte verhandelt. Denn es kann doch kein Zufall sein, daß es Ihre Zeit war, die, gleichsam in einem Atemzug mit der Entdeckung des unbedingten Gefühls, auch die Scheidung erfunden hat ...

Natürlich war auch diese neue Möglichkeit den wenigsten vorbehalten. Allenfalls der Adel hatte sie vorweggenommen, aber der wußte sich schon immer zu arrangieren. Aber Sie und Clemens mußten ohne den fürstlichen Gnadenerweis auskommen, ohne morganatische Tricks, Ehen zur linken Hand, diskrete Abschiede, Wasserschlösser in der Provinz und heimliche Apanagen. Ihr Traum galt als Skandalon, aber Ihr Erwachen nahm höchst bürgerliche Formen an. Es gehören mehr als zwei Seelen und zwei Körper zu Ihrer Geschichte. Man hat Sie nicht allein gelassen, man hat sich eingemischt. Ihr Familienroman spielt nicht umsonst im Milieu der großen Bourgeoisie. Die Geschichtsschreiber wollen von diesen Dingen wenig wissen, aber Ihr Vormund und Onkel führte in seiner Heimatstadt den Übernamen eines »Königs von Frankfurt«; sein Vater hatte in den 1770er Jahren das Familienunternehmen zum führenden Bankhaus Deutschlands gemacht und bis in die napoleonische Zeit hinein den internationalen Kapitalmarkt beherrscht; auf dem Feld der Staatsanleihen besaß er zeitweilig ein Quasi-Monopol. Moritz Bethmann war einer der reichsten Männer Europas; erst nach 1815 gelang es den Rothschilds, ihn aus dem Feld zu schlagen; und Ihr leiblicher Vater war, ebenso wie Ihr zweiter Mann, ein Juniorpartner seiner Firma. Doch die Brentanos waren auch nicht ohne. Der Vater von Clemens, einer der großen Handelsherren der Freien Reichsstadt, hinterließ nicht nur dreizehn Kinder, sondern auch ein Barvermögen von über einer Million Gulden.

Vielleicht waren Eure bizarren Eskapaden und Eure tiefsinnigen Erfindungen, vielleicht war Eure *Emanzipation* von den Regeln eines *ancien régime* der Psyche nur vor diesem Hintergrunde möglich. Aber auch Eure Ängste sind von den Verhältnissen und den Vorstellungen nicht zu trennen, in denen eine neue Bourgeoisie sich eingerichtet hatte. Clemens wehrte sich verzweifelt dagegen, »einen Stand zu ergreifen«. Er hat seine Freiheit vom Brotberuf erbittert verteidigt. In einem Subtext dieser Briefe geht es deshalb ums Geld. Von Meubles und Weinfässern, von Wechseln und Matratzen ist da die Rede. Der Dichter, der die Philister verabscheut, zeigt sich hier als ängstlicher Verschwender, der ausgerechnet Ihnen Verschwendung vorwirft. Er war der Panik nahe, wenn es ans Zahlen ging... Und Sie, liebe Auguste? Gewiß, man hat Ihnen eine Leibrente ausgesetzt, das gehörte sich, das war nicht anders möglich; aber natürlich durften Sie, als Frau, niemals über Ihr Vermögen verfügen. Man hat Sie unter Kuratel gestellt, bevormundet, ökonomisch an die Kandare genommen; man hat Sie, mit einem Wort, jahrzehntelang erpreßt. Es spricht aus Ihren Handlungen ein seltner Eigensinn, und daß Sie sich nicht einschüchtern ließen, grenzt an ein Wunder.

Von diesen eher traurigen als üppigen Umständen spreche ich nicht, um Ihre Geschichte zu verkleinern; ich habe es überhaupt nicht darauf abgesehen, sie zu erklären. Das überlasse ich gern den verständigen und ahnungslosen Onkeln und Schwägern, die es ja von Anfang an haben kommen sehen, wie die Geschichte ausgehen mußte. Was den armen Clemens betrifft, so hat er, nach seinem gewaltsamen Abschied von Ihnen, kein Glück gehabt. Seine halbherzigen Versuche, bei Schauspielerinnen und anderen Lazerten Trost zu finden, endeten in der Depression. Das war es nicht, was er wollte. Als er erfuhr, daß Sie ein zweites Mal geheiratet hatten, soll er einer neuen Freundin wehmütig erklärt haben: Sie, als Protestantin, hätten es gut; er als Katholik dürfe nicht wieder heiraten. Das hinderte ihn nicht daran, der achtzehnjährigen Pfarrerstochter den Hof zu machen; es fiel ihm schwer, zwischen Verführung und Bekehrung zu unterscheiden. Schließlich ist er bekanntlich, soweit das in seinen Kräften stand, wirklich fromm geworden. Oh, ich mache mich nicht lustig über seine Obsessionen! Jahrelang hat er am Bett einer stigmatisierten Nonne gesessen – Sie haben sicherlich davon gehört –, doch das Erscheinen seines krausen Berichts haben Sie nicht mehr erlebt: phantastische Visionen, nicht frei von perversen Zügen, und feierliche Schmerzensschreie, aus denen nur hie und da ein Zwischenruf von sublimer Frivolität herauszuhören ist. Es schien ihm, als hätte er den Teufel in die Flucht geschlagen. Aber hätten Sie das Buch lesen können, so würden Sie leicht bemerkt haben, daß er, ganz wie Sie es ihm prophezeit haben, nie von Ihnen losgekommen ist.

Dagegen in Ihrem Leben hat sich anscheinend alles zum Besten gewendet. Zwar aus Ihrem eigenen Mund hören wir wenig, aber die andern sind zufrieden, Mutter und Großmutter, Vormund und Stiefvater, Ehemann und Kinder. Die Skandale sind beerdigt, die Verhältnisse geordnet, das Biedermeier hat gesiegt... Bis dann, »aus nichtigem Anlaß«, wie es heißt, jener Ostermontag kam, den Sie, Auguste (»die immer vom

Umbringen sprach«), schon fünfundzwanzig Jahre zuvor jedem, der hören wollte, angekündigt hatten. Es war nur keiner da, der Sie ernst genommen hätte.

Was aber »die Romantik« angeht – die Autoren, die diese Utopie entwarfen, hatten Ihnen eines voraus: wenn nicht ein Gott, so gab doch ihr Medium ihnen zu sagen, was sie litten. Sie haben sich in Clemens nicht getäuscht. Vieles von dem, was er geschrieben hat, ist bis heute nicht erloschen. Hilflos und selbstgerecht, wie er war, verhetzt, uneinsichtig, verblendet – Sie wissen es besser als ich –, hat derselbe Brentano ein Gedicht geschrieben, das vielleicht, wenn man es nur zu lesen wüßte, die ganze Wahrheit über Ihre Geschichte sagt: »Verzweiflung in der Liebe an der Liebe«. Er hatte die Gabe, den wüsten Kampf in sublime Poesie zu verwandeln; aber er verstand sich auch darauf, er mußte sich, um zu überleben, darauf verstehen – zu trennen, was er und die Seinen zu verbinden aufgebrochen waren. Die Dichtung war eine Sache, das wirkliche Leben eine andere.

Ihnen dagegen, liebe Auguste Bußmann, war es nicht gegeben, das eine vom anderen zu unterscheiden. Sie haben das, was jene in Gedichten und Romanen, Briefen und Blütenstaub-Fragmenten verkündet hatten, beim Wort genommen. Sie wollten es nicht wahrhaben, um keinen Preis, daß zwischen Liebe und Literatur, Kunst und Leben, Utopie und bürgerlichem Alltag nach wie vor ein Abgrund lag. Und so will uns Ihr Fall, aus der Entfernung betrachtet, exemplarisch scheinen. Im Kreis der Arnims und der Savignys, der Grimms und der Brentanos waren Sie – ich wage es zu sagen – die einzige wirkliche Romantikerin. Ich glaube, das hat Sie das Leben gekostet.

Andere werden anders urteilen. Das letzte Wort steht mir nicht zu. Hinterher ist man nicht klüger: ein Grund mehr, liebe Unsinnige, Ihrer zu gedenken.

H. M. E.

*Ein Capriccio als Zugabe von Hans Magnus Enzensberger und Konrad Feilchenfeldt**

Auf Enzensbergers Schreiben an Auguste Bußmann liegt bereits eine Art Antwort vor, die im folgenden zusammen mit einem weiteren Schreiben von Enzensberger diesmal an Friedrich Karl von Savigny veröffentlicht wird. Auch das Antwortschreiben auf Enzensbergers Brief an Auguste Bußmann ist an Savigny gerichtet und trägt allerdings die Unterschrift »Clemens Brentano«, könnte also vom Dichter und Ehemann der Bußmann selbst verfaßt sein, wenn man nicht damit rechnen müßte, daß es auch fiktive Brentano-Briefe – wenn auch aus nicht autorisierter Quelle – bereits gegeben hat.**

Der unbekannte, mit »Clemens Brentano« unterzeichnete Brief an Savigny hat folgenden Wortlaut:

Lieber Savigny!

Ich würde Dir nicht schreiben, wenn ich nicht dringenden Anlaß hätte Dich um Rat zu bitten. An wen sollte ich mich sonst wenden, der mich besser als Du unterstützen könnte, wenn es darum geht eine Sache in Ordnung zu bringen, die möglicherweise rechtlichen Beistand erfordert, und in diesem Fall hast Du meine leidvollen Erfahrungen schon in früherer Zeit als Freund und Schwager mit mir geteilt. Was soll ich Dir dazu sagen, daß das unselige Weib vergangener Ehejahre wieder aufgetaucht und mir in meine friedlichen Gefilde nachgefolgt ist, die mich hier in heiterm Dasein umgeben. Wer ist wohl auf die schamlose Idee verfallen, allen Notizenkram aus

---

* Erstveröffentlichung in *Die Brentano – Eine europäische Familie*, hrsg. von Konrad Feilchenfeldt und Luciano Zagari. (Reihe der Villa Vigoni. Bd.6) Tübingen: Niemeyer 1992, S. 240-253.
** Vgl. auch: Der andere Brentano. Ausgewählt, transkribiert, eingeleitet und kommentiert von Henning Boetius. Frankfurt am Main 1985, S. 17f.

unserer Vergangenheit zusammenzukratzen und als *Requiem für eine romantische Frau* herauszugeben, die die ärgerlichste und törichtste aller Jungfrauen gewesen ist, die jemals vergeblich auf ihren Bräutigam gewartet haben. Es kann wohl nur ein jüdischer Ignorant oder Konvertit gewesen sein, der die von ihm gesammelten Reliquien mit einem Requiem verwechselt und damit sich selbst Exequien zubereitet. Wie muß es um das Druckereigewerbe bestellt sein, wenn der Druckfehlerteufel sich mit einem teuflischen Weib verbündet und selbst in Friedenau kein Verleger sich vor solcher Anfechtung sicher fühlen darf. Wie mag es auch dazu gekommen sein, daß Du, Bettine und die Grimms Euch habt allem Anschein nach überreden lassen, einem Reliquienschänder alle die Briefschaften auszuhändigen, den vermutlich niemand anderes als unser alter Widersacher und archivalischer Leichenbeschauer Varnhagen auf die Spur gesetzt hat; auch Görres wundert sich über seine unfreiwillige Mitarbeit an diesem Werk, das mich an Horstigs Pamphlet gegen die selige Sophie erinnert. Es hätten die hier gesammelten Zeugnisse nie erscheinen dürfen, und nachdem es trotzdem geschehen ist, können wir uns nur noch darüber wenigstens freuen, daß selbst dem spürsinnigsten und klatschfreudigsten Schnüffler und Herausgeber nicht alles in die Hände fiel, was seinen üblen Plan noch erheblich hätte würzen und anheizen können. Arnims begeisterter Brief über Auguste Busmann vom 21. August 1807 fehlt ebenso wie abgesehen von dem einen abgedruckten Brief alle übrigen an Dich gerichteten Zettel und Billets fehlen, oder sind sie verlorengegangen oder von Dir vernichtet? Ich habe mich gewundert und darüber sehr vergnügt, daß auch von unserer Korrespondenz nur die unverfänglichen Teile veröffentlicht worden sind, und daß ich auch Arnim, dessen Nachlaß Bettine verwaltet, nichts geschrieben habe, was man besser auf ein mündliches Wort verschiebt.

Wer weiß denn fast dreißig Jahre später noch wie es damals in mir aussah, daß ich mir geschworen hatte, nach Sophie kein anderes Weib mehr anzurühren und die Familie und vor allem Christian sich in den Kopf gesetzt hatten, mir das Gegenteil zu beweisen, indem sie mich in eine katholische Ehe zwingen wollten, was ihnen auch gelang. Ohne Dich und die Grimms wäre ich damals verloren gewesen, die Familie wollte mich weder als Kaufmann, noch als Künstler um sich dulden, als Vater eines kinderreichen Haushalts hätten sie mich gerne einer vermöglichen Gattin anvertraut. Der ganze Roman, den die Nachwelt heute als romantische Entführungsgeschichte deutet, schweigt sich über die Haltung meines jüngeren Bruders Christian aus, der übrigens der jüngere von uns zweien und nicht wie der Herausgeber irrig zitiert der ältere p. 35 gewesen und noch heute ist, und der deswegen auch immer als williger Helfer an meiner Seite gewirkt hat, wenn ich einen solchen in Herzensangelegenheiten brauchte; Du weißt selbst, daß Du mir in meinen inneren Nöten nie hast helfen können und ich Deine Freundschaft auch nie dafür in Anspruch genommen habe. Christian verdanke ich die Versöhnung mit Sophie, und ich vertraute ihm von ganzem Herzen als er Auguste und mich nach Kassel begleitete. Ihre Ähnlichkeit mit Sophie, die gleichen Gesichtszüge und die gleiche Haartracht versetzten mich derart in Aufruhr, daß niemand dies verstehen kann, der nicht wenigstens ein Porträt von Auguste zur Hand nimmt, doch wunderlicherweise hat sich von ihr keines erhalten und so wird niemand, der sie nicht selbst noch gekannt hat, stützig darüber werden, daß ich ihr immer wieder von Sophies Leben und Charakter, von ihrer Poesie und ihrer Ähnlichkeit mit ihr erzählen mußte und selbst erzählen wollte.

Du erinnerst Dich, daß ich Dir noch in Landshut Augustes Bildnis anvertraute, weil es mich auf der Flucht vor dem Teufelsweib sonst verfolgt hätte und ich es trotzdem nicht vernichten wollte wegen Sophie. Bewahre es weiterhin und hüte es, damit es nicht in die falschen Hände der Schnüffler fällt, die davon Abbildungen herstellen lassen, so daß mich das Frontispiz aus jedem Pamphlet lüstern angrinst und ich an keiner

Bibliothek, keinem Buchladen und Antiquariat, ja nicht einmal mehr auf der Dult in Sorglosigkeit vorbeispazieren kann. Deswegen schreibe ich Dir zur Hauptsache; bewahre alles unter Verschluß, was ich Dir aus der Geschichte meines Herzens und meiner Ehe mit Auguste und Sophie überlassen habe, damit Du es bewahrst. Lasse unseren frömmlerischen Herausgeber bei seinem sektiererischen Glauben, er habe eine verkannte Künstlerin und Frau der Romantik entdeckt und zu erstmaligen Ehren erhoben, die doch wir wissen es nichts anderes gewesen ist als ein mannstolles Teufelsweib, dessen Lusten nicht nur jeden Philister in die Flucht geschlagen hätte, sondern auch Bassompiere und Casanova angeekelt und verdrossen hätte. Du weißt, was Sophie für mich gewesen ist, und ich habe die Emmerick später zu Gesprächen über sie veranlaßt und über unsere drei gemeinsamen verstorbenen Kinder. Damals habe ich Sophie nach ihrem Tod erstmals wieder wie leibhaftig vor mir stehen sehen und ich habe mich mit ihr durch die Visionen der Emmerick stärker verbunden gefühlt als zu ihren Lebzeiten durch unseren Briefwechsel, der uns poetisch verbunden hat. Du weißt, teurer Savigny, daß wir uns in unseren Briefen immer schwer taten, poetisch zu werden, weil Du zu prosaisch bist; aber Du weißt auch, was Arnim, Bettine und natürlich Sophie als Briefschreiber/Innen für mich bedeutet haben. Mit Auguste ist es nie zu einem Briefwechsel gekommen; die Briefe, die sie mir geschrieben hat und die *Reliquien* jetzt enthalten habe ich selbst geschrieben und sie hat sie abgeschrieben und an mich zurückgeschickt, nachdem sie die Vorlagen, die ich ihr zu ihrer Belehrung schikken mußte, verbrannt hatte. Auguste hat zwar versucht Sophie, von der ich ihr sooft es sich machen ließ erzählte für mich zu ersetzen – und Du weißt daß ich deswegen fürchtete, sie werde aus plötzlicher Eifersucht auch Sophies Papiere ebenso wie meine Briefe verbrennen – aber sie hat es nicht einmal als Briefschreiberin zur Komödiantin gebracht, sie hielt es nicht lange aus, weil sie selbst keine Poesie im Leib hatte, sondern fast schon krankhaft nur an Kinder dachte, die sie von mir als Witwer und dreifach beraubtem Vater nicht erwarten durfte. Wie hätte ich ihr dies erklären können, ich machte sie dadurch nur noch kränker als sie vielleicht tatsächlich war.

Auch die Emmerick war krank, aber sie war durch ihre Krankheit sanft und gemütvoll geworden und verstand kleinste Andeutungen die sie aufgriff und besprach und sie litt, wenn sie nicht verstanden wurde oder selbst nicht verstand. Ja sie blutete sogar zum Zeichen ihres Leidens, das sie trotz aller Beteiligung mit Ausdauer und Tapferkeit ertrug, solange das Gespräch erhalten blieb. Augustes Krankheit hatte keine Wirkung auf ein Gespräch. Wenn sie bettlägerig war, strafte sie uns sogleich auf unschicklichste Art, indem sie im Bett ihre Notdurft verrichtete und Ekel um sich verbreitete. Wenn sie die Öffentlichkeit durch unberechenbares Verhalten in Aufruhr versetzte und jedermann vor ihr wie vor einer Tollhäuslerin zurückwich, lag es offen zutage, daß sie ihrer Sinne nicht mächtig und selbst in ihren beruhigten Phasen nur vorübergehend von einem heimtückischen Übel befreit zu sein schien. Wenn daher der Herausgeber der *Reliquien* Auguste zur Heroin unseres literarischen Zeitalters erheben möchte, so unterschätzt er die tragische Verstrickung ihres freiwillig gewählten Todes. Sie war keine Günderrode und auch keine Charlotte Stieglitz. Die Philosophie der Ehescheidung und ihre Tragik haben wir am Schicksal der Günderrode bereits in früheren Jahren erlebt und die tagespolitische Verunstaltung der Frau als Mythos hat uns vor Heinrich und Charlotte Stieglitz das andere Denkmal jüdischer Skandaldokumentation über Rahel und ihre Freunde bereits vor Augen geführt. Augustes schmähliches Ende entbehrt jeder Größe und Bedeutung; es zeigt nur das einsame Schicksal einer in ihrer eigenen Gesellschaft ausgestoßenen kranken Frau, die deswegen weder Künstlerin, noch Romantikerin, noch Medium, sondern nur ein medizinischer Fall gewesen ist. Mag sein, daß der Herausgeber Recht hat, sie als solchen unserer Zeit als Spiegel vor

Augen zu halten. So wie ich sein Buch lese verkennt er jedoch die krankhaften Züge im Wesen dieser Frau und ebenso die romantische Geselligkeit als Kunstform wie sie in den von ihm veröffentlichten Zeugnissen zum Ausdruck kommt.

Ich bin deswegen besorgt, ob wir damit rechnen müssen, von der Nachwelt so falsch verstanden zu werden, daß Krankheit dereinst als Eigenständigkeit und Ursprünglichkeit gelten werden und Poesie und Kunst als Vergewaltigung und Macht. Ich schreibe Dir deswegen, weil Du als Rechtshistoriker die besten wissenschaftlichen Voraussetzungen unter meinen Freunden mitbringst, um zu entscheiden, ob es richtiger ist, darauf zu hoffen, daß die Eintagsveröffentlichung des jüdischen Hans Magnus wie vieles aus dieser Quelle bald vergessen sein wird, oder den Fall archivalisch durch eine Gegendarstellung zu berichtigen oder zu widerlegen. Ich bin ratlos und hoffe mit Gott, daß sich die Frage mit Deiner Hilfe lösen läßt.

Grüß mir die liebe Gundel und alle Deine Söhne herzlich und bleibe mir gewogen. Gott lohne Dir alle Liebe und Geduld, die Du mir so oft und reichlich erwiesen.

Von ganzem Herzen
Dein Clemens Brentano

Die Antwort von Hans Magnus Enzensberger an Friedrich Karl von Savigny lautet:

Sehr zu verehrender Herr v. Savigny,
ich wage es, Sie um eine Auskunft zu bitten, da ich keinen andern wüßte, der mir in einem so ungewöhnlichen Fall helfen könnte. Vor wenigen Tagen ist mir ein Brief Ihres Freundes, des seligen Clemens Brentano, vor die Augen gekommen, der mir keine Ruhe läßt. Eine Kopie dieses merkwürdigen Schreibens erlaube ich mir Ihnen vorzulegen. Vortreffliches und Wunderliches, an Blödsinn grenzendes Vorurteil und höchst

wichtige Nachrichten finden sich darin auf eine Art vermischt, die Ihnen nicht unbekannt sein dürfte; anderes hingegen mutet fremdartig, um nicht zu sagen verdächtig an. Die traurigen Begebenheiten, von denen die Rede ist, liegen nun schon so viele Jahrzehnte zurück, daß sie vielleicht Ihrem Gedächtnis entschwunden sind; dennoch gebe ich mich der Hoffnung hin, Sie möchten geneigt und imstande sein, die Zweifel zu lösen, die jenes zwieschlächtige Lebenszeugnis in mir erweckt hat.

Meine eigene, höchst bescheidene Rolle in diesem Fall kann dabei gänzlich außer Betracht bleiben. Es geht mir zuallerletzt darum, mich zu rechtfertigen. Sie brauchen also nicht zu befürchten, daß Ihnen das undankbare Geschäft des Schiedsrichters zufiele. Übrigens wissen Sie so gut wie ich, daß die Sache keineswegs, wie Ihr Freund zu glauben schien, »rechtlichen Beistand erfordert«. Es gibt da nichts, was auf solche Art und Weise »in Ordnung zu bringen« wäre. Unterdessen bestreite ich nicht, daß die Öffentlichkeit eine gefräßige Bestie ist – im Gegenteil. Es ist eine noble Sache zu schreiben, und eine zweifelhafte, das Geschriebene zu publizieren – ein Dilemma, das von Tag zu Tag deutlicher wird, und von dem Clemens selber mehr wußte als ihm vielleicht gut getan hat. Nicht umsonst hat er sich je älter er war desto mehr damit herumgeplagt und keinen Ausweg gefunden. Das muß auch für seinen Bruder Christian gelten, dem er sich, wie er selber sagt, als willigem Helfer in seinen Herzensangelegenheiten jederzeit anvertraut hat. Sie wissen es wohl, der getreue Christian hat getan, was er konnte, um die Hinterlassenschaft seines Bruders unter die Leute zu bringen und dabei jeden Anschein der »Reliquienschänderei«, des Klatsches und der Lüsternheit zu vermeiden. Es ist aber bei den *Gesammelten Schriften* nicht ohne ängstliches Nachbessern, will sagen, nicht ohne fromme Lügen abgegangen, und Sie als Historiker wird es kaum überraschen zu hören, daß die Nachwelt sich mit solcher Flickschusterei nicht abgefunden, sondern die wohlmeinenden Eingriffe des guten Christian nach Kräften rückgängig gemacht und der Wahrheit die Ehre gegeben hat, um den Fall, eben wie Clemens es in seinem Brief verlangt, »archivalisch zu berichtigen«. Der Wahrheit die Ehre, sage ich – ein großes Wort; doch weiß ich wohl, daß sie bisweilen klein, unvollkommen, ja in Lumpen gekleidet vor uns tritt. Auch habe ich mich oft gefragt, wie es um uns, also um eine Nachwelt, bestellt sein muß, die nichts Besseres zu tun weiß, als den geringsten Spuren eines längst dahingeschwundenen Lebens nachzugehen? Welcher Mangel mag es sein, den wir mit solchem Eifer auszugleichen suchen? Doch auch hierin sind Sie und Ihre Freunde uns vorangegangen. Hat nicht Clemens viele Jahre damit zugebracht, alte Handschriften, Bücher und Lieder zu sammeln, haben nicht Sie selber Rechtsaltertümer aufgesucht, wo sie nur zu finden waren, zu schweigen vom Bienenfleiß der Grimms? Sie mögen sagen, das alles sei nur in gelehrter Absicht geschehen; doch etwas Heikles liegt in jeder Ausgräberei, und ich wäre der letzte, die Beschäftigung mit solchen Reliquien für unschuldiger auszugeben als sie es ist und bleibt...

Bevor ich zur Hauptsache komme, noch ein Wort zu den Vermutungen, die Clemente über meine Herkunft anstellt. Ich bin nicht töricht genug, sie zu bestätigen oder zu widerlegen. Ob ich ein jüdischer Ignorant oder Konvertit bin, dürfte Sie kaum interessieren. An der sattsam bekannten Christlich-Deutschen Tischgesellschaft zu Berlin haben Sie gewiß aus gutem Grund nie teilgenommen, und ich kann mir kaum denken, daß Sie an den Invektiven gegen die Israeliten, mit denen Ihr Freund sich in seiner Philisterschrift vergnügte, Gefallen gefunden hätten. Ich verkenne nicht, daß ein gewisser altdeutscher Grobianismus damals in der Luft lag; seine wenig rühmliche Vorgeschichte wird Ihnen, als einem Kenner der Rechtsgeschichte, bekannt genug sein. Es wird Sie vielleicht verwundern, daß mir Brentanos Hetzreden, obwohl ich sie mißbillige, geradezu harmlos vorkommen. Nicht Schonung für Ihren Freund, sondern Ereignisse, mit denen Sie zu Ihrem Glück nicht bekannt sein können, lassen sie mir in diesem

Licht erscheinen. Der Graben der Zeit, der mich von Ihnen trennt, ist zu tief, und ich müßte Ihnen zuviel erzählen, was Ihnen Ihren Seelenfrieden rauben würde, als daß ich diesem unerfreulichen Thema auf den Grund gehen möchte.

Aber, verehrter Herr v. Savigny, haben wir es denn überhaupt mit Ihrem verstorbenen Freunde zu tun, oder hat sich hier ein unbekannter Fälscher einen Scherz mit Clemens, mit Ihnen und, wer weiß, am Ende auch mit mir erlaubt? Das ist die Frage, die mich plagt und um derentwillen ich Ihnen schreibe. So sehr ich hie und da die Stimme des Dichters aus den fraglichen Blättern zu vernehmen glaube, so unglaublich mutet anderes mich an. Ein Schwanken des Urteils ist die Folge, dessen ich aus eigenen Kräften nicht Herr werden kann.

Was ich vor Augen habe, ist kein eigenhändiges Manuskript, sondern eine Abschrift. Ort und Datum fehlen, doch spricht Clemens – oder sein Doppelgänger – von fast dreißig Jahren, die seit dem Tod Sophiens und der Begegnung mit Auguste vergangen seien. Es müßte sich demzufolge um eine Botschaft aus den späten Münchener Jahren Ihres Freundes handeln. Er nannte sich damals einen »todesmüden, zerlumpten Bettler zwischen Babylon und Jerusalem«; »betrübt und in der Seele gestört« stand er vor »den Lumpen meines innern und äußern Lebens, zitterte und weinte«. Kann es sein, daß derselbe Mann, zur selben Zeit, von »friedlichen Gefilden« spricht, die ihn »hier in heiterm Dasein« umgäben?

Sie mögen einwenden, es lasse sich bei einer so widersprüchlichen Natur auf innere Gründe dieser Art kein Urteil stützen. Ich gestehe gern, daß es auch nicht die elysische Adresse des Absenders war, was meinen Verdacht auf den Weg gebracht hat, sondern ein äußeres Indiz, und zwar eine unscheinbare Virgel. Der Verfasser spricht von Briefschreibern und Briefschreiberinnen, die viel für ihn bedeutet hätten – gemeint sind Arnim, Bettine und Sophie –; doch entblödet er sich nicht, diese beiden Ausdrücke zu einem Wort zusammenzuziehen, in dessen Mitte er den fatalen Querstrich setzt. Als wäre nicht jeder, der des Deutschen mächtig ist, imstande, was sage ich, genötigt, zwischen den Genera zu unterscheiden. Was Clemens betrifft, so wäre er gewiß der Letzte gewesen, sich über die Differenz des seis grammatischen, seis natürlichen Geschlechts auf so schnöde Art hinwegzusetzen. Aber das ist noch lange nicht alles. In seinem Bestreben, der unglücklichen Auguste jede Gabe, jeden Wert, jede eigene Regung abzusprechen, schreckt der Fälscher – denn so muß ich ihn nun nennen – vor den dreistesten Lügen nicht zurück. »Mit Auguste«, behauptet er, »ist es nie zu einem Briefwechsel gekommen.« Das Gegenteil ist rasch und konkludent bewiesen. »Glaubst du wohl«, schreibt Wilhelm Grimm an seinen Bruder, »daß er« – die Rede ist von Clemens – »von Heidelberg aus ihr die zärtlichsten Liebesbriefe völlig ernsthaft gemeint an sie geschrieben hat?«

Und auch daß diese Sendschreiben nicht unerwidert bleiben, ist bezeugt: »Es steht übrigens alles blümerant zwischen Clemens und seiner Frau, Liebesbriefe, eigentliche, begegnen sich auf der Post« – so Achim an Bettine. Schließlich Clemens selbst. Auguste, sagt er, »schreibt mir recht schöne zärtliche Briefe«, und der Adressat dieses Geständnisses, verehrter Herr, ist kein anderer als Sie. Ich schweige von den Zeugnissen des eigentlichen Zwists, den mit fliehender Hand hingeworfenen Billets der armen Auguste, und von des Clemens Erwiderungen, die ich selbst in Händen gehalten und entziffert habe.

Doch begnügt sich der unerbetene Ventriloquist nicht damit, zu leugnen was auf der Hand liegt. Er treibt sein Possenspiel noch weiter und legt Ihrem Freund die folgende Monstrosität in den Mund: »Die Briefe, die sie«, will sagen Auguste, »mir geschrieben hat... habe ich selbst geschrieben und sie hat sie abgeschrieben und an mich zurückgeschickt, nachdem sie die Vorlagen, die ich ihr zu ihrer Belehrung schikken mußte, verbrannt hatte.« Wir hätten es also mit einem

Menschen zu tun, der die feurigsten Liebesbriefe an sich selbst verfaßt, der seine eigene Frau zu einer Sprechpuppe macht, damit sie ihm Sätze wie diesen nachplappert: »Geliebter Clemens, Clemens, ich küsse dich heute nicht, ich schlage dich, ich beiße dich, ich kraze dich, ich drücke dich tod aus Liebe wenn du kommst.«

Nein, sage ich. Das geht zu weit. Mag er seine Nächsten durch manche Bizarrerien erschreckt, mag ihn oft genug der Teufel geritten haben, – daß Ihr Freund Clemens einer derartigen Niedrigkeit fähig war, kann ich nicht glauben. Niemals hätte er, nur um zu beweisen, daß sie »keine Poesie im Leib hatte«, eine Tote geplündert und die Schamlosigkeit begangen, sich die Urheberschaft an ihren vergilbten Zeilen anzueignen. Daß ich mich ausgerechnet von einem Reliquienschänder der Reliquienschändung bezichtigt sehe, ist wahrhaftig nicht das Ärgste an diesem Ärgernis, und ich gebe es nur als ironische Fußnote zu bedenken.

Andererseits... Andererseits, ich gestehe es, werter Herr, gibt es Passagen in dem fraglichen *corpus delicti*, die mich wieder irre werden lassen an meiner eigenen These, da aus ihnen die vertraute Stimme Ihres Freunde und Schwagers zu sprechen scheint. Es sind nicht nur seine wahrhaft inspirierten Verwünschungen, die mir und sicherlich auch Ihnen bekannt vorkommen, die grellen Lichter und die düstern Klagen, die er an Sie richtet. Auch der Ton der gekränkten Unschuld ist gut getroffen. Clemens stellt sich – wenn wir der Abschrift einmal trauen wollen – als Opferlamm dar, ganz so, wie Sie es ihm wohl einst vorhielten: »Die Grundempfindung aller Ihrer Briefe«, so lese ich bei Ihnen, an Clemens gewandt, »ist diese: Auguste schwebt zwischen Schlechtigkeit und Verrücktheit; Sie stehen ihr gegenüber fromm und rein mit dem besten Willen sie zu heilen, zu leiten, zu bessern, aber fruchtlos.« Das hört sich an wie eine Erwiderung auf den Brief, den ich Ihnen vorlege. Wenn ich dies alles recht bedenke, so neige ich zu dem Glauben, daß wir es hier nicht mit einem reinen Falsifikat zu tun haben, sondern mit einem Gallimathias, einem künstlich zusammengesetzten Machwerk, in dem das Echte mit dem Erlogenen diabolisch vermengt ist.

Glaubwürdig scheint mir alles, was wir auf so anrührende Weise über Sophie Mereau und über Anna Katharina Emmerick erfahren, und höchst bedenkenswert, was der Verfasser über die romantische Geselligkeit zu sagen weiß. Er stößt auf den Grund des Problems, wenn er die Frage aufwirft, ob zwischen Kunst und Vergewaltigung, Poesie und Macht ein verborgenes Einverständnis denkbar sei. Ich halte das für möglich; doch ich maße mir nicht an, diesen Zusammenhang aufzuklären oder gar ein Urteil über Clemens, dessen Geheimnis ich ehre, zu fällen. Doch fürchte ich, daß es sich Ihr Freund zu leicht macht, wenn er in Auguste nur einen »medizinischen Fall« sieht; wenn er meint, ich verwechsle Krankheit mit Ursprünglichkeit; und wenn er vermutet, daß ich seine arme Frau »zur Heroin erheben möchte«. Ach woher! Was gehen mich Heroen und Heroinen an! Nur um ein wenig Gerechtigkeit möchte ich bitten, damit nicht, wie eh und je, die rechthaberische Stimme des Eheherrn und Vormunds das letzte Wort habe. Die Fälle, die der Verfasser des Briefes anführt, die Geschichten der Günderrode, der Charlotte Stieglitz und der Rahel Varnhagen, können mich nicht widerlegen, sondern in meinem Vorsatz nur bestärken. Wer die romantische Geselligkeit, ja wer die Kunst von jeder bürgerlichen Gewalt freisprechen möchte, den nenne *ich* einen literarischen Frömmler.

Gegen eine solche Trennung rufe ich den wahren Clemens als Zeugen an, der in seinen Gedichten die ganze bittere Wahrheit nicht allein über Auguste und sich, sondern über die Widersprüche der romantischen Existenz am reinsten ausgesprochen hat, so rückhaltlos, daß kein Brief, authentisch oder falsch, ihn widerlegen kann.

Für die mir erzeigte Geduld aufrichtig dankbar, bleibe ich stets Ihr ganz ergebener H. M. E.

Wie Enzensberger in seinem an Savigny adressierten fiktiven Brief darlegt, ist ihm die Tatsache, daß auch der mit »Clemens Brentano« unterzeichnete Brief an denselben Adressaten kein authentischer Brentano-Brief ist, nicht entgangen. Die Zweifel an der Echtheit des Briefes haben Enzensberger als Germanisten mit neuphilologischem Spürsinn ausgewiesen, und es rechtfertigt dieses Ergebnis die Teilnahme und Mitwirkung des Dichters und Literaten an einer fachwissenschaftlichen Tagung. Es wäre zumindest auch eine Antwort auf den fiktiven Brentano-Brief denkbar gewesen, die seine Einwände gegen das *Requiem für eine romantische Frau* als autorisierte Kritik eines beteiligten Zeitgenossen ernstgenommen hätte. Die notgedrungen parodistische Stilform des fingierten Brentano-Briefs brauchte nicht von vornherein ein Argument gegen seine Aussage zu sein. Wäre die Antwort Enzensbergers auf den falschen Brentano-Brief ausschließlich zustimmend ausgefallen, so würde jetzt eine Berichtigung erforderlich sein, die den fiktiven Charakter dieses Textes aufdeckt.

Im vorliegenden Fall ist eine andere Stellungnahme anempfohlen, die den Gedanken, es könnte sich bei der Herstellung des Brieftextes um eine Fälschung oder wenigstens Irreführung handeln, richtigstellt. Enzensbergers Antwort verlangt nach einer Erklärung, die am besten durch die Dokumentation des persönlichen Briefwechsels zwischen Enzensberger und Konrad Feilchenfeldt im Vorfeld der Brentano-Tagung der Villa Vigoni geliefert werden kann.

Am 24. Juli 1989 eröffnete Feilchenfeldt die Korrespondenz mit folgendem Brief an Enzensberger

München, den 24. Juli 1989

Sehr geehrter Herr Enzensberger,

noch immer habe ich mich nicht zu Ihrem Buch über die Bußmann geäußert, und Sie hatten mir seinerzeit freundlicherweise ein Exemplar zugeschickt.

Ich möchte mich heute sehr herzlich bei Ihnen dafür bedanken; Sie haben außerdem meinem Ruhm zu Lebzeiten eine weitere Kerze hinzugefügt, die bei den Kollegen fast schon etwas Neid entflammt haben könnte. Ihre Erkenntnisse zum authentischen Scheidungsdatum Brentanos waren und sind für den ehemaligen Chronisten natürlich Beschämung und Freude zugleich.

Ob die Bußmann die Ehrenrettung verdient, vielleicht als Frau, als Schriftstellerin kaum, da sie nicht einmal die für ein solches Unterfangen erforderlichen Beweise in Form von Briefen hinterlassen hat? Jedenfalls reicht das Textcorpus nicht aus.

Der Name Narrentrapp (S. 222) heißt zweifellos richtig Varrentrapp (der Name eines Frankfurter Buchhändlers)*. [...]

Obwohl Sie möglicherweise nicht auf akademischen Tagungen zu sprechen pflegen, möchte ich Sie mit dem bestehenden Plan einer Brentano-Tagung bekannt machen, in deren Rahmen Sie sich doch angesprochen fühlen könnten als Referent aufzutreten und mitzuwirken. Sie haben 1960 »Schimpfend unter Palmen« (in: *Ich lebe in der Bundesrepublik*) gefragt: »Wozu sind in Düsseldorf die Menschen geboren?« Wenn die geplante Brentano-Tagung am Comersee in der Villa Vigoni stattfinden wird, dann wird man auf jeden Fall wissen, warum dort Clemens Brentano zwar nicht, aber sein Vater noch geboren wurde.

Vielleicht könnten Sie darauf »Versöhnt unter Palmen« eine Antwort geben?

Ich grüße Sie herzlich

Ihr
Konrad Feilchenfeldt

---

* In der vorliegenden Ausgabe, S. 246 korrigiert.

Enzensberger antwortete am 15. August 1989:

Ich käme gern nach Menaggio, wenn ich nur wüßte, was ich zum Thema des Treffens beitragen könnte, und wären es auch nur die Brosamen eines fleißigen Forschers. Nichts dergleichen ist in Sicht. Bloße Zuhörer aber sollten sich nicht einfinden, wo an einem riesigen Familienroman geschrieben wird.

Am 18. August 1989 antwortete Feilchenfeldt:

Ihre Skrupel hinsichtlich Ihrer Legitimität als Forscher, wenn ich Sie richtig verstehe, überzeugen mich natürlich keineswegs, wenn Sie sich damit der gemeinsamen Niederschrift am riesigen Familienroman für unwürdig halten wollen.

Sie sind doch einer der wenigen, wenn überhaupt der einzige Brentano-Interpret in Deutschland nach 1945, der die essayistische und zugleich wissenschaftliche Deutung des Autors fast schon traditionalistisch fortgesetzt hat. Die älteren Repräsentanten dieser Richtung waren entweder in der inneren Emigration und nach 1945 nicht mehr öffentlich hörbar oder wie zahlreiche Wissenschaftler (unter ihnen Seidlin oder Vordtriede) im Exil.

Der nächste Brief datiert erst vom 7. Dezember 1989. Enzensberger faßte darin die ersten Gedanken eines gemeinsamen Beitrags zusammen, dessen Konzeption am 27. November vorerst mündlich besprochen worden war.

Lieber Herr Feilchenfeldt, für den Fall, daß wir unseren gemeinsamen Scherz zum italienischen Ende führen wollen – hier sind ein paar erste Überlegungen dazu.

Es leuchtet ohne weiteres ein, daß das Spiel mit der Zeit, mit den Zeiten dabei nicht entbehrt werden kann. Ich denke mir das so. Sie sollten einen Brief von Clemens an Savigny fingieren.

Notfalls einen Brief Savignys an den Herausgeber des *Requiems* (siehe unten) am besten aus Brentanos Münchener Zeit. Er habe gehört, ein Anonymus hätte es gewagt, seine Privatgeschichten ans Licht zu ziehen. Abgesehen davon, daß C. B. das unerträglich findet (»werde ich diesen Mühlstein« – gemeint ist Auguste – »denn nie loswerden?«), unternimmt er es, das, was er nur vom Hörensagen kennt, unter anderm also auch das was ich in meinem Brief an Auguste sage, zu widerlegen, wobei er natürlich vom Hundertsten ins Tausendste gerät, und neben den ernstesten Vorhaltungen auch allerlei Bocksprünge macht; jedenfalls fühlt er sich absolut im Recht und spart nicht mit einfallsreichen Beschimpfungen des vermutlichen Herausgebers.

Das hat den Schein der Wahrscheinlichkeit für sich, da sich Clemens ungern an Unbekannte wandte und gewohnt war, seine Verteidigung nach außen hin andern zu überlassen. Savigny ist der naheliegende Partner. Mir würde eine solche Vorgabe allerhand Möglichkeiten eröffnen. Ich würde mich nicht an Clemens, sondern an den Vermittler wenden – was mir, schon aus Gründen des Respekts, leichter fiele; ich könnte Savigny auf den historischen Abstand hinweisen und damit manche meiner Urteile motivieren; ich könnte im übrigen großzügig sein und dem Dichter meine Reverenz erweisen, ohne daß ein solcher Gestus ins Peinliche verfiele.

Natürlich geht das alles nur, wenn es Ihnen, ad 1, einleuchtet, und wenn Sie, ad 2, bereit sind, als Ventriloquist Brentanos oder eben Savignys (der dessen Argumente referieren müßte, falls Ihnen das besser schiene, der aber auch ausführlich zitieren sollte) zu wirken und Ihrerseits das Risiko der Fiktion einzugehen. Mit einer bloßen Collage aus authentischen Quellen ist unser kleines Projekt, so will mir scheinen, auf keine Weise zu verwirklichen.

Nun liegt der Federball auf Ihrer Seite.

Wie man gesehen hat, wurde der Ball mit Verve aufgenommen, und das Spiel konnte beginnen.

Editorische Notiz

Seit über hundert Jahren beschäftigt sich die Literaturgeschichte mit der Familie Brentano; doch scheint über dieser Forschung ein Unstern zu walten. Die erste Ausgabe der *Gesammelten Schriften* Clemens Brentanos hat dessen Bruder Christian in den Jahren 1852-1859 herausgegeben. Sie ist nicht nur lückenhaft; sie trägt alle Merkmale einer ängstlichen Familienzensur. Eine zweite Gesamtausgabe mit kritischem Anspruch blieb im Jahre 1917 stecken. Eine zuverlässige Briefausgabe fehlt. Die berühmteste, die engste Dichterfreundschaft unserer Literatur, die zwischen Clemens und Achim von Arnim, ist nach anderthalb Jahrhunderten noch immer nicht ausreichend dokumentiert: eine halbwegs brauchbare Edition ihres Briefwechsels gibt es nicht. Alles in allem ist das kein Ruhmesblatt für die deutsche Philologie.

Bei dieser Lage der Dinge kann es nicht die Sache eines Dilettanten sein, eine zuverlässige Textgrundlage zu schaffen. Dies wird die im Erscheinen begriffene Brentano-Ausgabe unter den Auspizien des Freien Deutschen Hochstifts leisten, eine Arbeit, deren Abschluß freilich nicht abzusehen ist.

Die Briefe, Dokumente und Dichtungen, die in diesem Buch abgedruckt sind, können somit nicht mit dem Anspruch unbedingter Texttreue auftreten. Manche der zitierten Quellen sind hervorragend, andere schlampig ediert. Die Textgestalt ist also uneinheitlich, je nach den Prinzipien, denen die ursprünglichen Herausgeber folgten. Nur hie und da war es mir möglich, die Handschriften zu Rate zu ziehen, so im Fall einiger Briefe Bettines an Achim von Arnim. (Ihr erster Herausgeber, Reinhold Steig, hat diese Zeugnisse recht willkürlich ediert, und ein deutscher Hochschulprofessor hat Steigs verstümmelte Texte noch vor wenigen Jahren unbesehen nachgedruckt.)

Die etwa fünfzig Briefe und Dokumente, die hier zum ersten Mal aus der Handschrift veröffentlicht werden, habe ich so getreu wie möglich wiedergegeben, freilich ohne den Aufwand, den historisch-kritische Ausgaben treiben. (Gestrichene und versehentlich doppelt geschriebene Wörter habe ich weggelassen, die Datumszeilen vereinheitlicht, einzelne offensichtliche Schreibfehler stillschweigend verbessert, Interpunktion und Orthographie jedoch durchaus gewahrt. Was in der Vorlage unterstrichen, durch Sperrung oder lateinische Schrift ausgezeichnet ist, wird kursiv wiedergegeben.)

Grundsätzlich enthält der Band nur Texte, die sich direkt oder indirekt auf die Geschichte von Auguste Bußmann und Clemens Brentano beziehen. Die Briefe sind also nicht vollständig abgedruckt. Auslassungen innerhalb des Textes sind mit [...] bezeichnet. Alle Hinzufügungen und Erläuterungen von meiner Hand sind durch eckige Klammern kenntlich gemacht.

Auch die literarischen Werke, die ich aufgenommen habe, beziehen sich, wenn auch nicht immer eindeutig, auf die Geschichte der beiden Protagonisten. Es liegt in der Natur der Sache, daß dabei auch andere Beziehungen und Anspielungen in Betracht kommen, wie im Fall des *Galeerensklaven vom Toten Meer* und der Treulieb-Gedichte (bei denen an ungeklärte Berliner Erlebnisse Brentanos und an seine Prager Begegnung mit der Schauspielerin Auguste Brede im Jahre 1811 zu denken ist).

Die Reihenfolge der Texte ist chronologisch. Von dieser Regel wird gelegentlich aus dramaturgischen Gründen abgewichen, vor allem dort, wo die Ereignisse aus einer späteren Perspektive erzählt werden.

Einen besonderen Hinweis verdienen vielleicht die Dokumente zur Scheidung Augustes von Clemens Brentano, die hier zum ersten Mal publiziert werden. Die in der Literatur bislang genannten Scheidungsdaten (1810, 1811, 1812) sind falsch. Das Verfahren vor den Geistlichen Gerichten hat sich über vier Jahre lang hingezogen, wobei nicht nur kirchenrechtliche Bedenken und Einwände der Prozeßbeteiligten, sondern auch Zuständigkeitsfragen eine Rolle gespielt haben dürften. Einiges spricht dafür, daß Brentano, angesichts der langwierigen Prozedur, parallel zu dem kirchlichen Verfahren eine zivilrechtliche Lösung gesucht hat (vgl. Nr. 191). Prozeßakten haben sich weder im Geheimen Staatsarchiv Berlin noch im Zentralen Staatsarchiv der DDR erhalten. Ebenso ergebnislos blieben Nachforschungen in den Diözesan-Archiven Regensburg und Limburg, im Würzburger Staatsarchiv und im Aschaffenburger Stadt- und Stiftsarchiv. Dagegen haben sich im Diözesan-Archiv des Bischöflichen Ordinariats in Würzburg wenigstens Protokollnotizen erhalten. Den endgültigen Beweis erbrachten schließlich Akten, die sich im Bethmann-Archiv zu Frankfurt erhalten haben (Depositum im Stadtarchiv Frankfurt am Main).*

Ich danke allen genannten Archiven und ihren Mitarbeitern, vor allem aber dem Entdecker der Scheidungsakten, Herrn Professor Dr. Wolfgang Klötzer vom Stadtarchiv Frankfurt am Main, und Herrn Erik Söder, Diözesan-Archivar in Würzburg, der die hier gedruckten Protokollnotizen eigenhändig exzerpiert hat.

Professor Dr. Konrad Feilchenfeldt hat mir mit seiner minutiösen *Brentano Chronik* (München: Hanser 1978) und mit mancher mündlichen Auskunft geholfen. Bei der Beschaffung von Büchern und Materialien war ich auf Norbert Richter (München) und Katja Wagenbach (Berlin) angewiesen. Unter-

---

* Der Begriff der Scheidung könnte bei Kennern des Kanonischen Rechtes Anstoß erregen; er wurde jedoch von damaligen Kirchenfürsten wie Carl Theodor von Dalberg, dem Herrn des fraglichen Verfahrens, ohne erkennbare Skrupel gebraucht. Einzuräumen ist, daß das Urteil gegen alle Grundsätze des Kirchenrechts verstößt; dabei mag offenbleiben, ob sich das Geistliche Gericht unter dem Einfluß des Code Napoléon zu milderen Auffassungen verstanden hat oder ob es sich, da der Fürstprimas und Erzbischof mit Moritz Bethmann eng befreundet war, um ein Gefälligkeitsurteil handelt.

stützung bei der Übersetzung lateinischer Texte fand ich bei Dr. Ludger Müller (Institut für Kanonistik, Universität München).

Schließlich verdanke ich dem Freien Deutschen Hochstift in Frankfurt am Main, seinem Leiter, Professor Dr. Christoph Perels, und seinen Mitarbeitern manche Entdeckerfreuden, vor allem aber die Erlaubnis zur Veröffentlichung jener unbekannten Briefe, ohne die ich mein Requiem nicht hätte anstimmen können.

München, im Sommer 1988   H. M. E.

Quellen

d'Agoult: Marie d'Agoult, *Memoiren*. Mit einem Geleitwort von Siegfried Wagner. Erster Band. Dresden: Reissner 1928.

Arnim: Achim von Arnim, *Novellen*. Herausgegeben von Wilhelm Grimm. Fünfter Band. *Der Wintergarten*. Erster Theil. Grünberg und Leipzig: Levysohn 1842.

Bettina: Bettina von Arnim, *Briefe und Konzepte aus den Jahren 1809-1846*. In: *Sinn und Form*. Berlin: Rütten & Loening 1953. 3. und 4. Heft.

Betz: *Bettine und Arnim. Briefe der Freundschaft und Liebe*. Herausgegeben, eingeführt und kommentiert von Otto Betz und Veronika Straub. Band I 1806-1808. Band II 1808-1811. Frankfurt am Main: Knecht 1986/87.

Brentano I: Clemens Brentano, *Werke*. Erster Band. Herausgegeben von Wolfgang Frühwald, Bernhard Gajek und Friedhelm Kemp. München: Hanser 1968. Zweiter Band. Herausgegeben von Friedhelm Kemp. München: Hanser 1963.

Brentano II: Lujo Brentano, *Clemens Brentanos Liebesleben. Eine Ansicht*. Frankfurt am Main: Frankfurter Verlags-Anstalt 1921.

Diel-Kreiten: *Clemens Brentano. Ein Lebensbild nach gedruckten und ungedruckten Quellen* von Johannes Baptista Diel. Ergänzt und herausgegeben von Wilhelm Kreiten. Zwei Bände. Freiburg im Breisgau: Herder 1877/78.

FDH: Freies Deutsches Hochstift/Frankfurter Goethe-Museum, Handschriftensammlung. (Die der Sigle folgende Zahl ist die Handschriften-Nummer.)

FDH I: Freies Deutsches Hochstift/Frankfurter Goethe-Museum, *Clemens Brentano*. Ausstellungs-Katalog. Bad Homburg: Gehlen 1970.

FDH II: *Jahrbuch des Freien Deutschen Hochstifts 1978*. Herausgegeben von Detlev Lüders. Tübingen: Niemeyer 1978.

Feilchenfeldt: *Die Brentano. Eine europäische Familie*. Herausgegeben von Konrad Feilchenfeldt und Luciano Zagari. Tübingen: Niemeyer 1992.

Frankfurt: Handschriftliche Akten aus dem Stadtarchiv Frankfurt am Main und aus dem dort deponierten Archiv der Familie Bethmann.

Görres: Joseph von Görres, *Gesammelte Schriften*. Herausgegeben von Marie Görres. Siebenter und achter Band. Zweite Abtheilung. *Gesammelte Briefe*. Erster Band. *Familienbriefe*. Zweiter Band. *Freundesbriefe*. Herausgegeben von Franz Binder. München: Kommissionsverlag 1858 und 1874.

Goes: Martin Goes, *Über die Scheidung des Clemens Brentano*. In: *Aschaffenburger Jahrbuch für Geschichte, Landeskunde und Kunst des Untermain-Gebietes*. Band 13. Aschaffenburg: Geschichts- und Kunstverein 1990.

Härtl: *Arnims Briefe an Savigny 1803-1831*. Mit weiteren Quellen als Anhang. Herausgegeben und kommentiert von Heinz Härtl. Weimar: Böhlau 1982.

Jagiellonska: Bibliotheka Jagiellonska, Krakau. Sammlung Varnhagen. Hinweis und Kopie von Frau Dr. Sabine Oehring (Aachen).

Kinskofer: Clemens Brentano, *Sämtliche Werke und Briefe*. Band 31. Briefe. Dritter Band 1803-1807. Herausgegeben von Lieselotte Kinskofer. Stuttgart: Kohlhammer 1991.

Riley: Helene M. Kastinger Riley, *Ludwig Achim von Arnims Jugend- und Reisejahre. Ein Beitrag zur Biographie mit unbekannten Briefzeugnissen*. Bonn: Bouvier 1978.

Schellberg I: *Das unsterbliche Leben. Unbekannte Briefe von Clemens Brentano*. Herausgegeben von Wilhelm Schellberg und Friedrich Fuchs. Jena: Diederichs 1939.

Schellberg II: *Die Andacht zum Menschenbild. Unbekannte Briefe von Bettina Brentano*. Herausgegeben von Wilhelm Schellberg und Friedrich Fuchs. Jena: Diederichs 1942.

Schoof I: *Briefe der Brüder Grimm an Savigny*. Aus dem Savignyschen Nachlaß herausgegeben in Verbindung mit Ingeborg Schnack von Wilhelm Schoof. Berlin: Schmidt 1953.

Schoof II: *Unbekannte Briefe der Brüder Grimm*. Unter Benutzung des Grimmschen Nachlasses und anderer Quellen in Verbindung mit Jörn Göres herausgegeben von Wilhelm Schoof. Bonn: Athenäum 1960.

Schoof III: *Briefwechsel zwischen Jacob und Wilhelm Grimm aus der Jugendzeit*. Herausgegeben von Herman Grimm und Gustav Hinrichs. Zweite, vermehrte und verbesserte Auflage besorgt von Wilhelm Schoof. Weimar: Böhlau 1963.

Seebaß: Clemens Brentano, *Briefe*. Herausgegeben v6n Friedrich Seebaß. Zwei Bände. Nürnberg: Carl 1951.

Steig I: *Achim von Arnim und Clemens Brentano*. Bearbeitet von Reinhold Steig. Stuttgart: Cotta 1894.

Steig II: *Achim von Arnim und Bettina Brentano*. Bearbeitet von Reinhold Steig. Stuttgart und Berlin: Cotta 1913.

Steig III: *Achim von Arnim und Jacob und Wilhelm Grimm*. Bearbeitet von Reinhold Steig. Stuttgart und Berlin: Cotta 1904.

Steig IV: Reinhold Steig, *Clemens Brentano und die Brüder Grimm*. Stuttgart und Berlin: Cotta 1914.

Steig V: *Clemens Brentanos Ehegeschick*. Wilhelm an Jacob Grimm. Aus der Handschrift mitgeteilt von Reinhold Steig. *Vossische Zeitung* Nr. 158. Berlin, 26. März 1916 (Sonntagsbeilage).

Stoll: *Der junge Savigny. Kinderjahre, Marburger und Landshuter Zeit Friedrich Karl von Savignys. Zugleich ein Beitrag zur Geschichte der Romantik*. Von Adolf Stoll. Berlin: Heymann 1927.

Stramberg: *Denkwürdiger und nützlicher Rheinischer Antiquarius...* Von einem Nachforscher in historischen Dingen. Mittelrhein. Der 2. Abtheilung 1. Band. Ehrenbreitstein, Feste und Thal. Historisch und topographisch dargestellt, durch Christian v. Stramberg. Koblenz: Hergt 1845.

Suphan: *Schriften der Goethe-Gesellschaft*. Im Auftrage des Vorstandes herausgegeben von Bernhard Suphan. 4. Band. *Briefe von Goethes Mutter an ihren Sohn, Christiane und August v. Goethe*. Weimar: Goethe-Gesellschaft 1889.

Vordtriede: *Achim und Bettina in ihren Briefen. Briefwechsel Achim von Arnim und Bettina Brentano*. Herausgegeben von Werner Vordtriede. Zwei Bände. Frankfurt am Main: Suhrkamp 1961.

Würzburg: *Protocollum archiepiscopalis Generalis Vicariatus Ratisbonensis in causis pastoralibus et jurisdictionalibus cum clementissimis inscriptis*. Zwei Teilbände. 1810. Handschrift im Diözesan-Archiv Würzburg.

Nachweise

[1] Kinskofer 617-618. [2] Schellberg I, 367. [3] Schellberg I, 367. [4] Steig II, 63 f. [5] Schellberg I, 368. [6] Kinskofer 618-620. [7] Stramberg 118 f. [8] FDH 16619. [9] FDH 16628. [10] FDH 16629. [11] FDH 7777; Brentano II, 136 f. [12] Schellberg II, 66. [13] Schellberg II, 68. [14] Schoof II, 31. [15] FDH 7668. [16] FDH 16625. [17] FDH 16633. [18] FDH 16626. [19] FDH 16630. [20] Schellberg II, 68. [21] FDH II, 295 f. [22] FDH 22251. [23] Schellberg II, 69. [24] Steig II, 60 f. [25] Schellberg II, 69. [26] Suphan 320 f. [27] FDH 16634. [28] Steig II, 68. [29] FDH 7821. [30] Steig II, 70. [31] Kinskofer 620-621. [31 a] Jagiellonska, Kasten 211. [32] FDH 7823. [33] FDH 10115. [34] FDH 7824. [35] Brentano II, 140. [36] Schellberg I, 370. [37] Schellberg I, 368 ff. [38] Brentano II, 140 f. [39] FDH 7641. [40] Steig I, 226. [41] Steig II, 76. [42] Steig II, 87. [43] Steig II, 88 f. [44] Steig I, 240. [45] Steig II, 98. [46] Steig II, 100. [47] Steig II, 101 f. [48] Steig II, 103. [49] Brentano II, 141 f. [50] Steig II, 105. [51] FDH 7778. [52] Brentano II, 146 f. [53] Schellberg I, 371 f. [54] Steig II, 111. [55] FDH 7411. [56] Steig II, 112. [57] Seebaß II, 362 f. [58] Steig I, 248 f. [59] Steig IV, 12; Brentano II, 147 f. [60] FDH 7669. [61] Brentano II, 148 ff. [62] Brentano II, 150 ff. [63] Steig II, 116 f. [64] FDH 7413. [64 a] Bettina 28 f. [65] Schoof I, 37 ff. [66] Schoof 1, 40. [67] Steig II, 120 f. [68] Görres I, 502 ff. [69] Steig II, 121 f. [70] Steig II, 125. [71] Schoof I, 41 f. [72] Schoof I, 43 f. [73] Schellberg I, 374 f. [74] Steig II, 133 f. [75] Steig II, 148. [76] Steig IV, 14 f. [77] Steig II, 151. [78] FDH 7428. [79] Steig II, 157. [80] Stoll 327 f. [81] Steig IV, 43 f. [82] Brentano I, Band 1, 200. [83] Schellberg I, 380. [84] Görres I, 506 f. [85] FDH 7806; Brentano II, 153 ff. [86] Steig II, 163. [87] Steig II, 166. [88] Görres I, 507. [89] Steig II, 172. [90] Steig II, 177. [91] Stramberg 120. [92] FDH 7443. [93] Steig II, 182. [94] Steig II, 184. [95] Schellberg I, 383. [96] FDH 1807. [97] Schellberg I, 384 f. [98] FDH 15940-15943; Brentano II, 160 ff. [99] FDH 7808. [100] Görres I, 508. [101] Steig II, 188. [102] Steig I, 256. [103] Steig II, 189. [104] Steig V, 98. [105] Betz II, 27. [106] Steig II, 196 ff. [107] FDH 7454. [108] Steig II, 204. [109] FDH 7817. [110] Brentano II, 165. [111] Steig II, 216. [112] FDH 7769. [113] FDH 7766. [114] Steig II, 244. [115] FDH 7810. [116] FDH 7816. [117] FDH 7822. [118] FDH 7811. [119] FDH 7804. [120] FDH 7818. [121] FDH

7805. [122] FDH 7812. [123] FDH 7822. [124] FDH 7802. [125] FDH 7813. [126] FDH 7803. [127] FDH 7814. [128] FDH 7801. [129] FDH 7819. [130] FDH 7767. [131] FDH 7768. [132] FDH 7815. [133] Steig II, 255. [134] Schellberg I, 388 f. [135] FDH 7820. [136] Diel-Kreiten I, 272. [137] Stoll 378. [138] Schellberg II, 108 ff. [139] Schellberg II, 112. [140] Schellberg I, 393 f. [141] Steig II, 261 ff. [142] Brentano II, 168 f. [143] Schoof I, 65. [144] Steig II, 265. [145] Steig II, 269 f. [146] Schellberg I, 392. [147] Schellberg II, 119. [148] Schellberg I, 397 f. [149] Görres II, 72 ff. [150] Steig II, 271 f. [151] FDH I, 58. [152] Schellberg I, 399. [153] Stoll 346. [154] Steig II, 285. [155] Schoof III, 97. [156] Schellberg II, 133. [157] Schoof III, 124. [158] Schoof III, 141. [159] Schoof III, 109. [160] Arnim 204-244. [161] Steig I, 283. [162] Schoof III, 164. [163] Schoof III, 166. [164] Härtl 46 ff. [165] Steig II, 336 f. [166] Diel-Kreiten I, 291 f. [167] Steig II, 339. [168] Steig II, 349 f. [169] Schoof III, 170 f. [170] Görres II, 81. [171] Seebaß II, 419. [172] Schellberg I, 417. [173] Riley 172 f. [174] Schellberg I, 418 ff. [175] Härtl 47 f. [176] Schellberg I, 425 f. [177] Schellberg I, 427 ff. [178] Schellberg I, 421. [179] Würzburg 64, 92, 219, 232, 235, 241-244, 253 f., 1079, 1094 f., 1113, 1115-1118, 1120, 1140-1142, 1156. [180] Steig II, 385. [181] Steig II, 386. [182] Härtl 49. [183] Schellberg I, 438. [184] Stoll 416. [184a] Goes 322. [185] Schellberg I, 445. [186] Brentano II, 169 f. [186a] Goes 323. [187] Schoof III, 206. [188] Schoof III, 210. [189] Schoof III, 193. [190] Steig IV, 126 f. [191] Steig IV, 126 f. [192] Brentano I, 264 ff. [193] Schoof I, 111. [194] Härtl 53 f. [195] Brentano II, 636-642. [196] Steig I, 291 f. [197] Steig I, 298. [198] FDH 10 117. [199] Brentano I, 266-273. [200] Brentano I, 273 f. [201] Frankfurt, Bethmann-Archiv. [202] Frankfurt, Bethmann-Archiv. [203] Frankfurt, Bethmann-Archiv. [204] Frankfurt, Bethmann-Archiv. [205] d'Agoult 137 ff. [206] Frankfurt, Senats-Supplikationen 1817, 541. [207] Diel-Kreiten II, 71 f. [208] d'Agoult 139 f. [209] Vordtriede I, 227. [210] Frankfurt, Bethmann-Archiv. [211] Vordtriede I, 410 f. [212] Frankfurt, Standesregister für 1832 (Sterbebuch). [213] Lujo Brentano 171 f. Capriccio als Zugabe: Feilchenfeldt 240-253.

Personenregister

Agoult, Marie Vicomtesse d', geb. Comtesse de Flavigny (1805-1876), Tochter von Aléxandre Vicomte de Flavigny und Maria Elisabeth Bethman   *238f.*, *244f.*

Arnim, Ludwig Achim von (1781-1831), verheiratet 1811 mit Bettine Brentano   11, 12 f., 14 f., 35, 37, 39, *39 f.*, *41*, 41 f., 42, 43 f., 45, 46 f., 49 f., *50*, 51, *52*, *52*, *53*, 54, *55*, 60, *61*, 61, *62*, 64 f., 66 f., *67 f.*, 68, 70 f., 73, *74 f.*, 75 f., 76 f., 77, 81, *81*, *82*, 82, 82 f., 88, *90*, 91, 91 f., *92*, 93, 94, 95, 101, *102 f.*, 103, 104, 105, 106, 107, 115 f., 137, 140, 145 f., 148, *148*, 149 ff., 153, *154*, 155, 156, 157, 181, 182, *182 f.*, *183 f.*, 185, *185 f.*, 186, 188 f., 189 ff., *191 f.*, 192 ff., 194 f., *204*, 204, 204 f., 209, 210, 212, *215*, *223*, *245*, 246, 256, 258, 260, 265 f., 273

Bang, Johann Heinrich Christian (1774-1851), Pfarrer in Goßfelden bei Marburg   206, 210

Barrow, Sir John (1764-1848), englischer Politiker und Autor   95, 102

Bassompierre, François de (1579-1646), französischer Marschall, schrieb in der Bastille seine Memoiren   260

Baumann, Sebastian (1782-1837), Theologe in Landshut, Schüler Sailers, später Franziskanerpater   144

Besnard, Franz Joseph (1749-1814), Arzt in München   141

Bethmann, Katharina Margarethe, geb. Schaaf (1741-1822), verheiratet 1762 mit Johann Philipp Bethmann; Mutter von Simon Moritz und Maria Elisabeth Bethmann   23, 38, 89, *245*, 255

Bethmann, Johann Philipp (1715-1793), Großkaufmann, Bankier und Staatsrat in Frankfurt am Main, Vater von Simon Moritz und Maria Elisabeth Bethmann   254

Bethmann, Louise Friederike, geb. Boode (1792-1868), verheiratet 1810 mit Simon Moritz Bethmann   215

Bethmann, Maria Elisabeth (1772-1847), verheiratet 1790 mit Johann Jakob Bußmann; Mutter Augustes; 1797 verheiratet mit Aléxandre Vicomte de Flavigny; Mutter Maries, der späteren Comtesse d'Agoult   11, 16, 19, 21, 24, 50, 54, 64, 66, 76, 97 f., 113 ff., 156, 238 f., 242, 244, 255

---

* Kursiv gesetzte Seitenzahlen verweisen auf die Briefautoren.

Bethmann, Simon Moritz (1768-1826), Bankier in Frankfurt am Main, 1808 geadelt; Onkel und Vormund Auguste Bußmanns 11, 14, 18f., 20f., *21ff.*, *25ff.*, 27ff., 31, 31f., 35f., 37, 38, 44, 46f., 50, 54, 55, *55ff.*, 57f., 59, 60, 62, 63f., 65, 66, 68, 71, 77, 80, 82, 90, 91, 92, 93, 94, 97f., 120, 148, 151, 153, 155, 182, 182f., 183f., 184f., 186, 187, 188, *188f.*, 189ff., 191, *192ff.*, 194ff., 196, 204, 206, 208, 209, 210, 212, 235, 238f., 246, 249, 254f., 275

Bethmann-Unzelmann, Friederike, geb. Flittner (1760-1815), Schauspielerin in Berlin   186

Birkenstock, Johann Melchior von (1738-1809), österreichischer Staatsmann, Schwiegervater von Franz Brentano   58

Boetius, Henning   257

Bonaparte, Louis (1778-1846), 1806-1810 König von Holland   11

Brede, Auguste, geb. Eulner (1786-1859), Schauspielerin   11, 274

Breitenstein, Franziska, genannt Fränz oder Frenz, Brentanos Magd in Heidelberg und Landshut   71, 121, 123, 124, 128[?], 144, 205

Brentano, Antonia, geb. von Birkenstock (1780-1869), verheiratet 1798 mit Franz Brentano; Schwägerin von Clemens   58

Brentano, Bettine (1785-1859), verheiratet 1811 mit Achim von Arnim; Schwester von Clemens   11, *12f.*, *24*, 24, 25, 35f., *37*, 37, *39*, 41, 43, 46, 48, *48ff.*, *51*, *52*, *52*, 53, *54*, *55*, *60*, 61, 62, 67, *68*, *69f.*, 74f., *76f.*, 77, *81*, 81, 82, *82*, *82f.*, 90, *91*, *91f.*, 92, *93*, 94, 102f., *103*, *104*, *105*, *106*, *107*, *115f.*, *137*, 140, *140ff.*, *144*, 144, *145f.*, *148*, 148, *149*, 150, 151f., *153*, 154, *155*, 183f., *185*, 185f., 204, *204*, 245, *246*, 256, *258*, 260, 265f., 273

Brentano, Christian (1784-1851), Bruder von Clemens   14, 18, 24, 29, 32, 34f., 42, 48, 50, 53, 67, 71ff., 82, 92, 94, 153, 156, 182, 247f., 259, 263, 273

Brentano, Clemens (1778-1842), passim.

Brentano, Franz (1765-1844), Großkaufmann und Bankier in Frankfurt am Main; Stiefbruder und Vormund von Clemens   19, 29, 32, 76, 129, 144, 190, 196

Brentano, Georg (1775-1851), Großkaufmann in Frankfurt am Main; Bruder von Clemens   16f., *18ff.*, 20f., 27ff., 30, 30f., 31ff., 36, 38, *44*, 60, 76, 138, *224*

Brentano, Gunda, genannt Gundel (1780-1863), verheiratet 1804 mit Friedrich Karl von Savigny; Schwester von Clemens   106, 113, 115, 122f., 126, 127, 142f., 149f., 155, 205, 256, 262

Brentano, Joachim Ariel (* † 1804) Sohn von Clemens Brentano und Sophie Mereau 260

Brentano, Joachime Elisabetha Claudia Carolina Johanna (* † 1805), Tochter von Clemens Brentano und Sophie Mereau 260

Brentano, Ludovica, genannt Lulu (1787-1854), verheiratet 1805 mit Karl Jordis, 1827 geschieden; Schwester von Clemens 15, 18, 20, 21, 33, 35, 52, 61, 79, 82, 93, 148, 223

Brentano, Marie, geb. Schröder (1781-1815), verheiratet 1803 mit Georg Brentano; Schwägerin von Clemens 29, 36, 49

Brentano, Meline (1788-1861), verheiratet 1810 mit Georg Friedrich von Guaita; Schwester von Clemens 12, *13*, 24, *24 f.*, *33*, 36, 37, 197, 215

Brentano, Peter Anton (1735-1797), verheiratet 1. 1763 mit Paula Walpurga Brentano-Gnosso, 2. 1774 mit Maximiliane von La Roche; Großkaufmann und Bankier in Frankfurt am Main; Vater von Clemens 34 f., 254, 270

Bußmann, Auguste (1791-1832), verheiratet 1. mit Clemens Brentano 1807-1814, 2. mit Johann August Ehrmann 1817, passim.

Bußmann, Johann Jakob (1756-1791), verheiratet 1790 mit Maria Elisabeth Bethmann, Sozius und Schwager von Simon Moritz Bethmann; Vater Augustes 21, 34, 246, 254

Caroline, Königin von Bayern (1776-1841) 141, 150, 152

Casanova, Giovanni Giacomo, Chevalier de Seingalt (1725-1798), Abenteurer und Schriftsteller 260

Dalberg, Carl Theodor von (1744-1817), Koadjutor und Kurfürst von Mainz, 1806 Fürstprimas, 1810 Großherzog von Frankfurt (daher Anrede »Kgl. Hoheit«), 1814 Erzbischof in Regensburg; Vertreter der katholischen Aufklärung 33, 234 f., *235*, 275

Diel, Johann Baptist (1843-1876), Jesuit, erster Biograph Brentanos *139*, *184*, *243*

Ehrmann, Johann August (1786-1876), verheiratet 1817 mit Auguste Bußmann; Bankier in Paris und Frankfurt 238 f., 240 ff., 244, 245, 246, 247 f., 250, 254 f.

Ehrmann, Leo, Sohn Augustes und Johann August Ehrmanns 244, 245, 247, 255

Ehrmann, Moritz (* 1819), Sohn Augustes und Johann August Ehrmanns 244, 245, 245 f., 247, 255

Emmerick, Anna Katharina (1774-1824), stigmatisierte Nonne und

Mystikerin aus dem aufgehobenen Kloster Agnetenberg bei Dülmen   255, 260 f., 268

Enzensberger, Hans Magnus   256, 257, 262, *262 ff.*, 269, 269 f., *271*, *271 f.*, 276

Feilchenfeldt, Konrad   257, *269 f.*, *271*, 271 f., *275*

Fenner, Heinrich, Naturforscher in Heidelberg   95, 102

Ferrare, Stadtpfarrer in Fritzlar   15, 30, 34

Firnhaber von Eberstein-Jordis, Georg (1797-1848), Stiefbruder von Karl Jordis   15

Flavigny, Aléxandre Vicomte de (1770-1819), verheiratet 1797 mit Maria Elisabeth Bußmann, geb. Bethmann; französischer Offizier; Stiefvater Augustes, Vater Maries, der späteren Comtesse d'Agoult   22, 38, 56, 91, 96 f., 103, 107 ff., *112 ff.*, 122, 130 ff., 133 ff., 142, 144, 147, 156, 204, 239, 242, 244, 249, 255

Flavigny, Marie de, siehe Agoult

Frenz oder Fränz, siehe Breitenstein

Geißler, Henriette, geb. Holderrieder (1772-1822), Freundin Sophie Mereaus in Gotha   66, 79

Geißler, Johann Georg, Regierungsrat in Gotha   66, 79

Görres, Johann Joseph von (1776-1848), Schriftsteller   *75 f.*, *86*, *91*, *102*, 151 ff., 187, 258

Goethe, Catharina Elisabeth, geb. Textor (1731-1808), Mutter des Dichters   *38*

Goethe, Johann Wolfgang (1749-1832)   38, 101, 128, 183

Grimm, Jacob (1785-1863), Philologe   25, 58, 60, 61, *62*, 64, 68, *70 ff.*, 74, 76, *77 f.*, *78 f.*, 81, 93, 103 f., 127, *147 f.*, 155, 155 f., 156, *182*, 182, 186, 206, 208, *210*, 210, 211, 212, 223, 256, 258 f., 264, 266

Grimm, Ludwig Emil (1790-1863) Künstler in München; Bruder von Jacob und Wilhelm Grimm   147, 149

Grimm, Wilhelm (1786-1859), Philologe, Bruder Jacobs   25, 42 f., 68, 81, 84, 93, *103 f.*, 127, 155, *155 f.*, 156, 182, *182*, 184, *186*, 206, *208*, 209, 210, *210*, 211, 212, *215*, 223, 256, 258 f., 264, 266

Guaita, Georg Friedrich von (1772-1851), verheiratet 1810 mit Meline Brentano; Frankfurter Bürgermeister   197, 215

Günderode, Caroline von (1780-1806), Dichterin   261, 268

Hartz, Bernhard Joseph (1760-1829), Leibarzt des bayr. Königs   141

Hensel, Luise (1798-1876), Erzieherin und Dichterin in München, Freundin von Clemens   243, 255

Horstig, Karl Gottlieb (1763-1835), Konsistorialrat 258

Hortense Eugénie Beauharnais (1783-1837), verheiratet 1802 mit Louis Bonaparte; 1806-1810 Königin von Holland 11, 13

Huber, Candidus (1747-1813), Benediktiner und Insektenforscher in Stallwang bei Landshut 140, 150, 151, 190

Hüsgen, Heinrich Sebastian (1745-1807), Frankfurter Kunstsammler 82

Jean Paul (1763-1825) 95

Jérôme Bonaparte (1784-1860), 1807-1813 König von Westfalen 32

Jordis, Karl († 1839), 1805 verheiratet mit Lulu Brentano, 1827 geschieden; kurhessischer Legationsrat, Bankier in den Diensten Jérômes 15, 17f., 18ff., *20f.*, 24, *27ff.*, *30*, *30f.*, *31ff.*, 34f., *38*, 53, 93, 148, 207

Kauth, Stadtpfarrer in Frankfurt am Main 34, 202

Klötzer, Wolfgang 275

Kolborn, Generalvikar und Weihbischof in Aschaffenburg 197ff., *234f.*

La Roche, Sophie von, geb. von Gutermann (1731-1807), verheiratet 1753 mit Georg von La Roche; Großmutter von Clemens 26

Lassaulx, Maria Christine de, geb. Vollmar, verheiratet 1778 mit dem Historiker Adam Joseph de Lassaulx in Koblenz; Schwiegermutter von Joseph von Görres 66, 75f., 79, 86, 91, 102

Löw, Joseph (1785-1809), Mediziner in Landshut 144, 150, 151

Mannel, Adam (1758-1834), Pfarrer und Chirurg in Allendorf 71ff., 74, 76, 78, 79, 81, 82, 94, 152, 153, 154, 207, 208, 211

Mannel, Georg, Sohn des Pfarrers 95

Mannel, Heinrich (1786-1834), Sohn des Pfarrers 92, 95, 154, 207, 208, 245

Mannel, Marie (1755-1830), Pfarrersfrau in Allendorf 71, 79, 81, 153

Mannel, Sophie Friederike (*1783), Tochter des Pfarrers 81, *84*, 89, 118f., 124ff., 139, 140, 153

Maximilian I., König von Bayern (1756-1825) 141, 151

Mereau, Sophie, geb. Schubart (1770-1806), verheiratet 1793 mit Friedrich Karl Mereau, geschieden 1801, verheiratet 1803 mit Clemens Brentano 15, 36, 37, 81, 144, 205, 258ff., 265, 268

Moy de Sons, Chevalier Charles Antoine de (1796-1845), französischer Emigrant in München 142

Müller, Ludger   276

N., französischer Offizier, erster Verlobter Augustes   11, 12, 22, 36, 38

Napoleon I. (1769-1821)   12, 13, 23, 238

Pappenheim, Gräfin von   36, 124

Perels, Christoph   276

Piautaz, Claudine (1772-1840), Hausdame der Familie Brentano in Frankfurt, Freundin von Bettine   11, 13, 35 f., 51, 61, 79

Picot, richtig Bigot de Villandry, Kammerherr des Königs Jérôme in Kassel   47

Pistor, Charlotte (1776-1858), Stieftochter Reichardts, Hausgenossin Arnims und Brentanos in Berlin   185

Polen, Gräfin [?]   35

Reichardt, Johann Friedrich (1752-1814), Komponist in Giebichenstein bei Halle   40, 70, 117

Reichardt, Johanna, geb. Alberti (*1755), verheiratet 1783 mit Johann Friedrich Reichardt   40

Reichardt, Luise (1780-1826), Komponistin   *42*

Reimer, Georg Andreas (1776-1842), Verleger in Berlin   184

Richter, Norbert   275

Rölleke, Heinz   *33*

Ruhl, Ludwig Sigismund (1794-1887) oder Johann Christian, beide mit Grimms befreundet   208

Sailer, Johann Michael (1751-1832), Theologe in Landshut, später Bischof von Regensburg   139

Savigny, Friedrich Karl von (1779-1861), verheiratet 1804 mit Gunda Brentano, Professor der Rechte, später preußischer Minister; Schwager von Clemens   12, 13, 24, 24 f., 33, 37, 37 f., 45, 45 ff., *48*, 49 f., 53, *54 f.*, 57 f., *58 ff.*, 60, 62, *64 f.*, *65 ff.*, 68, 70 ff., 74, 77 f., 78 f., 79 f., *83 f.*, 85 f., 86, 91, 94, 96, 102, 103, 106, 107, 108, 110 f., 113, 115, 118, 122, 126, 127, 131, 133, 137, 137 f., 139, *140*, 140 ff., 144, 144 f., 145, *147*, 147 f., 148, 149, 149 ff., 151 f., *153*, 155, 182 f., 188, 189 ff., 191 f., 194 ff., 196 f., 204, 204 f., *206*, 208, 210, 215, 256, 257 ff., 262 ff., 269, 271 f.

Schiller, Friedrich (1759-1805)   89

Schleiermacher, Friedrich (1768-1834)   89

Schmidt, Ludwig Friedrich (1764-1857), Hofprediger   141, 143, 150, 152

Schubart, Henriette (* 1769), Schwester Sophie Mereaus 67
Schüler, Lotte, Tochter des Kirchenrats 154
Schüler, Kirchenrat in Hersfeld *154*
Schweinacher, Joseph, Orgelbauer in Landshut 152, 153
Seidlin, Oskar 271
Servière, Anna Charlotte (1773-1862) oder Paula Maria (1773-1832), Schwestern des Johann Joseph Servière 120
Servière, Johann Joseph, Frankfurter Kaufmann 243
Shakespeare, William (1564-1616) 42
Söder, Erik 275
Sömmering, Samuel Thomas (1755-1830), Arzt in München 140, 141 ff., 150
Stadion, Friedrich Lothar Graf von (1761-1811), österreichischer Gesandter in Berlin; Onkel von Clemens 140 f., 143, 146, 183
Steig, Reinhold (1857-1918), Literarhistoriker 273
Stieglitz, Charlotte, geb. Willhöft († 1843), erdolchte sich, um ihren Mann, Heinrich Stieglitz, durch den Schmerz um ihren Tod zum großen Dichter zu machen 261, 268
Stieglitz, Heinrich (1803-1849), Schriftsteller 261
Stramberg, Christian von (1785-1868), Publizist *16, 92*
Thümmel, Moritz August von (1738-1817), Schriftsteller 46
Tieck, Ludwig (1773-1853) 89
Varnhagen von Ense, Karl August (1785-1858), Schriftsteller 258
Varnhagen von Ense, Rahel, geb. Levin (1771-1833), Schriftstellerin 261, 268
Varrentrapp, Johann Friedrich, Buchhändler in Frankfurt 246, 270
Vogt (auch Voigt), Nicolaus (1756-1836), Legationsrat in Mainz, Senator in Frankfurt am Main, Professor in Aschaffenburg 79
Vordtriede, Werner 271
Wagenbach, Katja 275
Wéber, französischer General 38
Westenberg, richtig Wassenberg-Ampringen, Johann (1773-1858), österreichischer Gesandter in Berlin 183, 186, 208
Zagari, Luciano 257
Zimmer, Johann Georg (1777-1853), Verleger in Heidelberg 52, 88, 187
Zimmermann, Witwe eines Marburger Gastwirts, der mit Clemens befreundet war 80

Zu dieser Ausgabe

insel taschenbuch 1778: Requiem für eine romantische Frau. Textvorlage für diese Ausgabe ist der Band: Requiem für eine romantische Frau. Die Geschichte von Auguste Bußmann und Clemens Brentano. Nach gedruckten und ungedruckten Quellen überliefert von Hans Magnus Enzensberger. Friedenauer Presse, Berlin 1988. Hans Magnus Enzensberger hat den Text für die vorliegende Ausgabe mit Korrekturen und Ergänzungen versehen und zusammen mit Konrad Feilchenfeldt ein Capriccio als Zugabe angefügt. Umschlagabbildung: John Everett Millais, Ophelia. Öl auf Leinwand, 1851/52. Ausschnitt. Tate Gallery, London.

Klassische deutsche Literatur
im insel taschenbuch

Bettine von Arnim: Goethes Briefwechsel mit einem Kinde. Herausgegeben und eingeleitet von Waldemar Oehlke. Mit zeitgenössischen Abbildungen. it 767
- Die Günderode. Mit einem Essay von Christa Wolf. it 702

Ludwig Börne: Spiegelbild des Lebens. Aufsätze zur Literatur. Erweiterte Neuausgabe. Ausgewählt und eingeleitet von Marcel Reich-Ranicki. it 1578

Hermann Bote: Till Eulenspiegel. Ein kurzweiliges Buch aus dem Lande Braunschweig. Wie er sein Leben vollbracht hat. Sechsundneunzig seiner Geschichten. Herausgegeben, in die Sprache unserer Zeit übertragen und mit Anmerkungen versehen von Siegfried H. Sichtermann. Mit zeitgenössischen Illustrationen. it 336

Clemens Brentano: Gedichte. Erzählungen. Briefe. Herausgegeben von Hans Magnus Enzensberger. it 557

Georg Büchner: Lenz. Erzählung. Mit Oberlins Aufzeichnungen ›Der Dichter Lenz, im Steinthale‹, ausgewählten Briefen von J. M. R. Lenz und einem Nachwort von Jürgen Schröder. it 429
- Leonce und Lena. Ein Lustspiel. Mit farbigen Illustrationen von Karl Walser und einem Nachwort von Jürgen Schröder. it 594
- Woyzeck. Nach den Handschriften neu herausgegeben und kommentiert von Henri Poschmann. it 846

Gottfried August Bürger: Wunderbare Reisen zu Wasser und zu Lande. Feldzüge und lustige Abenteuer des Freiherrn von Münchhausen, wie er dieselben bei der Flasche im Zirkel seiner Freunde selbst zu erzählen pflegt. Mit den Holzschnitten von Gustave Doré. it 207

Wilhelm Busch: Kritisch-Allzukritisches. Gedichte. Ausgewählt und mit einem Nachwort von Theo Schlee. Mit Illustrationen von Wilhelm Busch. it 52

Adelbert von Chamisso: Peter Schlemihls wundersame Geschichte. Nachwort von Thomas Mann. Illustriert von Emil Preetorius. it 27

Matthias Claudius: Der Wandsbecker Bote. Mit einem Vorwort von Peter Suhrkamp und einem Nachwort von Hermann Hesse. it 130

Annette von Droste-Hülshoff: Die Judenbuche. Ein Sittengemälde aus dem gebirgichten Westfalen. Mit Illustrationen von Max Unold. it 399
- Sämtliche Erzählungen. Herausgegeben von Manfred Häckel. it 1521
- Sämtliche Gedichte. Mit einem Nachwort von Ricarda Huch. it 1092

Marie von Ebner-Eschenbach: Dorf- und Schloßgeschichten. Mit einem Nachwort von Joseph Peter Strelka. it 1272

Johann Peter Eckermann: Gespräche mit Goethe in den letzten Jahren seines Lebens. 2 Bde. Herausgegeben von Fritz Bergemann. it 500

Klassische deutsche Literatur
im insel taschenbuch

Joseph von Eichendorff: Aus dem Leben eines Taugenichts. Mit Illustrationen von Adolf Schrödter und einem Nachwort von Ansgar Hillach. it 202
- Gedichte. Mit Zeichnungen von Otto Ubbelohde. Herausgegeben von Traude Dienel. it 255
- Gedichte. In chronologischer Folge herausgegeben von Hartwig Schultz. it 1060
- Novellen und Gedichte. Ausgewählt und eingeleitet von Hermann Hesse. it 360

Theodor Fontane: Briefe an Georg Friedlaender. Herausgegeben und mit einem Nachwort versehen von Walter Hettche. it 1565
- Cécile. Mit einem Nachwort von Walter Müller-Seidel. it 689
- Effi Briest. Mit 21 Lithographien von Max Liebermann. it 138, it 1637 und Großdruck. it 2340
- Frau Jenny Treibel oder ›Wo sich Herz zum Herzen findt‹. Roman. Mit einem Nachwort von Richard Brinkmann. it 746
- Grete Minde. Mit einem Nachwort von Peter Demetz. it 1157
- Herr von Ribbeck auf Ribbeck. Gedichte und Balladen. Herausgegeben von Gottfried Honnefelder. it 1446
- Irrungen, Wirrungen. Mit einem Nachwort von Walther Killy. it 771
- Jenseit des Tweed. Bilder und Briefe aus Schottland. Mit zahlreichen Abbildungen und einem Nachwort herausgegeben von Otto Drude. it 1066
- Kriegsgefangen. Erlebnisse 1870. Herausgegeben von Otto Drude. Mit zahlreichen Abbildungen. it 1437
- Mathilde Möhring. Mit einem Nachwort von Peter Demetz. it 1107
- Meine Kinderjahre. Autobiographischer Roman. Mit einem Nachwort von Otto Drude. it 705
- Die Poggenpuhls. Roman. it 1271
- Schach von Wuthenow. Erzählung aus der Zeit des Regiments Gendarmes. Mit einem Nachwort von Benno von Wiese. it 816
- Der Stechlin. Mit einem Nachwort von Walter Müller-Seidel. it 152
- Stine. Roman. Mit einem Nachwort von Peter Demetz. it 899
- Unwiederbringlich. Roman. it 1593
- Vor dem Sturm. Roman, aus dem Winter 1812 auf 13. Mit einem Nachwort von Hugo Aust. it 583

Georg Forster: Reise um die Welt. Herausgegeben und mit einem Nachwort von Gerhard Steiner. it 757

Das Gespensterbuch. Herausgegeben von Johann August Apel und Friedrich Laun. Ausgewählt von Robert Stockhammer. it 1388

Klassische deutsche Literatur
im insel taschenbuch

Johann Wolfgang Goethe: Dichtung und Wahrheit. 3 Bde. in Kassette. Mit Bildmaterial. it 149-151
- Erotische Gedichte. Gedichte, Skizzen und Fragmente. Herausgegeben von Andreas Ammer. it 1225
- Faust. Erster Teil. Nachwort von Jörn Göres. Illustrationen von Eugène Delacroix. it 50
- Faust. Zweiter Teil. Mit Federzeichnungen von Max Beckmann. Mit einem Nachwort zum Text von Jörn Göres und zu den Zeichnungen von Friedhelm Fischer. it 100
- Gedichte. Sämtliche Gedichte in zeitlicher Folge. Herausgegeben von Heinz Nicolai. it 1400

Goethes Briefe an Charlotte von Stein. 3 Bde. in Kassette. Herausgegeben von Julius Petersen. it 1125

Goethes Gedanken über Musik. Eine Sammlung aus seinen Werken, Briefen, Gesprächen und Tagebüchern. Herausgegeben von Hedwig Walwei-Wiegelmann. Mit achtundvierzig Abbildungen, erläutert von Hartmut Schmidt. it 800

Goethes Liebesgedichte. Herausgegeben von Hans Gerhard Gräf mit einem Nachwort von Emil Staiger. it 275
- Hermann und Dorothea. Mit Aufsätzen von August Wilhelm Schlegel, Wilhelm von Humboldt, Georg Wilhelm Friedrich Hegel und Hermann Hettner. Mit zehn Kupfern von Catel. it 225
- Italienische Reise. Mit vierzig Zeichnungen des Autors. Herausgegeben und mit einem Nachwort versehen von Christoph Michel. it 175
- Tagebuch der Italienischen Reise 1786. Notizen und Briefe aus Italien. Mit Skizzen und Zeichnungen des Autors. Herausgegeben und erläutert von Christoph Michel. it 176
- Kampagne in Frankreich 1792. Belagerung von Mainz. Herausgegeben und mit einem Nachwort von Jörg Drews. Mit zeitgenössischen Abbildungen. it 1525
- Die Leiden des jungen Werther. Mit einem Essay von Georg Lukács und einem Nachwort von Jörn Göres. Mit zeitgenössischen Illustrationen von Daniel Nikolaus Chodowiecki und anderen. it 25
- Märchen. Der neue Paris. Die neue Melusine. Das Märchen. Herausgegeben und erläutert von Katharina Mommsen. it 825
- Der Mann von funfzig Jahren. Mit einem Nachwort von Adolf Muschg. it 850
- Maximen und Reflexionen. Text der Ausgabe von 1907 mit den Erläuterungen und der Einleitung Max Heckers. Nachwort von Isabella Kuhn. it 200

Klassische deutsche Literatur
im insel taschenbuch

Johann Wolfgang Goethe: Novellen. Herausgegeben und mit einem Nachwort versehen von Katharina Mommsen. Mit Federzeichnungen von Max Liebermann. it 425
- Reineke Fuchs. Mit Stahlstichen nach Zeichnungen von Wilhelm Kaulbach. it 125
- Römische Elegien und Venezianische Epigramme. Herausgegeben von Regine Otto. it 1150
- Unterhaltungen deutscher Ausgewanderten. Mit einem Nachwort herausgegeben von Gert Ueding. it 1050
- Die Wahlverwandtschaften. Ein Roman. Erläuterungen von Hans-J. Weitz. Mit einem Essay von Walter Benjamin. it 1
- Die Wahlverwandtschaften. Ein Roman. Erläuterungen von Hans-J. Weitz. Mit einem Essay von Walter Benjamin. it 1639
- West-östlicher Divan. Mit Essays zum ›Divan‹ von Hugo von Hofmannsthal, Oskar Loerke und Karl Krolow. Herausgegeben und mit Erläuterungen versehen von Hans-J. Weitz. it 75
- Wilhelm Meisters Lehrjahre. Herausgegeben von Erich Schmitt. Mit sechs Kupferstichen von Catel, sieben Musikbeispielen und Anmerkungen. it 475
- Wilhelm Meisters Wanderjahre oder die Entsagenden. Mit einem Nachwort von Adolf Muschg. it 575

Der Briefwechsel zwischen Schiller und Goethe. 2 Bde. Herausgegeben von Emil Staiger. Mit Illustrationen. Bildkommentar von Hans-Georg Dewitz. it 250

Johann Wolfgang Goethe / Friedrich von Schiller: Sämtliche Balladen und Romanzen in zeitlicher Folge. Herausgegeben von Karl Eibl. it 1275

Goethes Reden. Herausgegeben und mit einem Nachwort versehen von Gert Ueding. it 1650

Manfred Wenzel: Goethe und die Medizin. Selbstzeugnisse und Dokumente. Mit zahlreichen Abbildungen. it 1350

Jeremias Gotthelf: Die schwarze Spinne. Mit Illustrationen von Renate Sendler-Peters. it 991

Hans Jakob Christoffel von Grimmelshausen: Der abenteuerliche Simplicissimus. Mit Zeichnungen von Fritz Kredel. it 739

Grimms Märchen, wie sie nicht im Buche stehen. Herausgegeben und erläutert von Heinz Rölleke. it 1551

Karoline von Günderode: Gedichte. Herausgegeben von Franz Josef Görtz. it 809

Johann Christian Günther: Die Gedichte. Herausgegeben von Franz-Heinrich Hackel. it 1702

Klassische deutsche Literatur
im insel taschenbuch

Wilhelm Hauff: Märchen. Herausgegeben von Bernhard Zeller. Mit Illustrationen von Theodor Weber, Theodor Hosemann und Ludwig Burger. it 216

Johann Peter Hebel: Kalendergeschichten. Ausgewählt und mit einem Nachwort von Ernst Bloch. Mit neunzehn Holzschnitten von Ludwig Richter. it 17

– Schatzkästlein des rheinischen Hausfreundes. Nachdruck der Ausgabe von 1811 sowie sämtliche Kalendergeschichten aus dem »Rheinländischen Hausfreund« der Jahre 1808-1819. Herausgegeben und mit einem Nachwort versehen von Jan Knopf. it 719

Heinrich Heine: Buch der Lieder. Mit zeitgenössischen Illustrationen und einem Nachwort von E. Galley. it 33

– Deutschland. Ein Wintermärchen. Mit einem Nachwort von Joseph Peter Strelka. Anhang mit Bibliographie und einer Zeittafel. it 723

– Gedichte aus Liebe. In einer Auswahl von Thomas Brasch. it 1444

– Italien. Mit farbigen Illustrationen von Paul Scheurich. it 1072

– Neue Gedichte. it 1055

– Der Rabbi von Bacherach. Ein Fragment. Mit Illustrationen von Max Liebermann und einem Nachwort von Joseph A. Kruse. it 811

– Reisebilder. Mit einem Nachwort von Joseph A. Kruse und zeitgenössischen Illustrationen. it 444

– Romanzero. Mit einem Nachwort von Joseph A. Kruse und zeitgenössischen Illustrationen. it 538

Johann Gottfried Herder: Lesebuch. Zum 250. Geburtstag. Herausgegeben von Siegfried Hartmut Sunnus. Mit zahlreichen Abbildungen. it 1609

Friedrich Hölderlin: Gedichte. Herausgegeben und mit Erläuterungen versehen von Jochen Schmidt. it 781

– Hyperion oder Der Eremit in Griechenland. Herausgegeben und mit einem Nachwort versehen von Jochen Schmidt. it 365

– Die schönsten Gedichte. Ausgewählt und mit einem Nachwort versehen von Jochen Schmidt. it 1508

Hölderlin. Chronik seines Lebens mit ausgewählten Bildnissen. Herausgegeben von Adolf Beck. it 83

E. T. A. Hoffmann: Die Abenteuer der Silvester-Nacht. Mit farbigen Illustrationen von Monika Wurmdobler. it 798

– Die Elixiere des Teufels. Mit Illustrationen von Hugo Steiner-Prag. it 304

– Das Fräulein von Scuderi. Erzählung aus dem Zeitalter Ludwig des Vierzehnten. Mit Illustrationen von Lutz Siebert. it 410

Klassische deutsche Literatur
im insel taschenbuch

E. T. A. Hoffmann: Der goldne Topf. Ein Märchen aus der neuen Zeit. Mit 13 Illustrationen von Karl Thylmann. Herausgegeben und mit einem Nachwort von Jochen Schmidt. it 570

– Lebensansichten des Katers Murr nebst fragmentarischer Biographie des Kapellmeisters Johannes Kreisler in zufälligen Makulaturblättern. Mit Illustrationen von Maximilian Liebenwein. Mit Anmerkungen. it 168

– Nachtstücke. Mit einem Nachwort von Lothar Pikulik und Illustrationen von Renate Sendler-Peters. it 589

– Nußknacker und Mausekönig. Mit farbigen Illustrationen von Monika Wurmdobler. it 879

– Der Sandmann. Mit Illustrationen von Hugo Steiner-Prag und einem Nachwort von Jochen Schmidt. it 934

Alexander von Humboldt: Über das Universum. Die Kosmos-Vorträge 1827/28 in der Berliner Singakademie. Herausgegeben von Jürgen Hamel und Klaus-Harro Tiemann. it 1540

Jean Paul: Flegeljahre. Eine Biographie. Mit einem Nachwort von Hermann Meyer. it 873

– Leben des vergnügten Schulmeisterlein Maria Wutz in Auenthal. Eine Art Idylle. Mit einem Nachwort von Peter Bichsel. it 1685

– Siebenkäs. Blumen-, Frucht- und Dornenstücke oder Ehestand, Tod und Hochzeit des Armenadvokaten F. St. Siebenkäs im Reichsmarktflecken Kuhschnappel. Mit einem Nachwort von Hermann Hesse. it 980

– Titan. Mit einem Nachwort von Ralph-Rainer Wuthenow. it 671

Gottfried Keller: Der grüne Heinrich. Erste Fassung. 2 Bde. Mit Zeichnungen Gottfried Kellers und seiner Freunde. it 335

– Die Leute von Seldwyla. Vollständige Ausgabe der Novellensammlung. Mit einem Nachwort von Gerhard Kaiser. it 958

– Romeo und Julia auf dem Dorfe. Mit einem Kommentar und einem Nachwort von Klaus Jeziorkowski. it 756

Heinrich von Kleist: Die Marquise von O... Mit Materialien und Bildern zu dem Film von Eric Rohmer und einem Aufsatz von Heinz Politzer. Herausgegeben von Werner Berthel. Übersetzungen aus dem Französischen von Werner Berthel. it 299

– Michael Kohlhaas. Aus einer alten Chronik. Mit einem Nachwort von Jochen Schmidt. it 1352

– Der zerbrochne Krug. Ein Lustspiel. it 171

August Klingemann: Nachtwachen von Bonaventura. Mit Illustrationen von Lovis Corinth. Herausgegeben und mit einem Nachwort versehen von Jost Schillemeit. it 89

Klassische deutsche Literatur
im insel taschenbuch

Johann C. Lavater: Von der Physiognomik und Hundert physiognomische Regeln. Herausgegeben und mit einem Nachwort von Karl Riha und Carsten Zelle. Mit zahlreichen Abbildungen. it 1366

Jakob Michael Reinhold Lenz: Werke und Briefe in drei Bänden. Herausgegeben von Sigrid Damm. it 1441-1443 (nur als Kassette lieferbar)

Band 1: Dramen. Übersetzungen. Herausgegeben von Sigrid Damm. it 1441 (vergriffen)
Band 2: Prosadichtungen, Übertragungen, Theoretische Schriften. Herausgegeben von Sigrid Damm. it 1442
Band 3: Gedichte und Briefe. Herausgegeben von Sigrid Damm. it 1443

Gotthold Ephraim Lessing: Dramen. Mit einem Nachwort herausgegeben von Kurt Wölfel. it 714

Georg Christoph Lichtenberg: Aphorismen. In einer Auswahl. Herausgegeben und mit einem Nachwort versehen von Kurt Batt. it 165

– Sudelbücher. Herausgegeben von Franz H. Mautner. Mit einem Nachwort, Anmerkungen zum Text, einer Konkordanz der Aphorismen-Nummern und einer Zeittafel. it 792

Liselotte von der Pfalz: Briefe. Herausgegeben und eingeleitet von Helmuth Kiesel. Mit zeitgenössischen Portraits. it 428

Märchen der Romantik. Mit zeitgenössischen Illustrationen. Herausgegeben von Maria Dessauer. it 285

Meister Eckhart: Das Buch der göttlichen Tröstung. Ins Neuhochdeutsche übertragen von Josef Quint. it 1005

Conrad Ferdinand Meyer: Jürg Jenatsch. Eine Bündnergeschichte. Mit einem Nachwort von Reto Hänny. it 862

Eduard Mörike: Die Historie von der schönen Lau. Mit Illustrationen von Moritz von Schwind und einem Nachwort von Traude Dienel. it 72

– Maler Nolten. Novelle in zwei Teilen. Erste Fassung. Mit zeitgenössischen Illustrationen und einem Nachwort von Wolfgang Vogelmann. it 404

– Mozart auf der Reise nach Prag. Eine Novelle. Mit Illustrationen von Hugo Steiner-Prag und einem Nachwort von Traude Dienel. it 376 und Großdruck. it 2320

– Eduard Mörikes schönste Erzählungen. Ausgewählt und mit einem Nachwort versehen von Hermann Hesse. Redaktion: Volker Michels. it 1290

Karl Philipp Moritz: Anton Reiser. Ein psychologischer Roman. Mit einem Nachwort von Max von Brück. it 433

Klassische deutsche Literatur
im insel taschenbuch

Karl Philipp Moritz: Moritz-Lesebuch. Herausgegeben von Horst Günther. Mit zahlreichen Abbildungen. it 1504

Friedrich de la Motte-Fouqué: Undine. Ein Märchen von Friedrich de la Motte-Fouqué. Musik von E. T. A. Hoffmann. Mit Bildern von Karl Friedrich Schinkel. Mit einem Essay von Ute Schmidt-Berger. it 1353

Wilhelm Müller: Die Winterreise und andere Gedichte. Herausgegeben von Hans-Rüdiger Schwab. Mit einem Vorwort von Christian Elsner. it 901

Johann Karl August Musäus: Rübezahl. Für die Jugend von Christian Morgenstern. Mit Illustrationen von Max Slevogt. it 73

Johann Nepomuk Nestroy: Komödien. Herausgegeben von Franz H. Mautner. it 1742

Friedrich Nietzsche: Gedichte. Herausgegeben von Karl Riha. it 1622

Novalis: Aphorismen. Herausgegeben von Michael Brucker. it 1434

– Gedichte. Die Lehrlinge zu Sais – Dialogen und Monolog. Mit einem Nachwort von Jochen Hörisch. it 1010

– Heinrich von Ofterdingen. Herausgegeben von Jochen Hörisch. Mit zeitgenössischen Abbildungen. it 596

Hermann von Pückler-Muskau: Andeutungen über Landschaftsgärtnerei. Herausgegeben von Günter J. Vaupel. Mit zahlreichen Abbildungen und einem farbigen Bildteil. it 1024

– Briefe eines Verstorbenen. Ein fragmentarisches Tagebuch. 2 Bände in Kassette. Herausgegeben von Günter J. Vaupel. Mit zahlreichen Abbildungen. it 1219

Wilhelm Raabe: Die Akten des Vogelsangs. it 888

– Die Chronik der Sperlingsgasse. Mit Handzeichnungen Wilhelm Raabes. it 370

Friedrich Rückert: Ausgewählte Werke. 2 Bände in Kassette. Herausgegeben von Annemarie Schimmel. it 1022

– Kindertodtenlieder. Mit einer Einleitung neu herausgegeben von Hans Wollschläger. it 1545

Ferdinand von Saar: Novellen aus Österreich. it 906

Friedrich von Schiller: Der Geisterseher. Und andere Erzählungen. Mit einer Einleitung von Emil Staiger und Erläuterungen von Manfred Hoppe. Mit zeitgenössischen Illustrationen. it 212

– Wallenstein. Ein dramatisches Gedicht. Wallensteins Lager – Die Piccolomini – Wallensteins Tod. Herausgegeben von Herbert Kraft. Mit einem Nachwort von Oskar Seidlin. it 752

Friedrich Schlegel: Lucinde. Ein Roman. Mit Radierungen von M. E. Philipp und einem Nachwort von Wolfgang Paulsen. it 817

Klassische deutsche Literatur
im insel taschenbuch

Arthur Schopenhauer: Aphorismen zur Lebensweisheit. Vollständige Ausgabe mit Erläuterungen und Übersetzung der fremdsprachigen Zitate. Mit einem Nachwort von Hermann von Braunbehrens. Mit 16 Daguerreotypen und Fotos und Bilderläuterungen von Arthur Hübscher. it 223

Heinrich Seidel: Leberecht Hühnchen. Prosa-Idyllen. it 786

Adalbert Stifter: Aus dem alten Wien. Zwölf Erzählungen. Herausgegeben von Otto Erich Deutsch. Mit farbigen Abbildungen. it 959
– Bergkristall. Und andere Erzählungen. it 438
– Erzählungen. Ausgewählt und mit einem Nachwort versehen von Hermann Hesse. it 1314
– Der heilige Abend. Mit farbigen Illustrationen von Monika Wurmdobler. it 699
– Der Hochwald. Mit einem Nachwort von Wolfgang Frühwald. it 1197
– Die Mappe meines Urgroßvaters. Mit einem Nachwort von Peter Suhrkamp. it 1743
– Der Nachsommer. Mit einem Essay von Hugo von Hofmannsthal. it 653

Theodor Storm: Gesammelte Werke. 6 Bde. Herausgegeben von Gottfried Honnefelder. it 731-736
  Band 1:   Gedichte. it 731
  Band 2:   Immensee und andere Novellen. it 732
  Band 3:   Pole Poppenspäler und andere Novellen. it 733
  Band 4:   Carsten Curator und andere Novellen. it 734
  Band 5:   Hans und Heinz Kirch und andere Erzählungen. it 735
  Band 6:   Der Schimmelreiter. it 736
– Am Kamin und andere unheimliche Geschichten. Mit Illustrationen von Roswitha Quadflieg. Ausgewählt und mit einem Nachwort von Gottfried Honnefelder. it 143
– Der Schimmelreiter. Mit Zeichnungen von Hans Mau und einem Nachwort von Gottfried Honnefelder. it 1643 und Großdruck. it 2318
– Unter dem Tannenbaum. Mit Illustrationen der Erstausgabe von Otto Speckter und Ludwig Pietsch. Herausgegeben von Gottfried Honnefelder. it 1042

Ludwig Tieck: Märchen und Novellen. Ausgewählt und mit einem Nachwort versehen von Hermann Hesse. it 1061

Französische Literatur
im insel taschenbuch

Alain: Sich beobachten heißt sich verändern. Betrachtungen. Auswahl, Übersetzung und Nachwort von Franz Josef Krebs. Neuübersetzung. it 1559

Honoré de Balzac: Eugénie Grandet. Aus dem Französischen von Gisela Etzel. Herausgegeben von Eberhard Wesemann. it 1127 und it 1632

– Die Frau von dreißig Jahren. Aus dem Französischen übertragen von Werner Blochwitz. it 460

– Glanz und Elend der Kurtisanen. Aus dem Französischen von Felix Paul Greve. it 1232

– Tolldreiste Geschichten. Aus dem Französischen von Benno Rüttenauer. Mit Illustrationen von Gustave Doré. it 911

– Vater Goriot. Aus dem Französischen von Franz Hessel. Herausgegeben von Erika Wesemann. it 1167

Charles Baudelaire: Die Blumen des Bösen. Übertragen von Carlo Schmid. it 120

Pierre Augustin Caron de Beaumarchais: Die Figaro-Trilogie. Der Barbier von Sevilla oder Die nutzlose Vorsicht. Der tolle Tag oder Figaros Hochzeit. Die Schuld der Mutter oder Ein zweiter Tartuffe. Deutsch von Gerda Scheffel. Nachwort von Norbert Miller. Mit zeitgenössischen Illustrationen. it 228

George Clémenceau: Claude Monet. Betrachtungen und Erinnerungen eines Freundes. Mit farbigen Abbildungen und einem Nachwort von Gottfried Boehm. it 1152

Alphonse Daudet: Briefe aus meiner Mühle. Aus dem Französischen von Alice Seiffert. it 446

– Tartarin von Tarascon. Die wunderbaren Abenteuer des Tartarin von Tarascon. Mit 45 Zeichnungen von Emil Preetorius. it 84

Denis Diderot: Die Nonne. Mit einem Nachwort von Robert Mauzi, die Übersetzung des Nachworts besorgte Margaret Carroux. it 31

Alexandre Dumas fils: Die Kameliendame. Aus dem Französischen von Walter Hoyer. Mit Illustrationen von Paul Gavarni. it 546 und it 1635

Alexandre Dumas père: Die drei Musketiere. Aus dem Französischen von Herbert Bräuning. it 1131

– Der Graf von Monte Christo. 2 Bde. Bearbeitung einer alten Übersetzung von Meinhard Hasenbein. Mit Illustrationen von Pavel Brom und Dagmar Bromova. it 266

Dominique Fernandez: Süditalienische Reise. Aus dem Französischen von Julia Kirchner. Mit farbigen Fotografien von Martin Thomas. it 1076

Französische Literatur
im insel taschenbuch

Gustave Flaubert: Bouvard und Pécuchet. Aus dem Französischen übersetzt von Georg Goyert. Mit Illustrationen von András Karakas. Mit einem Vorwort von Victor Brombert und einem Nachwort von Uwe Japp. it 373
- Lehrjahre des Gefühls. Geschichte eines jungen Mannes. Übertragen von Paul Wiegler. Mit einem Essay und einer Bibliographie von Erich Köhler. it 276
- Madame Bovary. Revidierte Übersetzung aus dem Französischen von Arthur Schurig. it 167 und it 1636
- November. Aus dem Französischen übersetzt von Ernst Sander. Mit einem Nachwort von Monika Bosse. it 411
- Salammbô. Herausgegeben und mit einem Nachwort versehen von Monika Bosse und André Stoll. Aus dem Französischen übersetzt von Georg Brustgi. it 342
- Ein schlichtes Herz und andere Erzählungen. Aus dem Französischen von Cora van Kleffens und André Stoll. Großdruck. it 2314
Choderlos de Laclos: Schlimme Liebschaften. Mit 14 Kupferstichen. Übertragen und eingeleitet von Heinrich Mann. it 12
Jean de La Fontaine: Die schönsten Fabeln. Aus dem Französischen von Thomas Keck. Mit farbigen Illustrationen von Rolf Köhler und einem Nachwort von Jürgen von Stackelberg. it 1451
Gaston Leroux: Die blutbefleckte Puppe. Aus dem Französischen von Annegret Sellier. it 1567
Guy de Maupassant: Bel-Ami. Aus dem Französischen von Josef Halperin. Mit zeitgenössischen Illustrationen. it 280
Prosper Mérimée: Carmen. Mit Zeichnungen von Pablo Picasso. Aus dem Französischen übersetzt von Franz Schnabel. it 361
Honoré-Gabriel Mirabeau: Der gelüftete Vorhang oder Lauras Erziehung. Aus dem Französischen von Eva Moldenhauer. Nachbemerkung von Norbert Miller. it 32
Molière: Der eingebildete Kranke. Aus dem Französischen von Johanna Walser und Martin Walser. it 1014
- Der Menschenfeind. Nach dem Französischen des Molière von Hans Magnus Enzensberger. it 401
Michel de Montaigne: Essais. Herausgegeben und mit einem Nachwort versehen von Ralph-Rainer Wuthenow. Revidierte Fassung der Übertragung von Johann Joachim Bode. it 220
- Tagebuch einer Reise durch Italien. Aus dem Französischen von Otto Flake. it 1074
Blaise Pascal: Größe und Elend des Menschen. Aus den »Pensées«. Auswahl, Übersetzung und Nachwort von Wilhelm Weischedel. it 441

Französische Literatur
im insel taschenbuch

Marthe Princesse Bibesco: Begegnung mit Marcel Proust. Aus dem Französischen von Eva Rechel-Mertens. it 1349

Renate Wiggershaus: Marcel Proust. Leben und Werk in Texten und Bildern. it 1348

François Rabelais: Gargantua und Pantagruel. Mit Illustrationen von Gustave Doré. Herausgegeben von Horst und Edith Heintze. Erläutert von Horst Heintze und Rolf Müller. 2 Bände. Übersetzung auf Grund der maßgebenden französischen Ausgabe, unter Benutzung der deutschen Fassung von Ferdinand Adolf Gelbcke. it 77

Arthur Rimbaud: Sämtliche Werke. Französisch und deutsch. Übertragen von Sigmar Löffler und Dieter Tauchmann. Mit Erläuterungen zum Werk und einer Chronologie zum Leben Arthur Rimbauds, neu durchgesehen von Thomas Keck. it 1398

Jean-Jacques Rousseau: Bekenntnisse. Aus dem Französischen von Ernst Hardt. Mit einer Einführung von Werner Krauss. it 823

Marquis de Sade: Justine oder Die Leiden der Tugend. Mit einem Essay von Albert Camus. Aus dem Französischen von Raoul Haller. it 1257
– Verbrechen der Liebe. Heroische und tragische Novellen. Aus dem Französischen von Christian Barth. it 1448

George Sand: Geschichte meines Lebens. Aus ihrem autobiographischen Werk ausgewählt und mit einer Einleitung versehen von Renate Wiggershaus. it 313
– Indiana. Aus dem Französischen von A. Seubert. Mit einem Essay von Annegret Stopczyk. it 711
– Lélia. Aus dem Französischen von Anna Wheill. Mit einem Essay von Nike Wagner. it 737
– Lucrezia Floriani. Roman. Aus dem Französischen von Anna Wheill. it 858
– Das Teufelsmoor. Aus dem Französischen von Helene und Herbert Kühn. Mit Illustrationen von Tony Johannot. it 943

Misia Sert: Pariser Erinnerungen. Aus dem Französischen von Hedwig Andertann. Mit einem Bildteil. it 1180

Anne Germaine Madame de Staël: Über Deutschland. Vollständige und neu durchgesehene Fassung der deutschen Erstausgabe von 1814 in der Gemeinschaftsübersetzung von Friedrich Buchholz, Samuel Heinrich Catel und Julius Eduard Hitzig. Herausgegeben und mit einem Nachwort versehen von Monika Bosse. Mit einem Register, Anmerkungen und einer Bilddokumentation. it 623

Stendhal: Die Kartause von Parma. Vollständige Ausgabe. Aus dem Französischen von Arthur Schurig. it 1222

Französische Literatur
im insel taschenbuch

Stendhal: Rot und Schwarz. Vollständige Ausgabe. Aus dem Französischen von Arthur Schurig. Mit einem Nachwort von Uwe Japp. it 1210 und it 1642

– Über die Liebe. Vollständige Ausgabe. Aus dem Französischen und mit einer Einführung von Walter Hoyer. it 124

Paul Verlaine: Poetische Werke. Französisch und deutsch. Übertragen von Sigmar Löffler. it 1556

François Villon: Sämtliche Dichtungen. Zweisprachige Ausgabe. Aus dem Französischen von Walther Küchler. it 1039

Voltaire: Candide oder der Optimismus. Mit Zeichnungen von Paul Klee. it 11

– Sämtliche Romane und Erzählungen. Mit einer Einleitung von Victor Klemperer und Stichen von Moreau le jeune. Aus dem Französischen übersetzt von Ilse Lehmann. it 209

Emile Zola: Das Geld. Aus dem Französischen von Leopold Rosenzweig. it 1749

– Germinal. Aus dem Französischen von Armin Schwarz. Mit Illustrationen von Renate Sendler-Peters. it 720

– Nana. Aus dem Französischen und mit einem Nachwort versehen von Erich Marx. Illustrationen von Renate Sendler-Peters. it 398 und it 1646

– Thérèse Raquin. Aus dem Französischen von Ernst Hardt. it 1146